V
©

4967

A MM. LES SOUSCRIPTEURS DE L'ARCHITECTURE DU V* AU XVII* SIÈCLE, ETC.

Monsieur,

Depuis bientôt quatre ans, je soutiens, pour la défense de mes droits de propriété littéraire et artistique, une lutte qui n'a, peut-être, pas de précédent.

L'extrait ci-joint des *conclusions* signifiées par Me Levaux, avoué de M. Gide, l'un des éditeurs de mon ouvrage, à la date du 8 décembre 1859, à Me Bonnel de Longchamps, mon avoué à cette époque, vous fera connaître à quel point ont été poussées les attaques dirigées contre moi.

On n'a pas craint de me contester jusqu'à la paternité de l'*Architecture du Ve au XVIIe siècle*.

Aujourd'hui, ma cause qui, je puis l'affirmer hautement, est devenue la cause de tous les artistes et de tous les hommes de lettres, a besoin non-seulement de la sympathie mais de l'aide de ceux qui, de près ou de loin, tiennent aux arts et aux lettres.

Il est nécessaire que je connaisse le nombre exact des souscripteurs de l'*Architecture du Ve au XVIIe siècle*.

Je fais appel à votre appui; j'espère que vous voudrez bien me faire savoir, Monsieur, si vous ou quelques-uns de vos amis êtes souscripteurs de cet ouvrage.

Recevez, Monsieur, l'assurance de ma considération.

JULES GAILHABAUD.

Paris, 15 juin 1862.

N. B. Comme il a été vendu des planches de la façade de la cathédrale de Reims, en dehors de l'ouvrage, je vous serais également obligé de m'informer si vous en êtes acquéreur.

Extrait des conclusions signifiées par Mᵉ Levaux, avoué de M. Gide, à la date du 8 décembre 1859

« ..... M. Gide ne s'occupait pas que de peinture, mais encore d'architecture. C'es
« ainsi *qu'il conçut le plan* de faire *un ouvrage* où les descriptions et les reproductions de
« tous les monuments célèbres depuis le XVᵉ siècle jusqu'à nos jours seraient reproduits
« par la gravure et par un commentaire signé d'un nom connu dans l'archéologie et dans
« les lettres, donnerait une explication sur tout ce que l'art muet du graveur ne peut
« représenter. Chacun appréciera ce qu'il y avait de grand dans un pareil projet. Les
« lettres, les mœurs, les vêtements, les mémoires, les arts nous mettent parfaitement au
« courant du passé; mais, est-il une source où les archéologues fouillent plus souvent
« que dans l'histoire des monuments de l'architecture des divers siècles? Le style gothique
« n'explique pas à lui seul tout le moyen âge; une cathédrale telle que celle de Stras-
« bourg et Notre-Dame de Paris est le seul endroit où un archéologue puisse se croire
« transporté au milieu de ces scènes du moyen âge que le romantisme a remis à la mode
« parmi nous. Si un tel ouvrage pouvait plaire aux archéologues et aux savants, com-
« bien devait-il enchanter ceux pour qui leur ignorance des architectures disparues est
« presque un obstacle pour parvenir au premier rang de leur art! Combien d'artistes
« empêchés de courir de longs voyages soit par leurs occupations, soit par le manque de
« fortune, ne retrouvent-ils pas avec plaisir *dans l'ouvrage de M. Gide* les lieux qu'ils se
« proposaient de visiter? Là du moins ils peuvent les étudier consciencieusement et les
« reproduire dans leur imagination. Certes, cela ne vaut pas une visite sur les lieux
« mêmes où l'admiration se développe à l'aise et où l'étude du détail peut se faire large-
« ment et à tête reposée, mais encore y a-t-il pour un travailleur sérieux une occasion
« admirable de méditation et d'étude féconde. Quant aux gens du monde, ce livre était
« pour eux une chose fort utile. Il était assez simple, peu embarrassé de termes d'archi-
« tecture pour être facilement à la portée de tous, et pourtant on pouvait y puiser, en
« peu de temps, une instruction aussi solide que variée. C'est chose rare à notre époque
« qu'un livre qui amuse et qui instruit en même temps.

« Nous avons essayé de vous montrer, MM. les Président et Juges, *la grandeur de l'œu-
« vre que Gide avait conçue;* c'était une espèce d'histoire rétrospective de toute l'Archi-
« tecture avec les monuments servant à cette histoire reproduits par la gravure; c'était
« à la fois un livre de Science et un livre d'Art qui *s'étendait depuis le Vᵉ siècle jusqu'à
« nos jours.* Mais, pour accomplir un pareil plan, il fallait un homme qui unît à un grand
« mérite comme archéologue un talent véritable d'écrivain. Les écrivains sont rares
« parmi les archéologues, plus préoccupés de faire des découvertes nouvelles que de
« soigner leur style. Il y a pourtant des exceptions. On parlait beaucoup de M. Gailhabaud;
« aussi, lorsque *M. Gide eut conçu le plan*, il jeta les yeux sur M. Gailhabaud... »

L'ART DANS SES DIVERSES BRANCHES

ou

L'ARCHITECTURE

LA SCULPTURE, LA PEINTURE, LA FONTE, LA FERRONNERIE, ETC.

CHEZ TOUS LES PEUPLES ET A TOUTES LES ÉPOQUES JUSQU'EN 1789

PAR

JULES GAILHABAUD

AVEC LA COLLABORATION DES PRINCIPAUX ARCHITECTES ET ARTISTES

EXTRAIT DU PROSPECTUS

Depuis longtemps, on regrettait que, parmi les ouvrages à planches sur l'Architecture et les Arts qui en dépendent, il n'en ait point été publié un qui comprît, dans leur ensemble, toutes les époques ainsi que toutes les écoles chez les différents peuples jusqu'en 1789; date fatale où le servilisme dans la copie de l'antique anéantit l'art et fit perdre aux artistes ce feu sacré du génie de l'invention et de la composition. L'absence d'un tel livre se fait de plus en plus vivement sentir, aujourd'hui surtout que l'architecte, l'historien, l'archéologue, le voyageur, l'homme du monde sont appelés à étudier tant de questions qui exigeraient les lumières d'un semblable recueil. Cette lacune, on peut l'espérer, sera bientôt remplie. Le nouvel ouvrage que nous entreprenons a pour but unique d'offrir aux investigateurs de l'art, de l'histoire et de l'archéologie cet ensemble de moyens qui leur faisaient défaut. Grâce à son étendue, la science pourra enfin approfondir une multitude de points sur lesquels on n'avait jusqu'ici qu'incertitude et obscurité, puisque les éléments, de nature à les éclaircir, n'étaient encore ni recueillis, ni classés, ni reproduits. L'histoire de l'Art et celle, en particulier, de l'Architecture feront, dans les richesses de ce recueil, de rares et précieuses conquêtes, en même temps que l'architecte, le décorateur, l'ornemaniste, le peintre, le ferronnier, le fondeur, le verrier, l'émailleur, le céramiste, etc., y puiseront largement des modèles susceptibles de les inspirer et qu'ils emploieront dans leurs travaux. A l'aide d'un plan dont la méthode est aussi simple que claire, nous réunirons toutes les œuvres qu'il importe de connaître, pourvu qu'elles occupent une *place marquée* dans l'histoire de l'Art ou qu'elles aient une valeur réelle comme éléments d'application. Ainsi, l'artiste, l'historien, l'archéologue, l'homme du monde, posséderont bientôt un livre-recueil dont les matériaux, par leur nature, leur nombre ainsi que leur classement, permettront de résoudre les plus curieux problèmes. Mais, ce résultat ne peut être obtenu qu'à une condition : celle d'offrir la plus scrupuleuse fidélité dans le rendu des types, fidélité sans laquelle il n'est pas d'étude d'Art possible; nous en avons fait la base absolue de notre programme. Pour atteindre ce but, nous nous sommes adressé aux plus habiles architectes qui ont répondu en accordant leurs principales études; puis, nous nous sommes adjoint de jeunes talents pour combler les lacunes; et, enfin, nous n'avons pas reculé devant les frais considérables, mais d'un si précieux concours en matière de reproduction, de l'estampage, de la photographie et du moulage. C'est donc appuyé sur d'aussi puissants moyens que nous commençons cette œuvre, à la réalisation de laquelle on a dû consacrer plus de vingt ans de recherches, de voyages et de démarches incessantes; aussi, n'y a-t-il point présomption à affirmer que ce recueil est plus particulièrement fait dans un but de science et au point de vue de l'Art, puisque, indépendamment de la haute valeur des dessins, qui sont et seront signés des noms les plus recommandables, nous avons encore voulu qu'il surpassât, comme exécution, tout ce qui a été produit en ce genre.

Quelques personnes ont cru que le titre de ce nouvel ouvrage était celui qu'on avait adopté pour la publication d'un SUPPLÉMENT à l'*Architecture du Ve au XVIIe siècle et les Arts qui en dépendent*; cette supposition exige quelques mots de réponse. Tout d'abord, nous avions eu la pensée de faire paraître cette suite sous le titre de *l'Architecture et les Arts qui en dépendent*, titre plus rationel, le seul logique et celui que nous avions présenté à nos éditeurs, qui le modifièrent; mais, ceux-ci ayant *refusé de faire ce supplément*, nous décidâmes la publication d'un livre *nouveau* par le fond et par la forme. C'est même à la nature particulière de ce dernier livre, dont la composition sera mieux en rapport avec les besoins actuels, que nous devons son titre : *L'Art dans ses diverses branches*, cadre plus étendu, qui permet d'embrasser, non point et seulement, certaines parties du Moyen Age et de la Renaissance, mais bien et à la fois toutes les époques, tous les peuples et toutes les divisions de l'Art. D'ailleurs, on sent aujourd'hui la nécessité d'une publication sérieuse sur l'ensemble de ces œuvres, puisque *la plupart des ouvrages ne sont plus à la hauteur des travaux modernes comme exactitude de relevé et comme rendu de style ou de caractère*...... Nous nous proposons de grouper tous les matériaux dont la connaissance est indispensable pour approfondir les questions, si nombreuses et si diverses, d'Art, de Pratique et d'Archéologie.....; nous voulons dire que notre recueil contiendra tous les plus curieux travaux enfantés par les artistes, depuis l'œuvre la plus simple jusqu'au monument le plus considérable et le plus composé en Architecture. Or, on le voit, ce champ est vaste, et la portée doit être immense. Notre livre s'adresse encore à toutes les personnes qui s'occupent d'*Art*, puisqu'il en présentera *toutes les branches* à l'aide de ses types les plus divers et les plus caractéristiques..... Quant à la partie artistique, la supériorité des *Monuments Anciens et Modernes* et celle de *l'Architecture du Ve au XVIIe siècle* nous dispensent d'en dire davantage; mais, nous appuierons sur *le mérite et la valeur de la Collaboration*. Toutes nos planches sont et seront exécutées par les premiers artistes, d'après les dessins des principaux architectes de la France et de l'Étranger;..... enfin, cet ouvrage doit encore avoir un *double but* : être, à la fois, une *Histoire de l'Art* et un *Recueil de Matériaux d'Application*..... c'est assez dire qu'indépendamment des grandes conceptions produites par les artistes depuis l'Antiquité jusqu'à la fin du XVe siècle, nous publierons encore tous les beaux types de la Renaissance, auxquels on joindra ceux des règnes de Louis XIII, Louis XIV, Louis XV et Louis XVI. Quelques-unes de ces reproductions, par leur importance et à cause de leurs grands frais d'exécution, ne seront vraisemblablement données que dans notre Recueil.... Que l'on daigne donc nous seconder, et nous créerons un ouvrage..... qui manque encore : *la réunion complète des plus précieux Eléments d'Etude et d'Application, choisis dans les différentes branches de l'Art chez tous les peuples à toutes les époques.*

MODE ET CONDITIONS DE LA PUBLICATION

Cet ouvrage se composera d'une suite de volumes ou de séries formées de 36 livraisons. On peut souscrire pour tout l'ouvrage, ou, séparément, pour l'un des volumes ou l'une des séries. — Il sera publié par livraisons, et chacune d'elles renfermera deux épreuves d'un format grand in-4°, tirées sur des planches gravées sur acier, ou une seule épreuve, même format, en impression chromolithographique. — Chaque volume aura *sa* table des matières qui classifiera les monographies publiées, et celles-ci seront reprises et refondues dans *la* table des années suivantes. — Des Notices historiques et archéologiques, parfois ornées de gravures sur bois, accompagneront la dernière livraison de chaque volume ou série.

Prix de chaque livraison : 1 franc 75 cent. sur papier blanc. — 3 francs sur papier de Chine.

On souscrit, à Paris, rue de Tournon, n° 13, et chez tous les libraires de Paris, de la France et de l'Etranger.
— Aucune livraison ne sera vendue séparément.

AVIS. — Voulant faire participer tout le monde aux bénéfices de l'opération, il a été décidé que chaque personne, qui réunirait quatre souscriptions et se chargerait de leur transport ainsi que de leur payement, recevra un cinquième exemplaire, à titre de prime.

Trente-trois livraisons sont en vente. — Le Premier Volume paraîtra le 15 février 1863, et les premières livraisons du 2e Volume suivront immédiatement.

TABLE DES PRINCIPALES MONOGRAPHIES PUBLIÉES.

— **Égyptiens.** —

Grande salle, à Thèbes (*Karnak*); d'après des photographies de M. Félix TEYNARD, ingénieur civil.

— **Grecs.** —

L'Erechthéion, à Athènes; Dessins de M. TÉTAZ, architecte de la Maison de l'Empereur.
Motif de décoration du temple d'Esculape, à Épidaure; Dessin de M. Alfr. CHAUDET, arch., lauréat de l'Institut.

— **Étrusques.** —

Porte d'enceinte de la ville, à Pérouse; Dessins de M. Alfr. NORMAND, architecte du prince Napoléon.
Tombeau hypogéen, à Cœré; Dessins de M. Alfr. NORMAND, archit., anc. pensionn. de l'Acad. de France, à Rome.
Chapiteau, en terre cuite; Dessin de M. Alfr. CHAUDET, architecte, lauréat de l'Institut de France.

— **Romains.** —

Temple, dit d'Hercule, à Cora; Dessins de M. Alfr. NORMAND, ancien pensionnaire de l'Acad. de France, à Rome.
Maison, dite du Faune, à Pompéi; Dessins de M. Alfr. NORMAND, architecte du prince Napoléon.
Décor et Ustensiles des Portes; Dessins de M. Alfr. NORMAND, architecte, etc.
Basilique, sur le Forum, à Palestrine; Dessins de M. TÉTAZ, ancien pensionnaire de l'Acad. de France, à Rome.

— **Moyen Age.** —

Eglise de Sainte-Lucie, à Girone; Dessins de M. H. LEGRAND, architecte des hospices, à Beauvais.
Lavabo des moines, dans le cloître de l'église de Saint-Alexis, à Rome; Dessins de M. Alfr. NORMAND.
Synagogue, à Tolède; Dessins de M. Henri LEGRAND, architecte, etc.
Chapelle sépulcrale, dans l'église de Saint-Isidore, à Léon; Dessins de M. H. LEGRAND, architecte.

— **XVIe Siècle.** —

Chapelles apsidales de l'église de Saint-Laurent, à Nogent-sur-Seine; Dessins de M. G. SALARD, architecte.
Stalles, en bois sculpté, dans l'église cathédrale, à Pise; Dessin de M. Alfr. NORMAND, architecte, etc.
Château de Courtanvaux; Dessins de M. P. MANGUIN, architecte du Gouvernement.
Château du maréchal de Tavannes, au Pailly; Dessins de M. H. SAUVESTRE, architecte.
Fontaine des Nymphes (*Jean Goujon*), à Paris; d'après des photographies.

— **XVIIe Siècle.** —

Vantaux, dans l'église de Saint-Etienne du Mont, à Paris; Dessins de M. E. LEBLAN, architecte.
Hôtel, dit de la belle Gabrielle, à Paris. — Porte —; Dessins de M. Ch. ERRARD, architecte.
Imposte d'une porte, rue Saint-Paul, à Paris; Dessin de M. V. PARMENTIER, architecte.
Hôtel, rue des Blancs-Manteaux, à Paris; Dessin de M. Félix ROGUET, architecte.

— **XVIIIe Siècle.** —

Grande porte d'un hôtel, situé dans l'impasse des Bourdonnais, à Paris; Dessins de M. G. SALARD, architecte.
Porte d'une maison, située rue des Marmousets, à Paris; Dessins de M. G. SALARD, architecte.
Œil-de-Bœuf d'une maison rue Saint-Guillaume, à Paris; Dessin de M. G. SALARD, architecte.
Château de Bercy (Grand Salon — Office); Dessins de M. Germain SALARD, architecte.

Nous publierons prochainement d'autres monographies d'après les dessins de MM. H. LABROUSTE, BOESWILWALD, PACCARD, GARNIER, DESBUISSON, LEBOUTEUX, MILLET, LAVAL, DE MÉRINDOL, REIMBEAU, ROGUET, HOFFMANN, PARMENTIER, DELEBARRE, FRANCO, etc.

A MM. LES SOUSCRIPTEURS DE L'ARCHITECTURE DU Ve AU XVIIe SIÈCLE, ETC.

Monsieur,

Depuis bientôt quatre ans, je soutiens, pour la défense de mes droits de propriété littéraire et artistique, une lutte qui n'a, peut-être, pas de précédent.

L'extrait ci-joint des *conclusions* signifiées par Me Lévaux, avoué de M. Gide, l'un des éditeurs de mon ouvrage, à la date du 8 décembre 1859, à Me Bonnel de Longchamps, mon avoué à cette époque, vous fera connaître à quel point ont été poussées les attaques dirigées contre moi.

On n'a pas craint de me contester jusqu'à la paternité de l'*Architecture du Ve au XVIIe siècle*.

Aujourd'hui, ma cause qui, je puis l'affirmer hautement, est devenue la cause de tous les artistes et de tous les hommes de lettres, a besoin non-seulement de la sympathie mais de l'aide de ceux qui, de près ou de loin, tiennent aux arts et aux lettres.

Il est nécessaire que je connaisse le nombre exact des souscripteurs de l'*Architecture du Ve au XVIIe siècle*.

Je fais appel à votre appui ; j'espère que vous voudrez bien me faire savoir, Monsieur, si vous ou quelques-uns de vos amis êtes souscripteurs de cet ouvrage.

Recevez, Monsieur, l'assurance de ma considération.

JULES GAILHABAUD.

Paris, 15 juin 1862.   Rue de Tournon, 13.

N. B. Comme il a été vendu des planches de la façade de la cathédrale de Reims, en dehors de l'ouvrage, je vous serais également obligé de m'informer si vous en êtes acquéreur.

Extrait des conclusions signifiées par Me Levaux, avoué de M. Gide, à la date du 8 décembre 1859

« ..... M. Gide ne s'occupait pas que de peinture, mais encore d'architecture. C'est
« ainsi *qu'il conçut le plan* de faire *un ouvrage* où les descriptions et les reproductions de
« tous les monuments célèbres depuis le XVe siècle jusqu'à nos jours seraient reproduits
« par la gravure et par un commentaire signé d'un nom connu dans l'archéologie et dans
« les lettres, donneraient une explication sur tout ce que l'art muet du graveur ne peut
« représenter. Chacun appréciera ce qu'il y avait de grand dans un pareil projet. Les
« lettres, les mœurs, les vêtements, les mémoires, les arts nous mettent parfaitement au
« courant du passé ; mais, est-il une source où les archéologues fouillent plus souvent
« que dans l'histoire des monuments de l'architecture des divers siècles ? Le style gothique
« n'explique pas à lui seul tout le moyen âge ; une cathédrale telle que celle de Stras-
« bourg et Notre-Dame de Paris est le seul endroit où un archéologue puisse se croire
« transporté au milieu de ces scènes du moyen âge que le romantisme a remis à la mode
« parmi nous. Si un tel ouvrage pouvait plaire aux archéologues et aux savants, com-
« bien devait-il enchanter ceux pour qui leur ignorance des architectures disparues est
« presque un obstacle pour parvenir au premier rang de leur art ! Combien d'artistes
« empêchés de courir de longs voyages soit par leurs occupations, soit par le manque de
« fortune, ne retrouvent-ils pas avec plaisir *dans l'ouvrage de M. Gide* les lieux qu'ils se
« proposaient de visiter ? Là du moins ils peuvent les étudier consciencieusement et les
« reproduire dans leur imagination. Certes, cela ne vaut pas une visite sur les lieux
« mêmes où l'admiration se développe à l'aise et où l'étude du détail peut se faire large-
« ment et à tête reposée, mais encore y a-t-il pour un travailleur sérieux une occasion
« admirable de méditation et d'étude féconde. Quant aux gens du monde, ce livre était
« pour eux une chose fort utile. Il était assez simple, peu embarrassé de termes d'archi-
« tecture pour être facilement à la portée de tous, et pourtant on pouvait y puiser, en
« peu de temps, une instruction aussi solide que variée. C'est chose rare à notre époque
« qu'un livre qui amuse et qui instruit en même temps.

« Nous avons essayé de vous montrer, MM. les Président et Juges, *la grandeur de l'œu-
« vre que Gide avait conçue* ; c'était une espèce d'histoire rétrospective de toute l'Archi-
« tecture avec les monuments servant à cette histoire reproduits par la gravure ; c'était
« à la fois un livre de science et un livre d'art qui *s'étendait depuis le Ve siècle jusqu'à*

« *nos jours*. Mais, pour accomplir un pareil plan, il fallait un homme qui unît à un grand
« mérite comme archéologue un talent véritable d'écrivain. Les écrivains sont rares
« parmi les archéologues, plus préoccupés de faire des découvertes nouvelles que de
« soigner leur style. Il y a pourtant des exceptions. On parlait beaucoup de M. Gailhabaud;
« aussi, lorsque *M. Gide eut conçu le plan*, il jeta les yeux sur M. Gailhabaud pour réaliser
« son projet. »

Nous prions MM. les Souscripteurs de vouloir bien mettre en regard, comme preuve de la véracité et de la bonne foi de l'assertion qui précède, la contradiction qui ressort des lignes ci-après, contenues dans les mêmes conclusions :

« Le 24 décembre 1850, MM. Gide et Baudry et M. Gailhabaud sont verbalement convenus de pu-
« blier un ouvrage, intitulé : *L'Architecture du Ve au XVIe siècle et les Arts qui en dépendent*, DONT
« M. GAILHABAUD ÉTAIT L'AUTEUR, et pour lequel il y avait déjà eu un commencement d'exécution.
« Cet ouvrage devait se composer de *trois cent soixante-dix planches* (1), in-4° raisin, gravées sur
« acier et chromolithographiées, et d'un *texte explicatif* du même format........ Il avait été convenu
« que M. Gailhabaud contribuerait, *pour sa part*, à l'entreprise, *en faisant le texte et en dirigeant*
« *tout ce qui concernait la partie artistique et scientifique de l'opération......* »

Mes souscripteurs ne trouvent étranges, j'en suis convaincu, ni la persévérance avec laquelle je réclame la paternité de mes œuvres, ni les éléments d'énergie que je m'efforce de déployer pour rendre irréalisable l'audacieuse tentative de dépouillement dont on voudrait que je devinsse la victime.

Est-il, en effet, une propriété plus sacrée que la propriété de l'œuvre intellectuelle ?

Après avoir fait envisager la gravité de l'attaque et cherché dans les moyens de mes adversaires la preuve absolue de mon bon droit, je crois devoir mettre encore au jour un document qui démontrera aux plus incrédules jusqu'à quel degré d'aberration, pour ne pas dire plus, on a dû s'élever lorsqu'on n'a pas craint de se prétendre pour quelque chose dans l'*invention* de l'Architecture du Ve au XVIIe siècle, qui, bien que considérable si elle pouvait être achevée, n'était, dans ma pensée, qu'une partie de l'œuvre à la création de laquelle j'ai consacré toute ma vie.

En lisant la lettre que je me décide à faire connaître aujourd'hui, lettre qui emprunte, au nom et à la situation de celui qui l'a écrite, une valeur incontestable, qu'on veuille bien remarquer que *la date précède de plus d'une année* la publication de la 1re livraison de l'*Architecture*, et qu'on veuille bien aussi se souvenir que la publication des *Monuments Anciens et Modernes* n'était pas alors complètement terminée.

En voici la teneur :

Le 31 mars 1849.

« MONSIEUR,

« D'abord, mes excuses pour vous avoir laissé depuis trois ou quatre semaines sans nouvelles.
« Mais, une maladie, assez grave pour déterminer mon père à venir à Paris, me retenait pendant quinze
« jours au lit et trois semaines dans la chambre.
« Je viendrai, à la fin de la semaine prochaine, vous soumettre mes travaux.
« Maintenant, au sujet de la lettre :
« Je me trouvais hier, pour la première fois, chez M. Baudry (Gide), qui est dans la plus vive
« inquiétude pour le sort de son ouvrage l'*Algérie*, qu'on va soumettre, avec le budget, à l'Assemblée
« nationale. Dans le cours de notre entretien, il me disait, entre autres, qu'il avait fait plusieurs dé-
« marches chez divers auteurs pour la publication d'un nouvel ouvrage qu'il voudrait bien entre-
« prendre, sans trouver ce qu'il cherchait, et il m'adressait directement la question (peut-être sans
« arrière-pensée, peut-être parce qu'il savait que je suis en très-bonnes relations avec vous), sans avoir
« prononcé votre nom, si je ne savais pas un auteur qui voudrait publier un ouvrage.
« N'étant pas officiellement chargé par vous de parler avec M. Baudry *au sujet de votre ouvrage*,
« je lui disais que je savais que *vous aviez l'intention de publier une Suite des Monuments*, et que
« *vous feriez prochainement* des démarches *auprès de lui* pour la publication.
« Je lui disais que j'avais vu les *dessins*, que vous m'aviez parlé du *plan de l'ouvrage*, que tout
« est magnifiquement arrangé, que les dessins sont superbes, etc... Sur quoi, il me disait qu'il vou-
« lait bien publier un *pareil ouvrage*, qu'il admirait la solidité de la publication des *Monuments*.
« Il ne m'a pas chargé de vous entretenir à ce sujet ; mais, *il disait qu'il désirait faire une semblable
« publication*, et que les fonds ne lui manquaient pas, attendu que depuis six mois il n'a rien publié.
« Je vous annonce ces bonnes dispositions de M. Baudry, et je vous engage à faire vos démarches
« auprès de lui le plus tôt possible ; car, il existe un vieux proverbe (allemand) qui dit : Qu'il faut
« travailler le fer tandis qu'il est encore chaud.
« Je ne sais pas si j'ai bien agi *en lui parlant de cette affaire* ; mais, soyez convaincu que j'ai voulu
« vous rendre un petit service en échange des bontés que vous avez eues pour moi.
« Recevez, Monsieur, les expressions de ma grande considération.

« *Signé* : RODOLPHE PFNOR. »

Ainsi se trouve détruit, dans son principe, le tissu savant des calomnies sous lesquelles on a cru, un instant, que je finirais par succomber.

JULES GAILHABAUD.

Paris, 26 décembre 1862.

(1) Trois cent quatre planches simples et doubles, *seulement*, sont parues.

Paris. — Imprimerie de A. Pillet fils aîné, rue des Grands-Augustins, 5.

L'ART

DANS

SES DIVERSES BRANCHES

CHEZ TOUS LES PEUPLES ET A TOUTES LES ÉPOQUES JUSQU'EN 1789,

PAR

JULES GAILHABAUD

AVEC LA COLLABORATION DES PRINCIPAUX ARCHITECTES ET ARTISTES

Ire PARTIE : ARCHITECTURE, SCULPTURE, PEINTURE, FONTE, FERRONNERIE, ETC. (1).

PROSPECTUS.

Plusieurs personnes ont désiré savoir si notre titre était celui qu'on avait adopté pour la publication d'un Supplément (2) à l'*Architecture du Ve au XVIIe siècle et les Arts qui en dépendent*. Cette demande exige quelques mots de réponse. Tout d'abord, nous avions eu la pensée de faire paraître cette suite sous le *titre modifié de l'Architecture et les Arts qui en dépendent*, titre plus rationnel, le seul logique et celui que nous avions présenté à nos éditeurs, qui le modifièrent ; mais, après réflexions et réclamations plus ou moins fondées de leur part, nous reconnûmes qu'il valait mieux abandonner le projet de ce supplément et faire un livre *nouveau* par le fond et par la forme. C'est même à la nature particulière de ce dernier livre, dont la composition sera mieux en rapport avec les besoins actuels, que nous devons son titre : *L'Art dans ses diverses branches* ; cadre plus étendu, qui permet d'embrasser, non point et seulement certaines parties du Moyen Age et de la Renaissance, mais bien et à la fois toutes les époques, tous les peuples et toutes les divisions de l'Art. D'ailleurs, on sent, aujourd'hui, la nécessité d'une publication sérieuse sur l'ensemble de ses œuvres, puisque *la plupart des ouvrages ne sont plus à la hauteur des travaux*

modernes comme exactitude de relevé et comme rendu de style ou de caractère. Voulant donc étendre notre plan, c'est-à-dire ne plus le limiter à une ou deux périodes afin de vulgariser les matériaux, nous nous proposons de réunir et de grouper tous ceux dont la connaissance est indispensable pour approfondir les questions, si nombreuses et si diverses, d'*Art*, de *Pratique* et d'*Archéologie*. Au reste, le temps n'est plus où l'on se contentait de l'*étude isolée d'une période*, qui restait ainsi seule et sans lien ; on veut maintenant des *ouvrages généraux*, parce qu'on a compris qu'une grande loi, générale et commune, préside à l'ensemble et embrasse ou relie les parties ; et on les désire, parce qu'on sait que du rapprochement et de la comparaison doivent jaillir maintes lumières sur les phases de l'Art, comme on espère y trouver aussi des notions précieuses sur les conséquences qui en sont résultées sous les rapports de l'influence, des emprunts et des analogies entre les styles à des dates plus ou moins synchroniques. Là, est le nouveau point de vue des études, celui qui repose sur le scrupuleux examen des détails; aussi, croyons-nous répondre à ce besoin, à ce désir, en publiant un *Recueil complet de la matière*. Pour atteindre ce but, nous y réunirons toutes les pièces capitales, c'est-à-dire que chacun y trouvera ce qui l'intéresse ; car, il doit contenir tous les plus curieux ouvrages enfantés par les artistes, depuis la plus simple œuvre du *dessin* jusqu'au monument le plus considérable et le plus composé en *architecture*. Or, on le voit, ce champ est vaste, très-vaste, et la portée doit être immense. — Notre livre s'adresse encore à tous : à l'historien et à l'archéologue, à l'architecte, au sculpteur, au peintre, enfin aux diverses personnes qui s'occupent d'Art, puisqu'il en présentera, d'après un classement rigoureux, toutes les branches à l'aide de ses types les plus divers et les plus carac-

---

(1) La IIe *Partie*, que nous publierons prochainement, comprendra les *Mœurs et Coutumes*, les *Costumes*, les *Meubles*, les *Ustensiles*, les *Armes*, etc., de tous les peuples jusqu'en 1789.

(2) Malgré les *annonces* du prospectus, malgré les *engagements pris dans nos notices*, malgré encore le *succès de l'Architecture et ses 15 à 1,800 souscripteurs*, malgré la *publication d'une édition allemande*, malgré *l'expectative d'une fructueuse exploitation*, malgré tout cela, disons-nous, M. Gide n'a pas voulu faire le *Supplément* annoncé de ce livre. Pour notre honneur et au nom de MM. les abonnés, nous avons dû faire toutes les démarches nécessaires ; elles n'ont point abouti ! Que les reproches ainsi que la responsabilité retombent sur cet éditeur. Nous devions cette déclaration au public.

téristiques. — Dans ce nouvel ouvrage, nous considérerons l'Art comme élément élucidateur des progrès de la civilisation, ce qui donne, par ce point de vue, une double et intéressante étude. Mais, nous priserons, avant tout, la beauté dans la composition, la forme et le rendu; nous voulons dire qu'invariables dans nos principes, nous n'étudierons les œuvres que pour louer seulement celles dont l'ensemble réunira les qualités du beau et du logique. Tel est le plan qu'une idée nous a fait naître et tel est le programme qui doit nous servir de base ; c'est donc un nouveau livre que nous allons publier. — Sous plusieurs rapports, nos *Monuments Anciens et Modernes* et l'*Architecture du Ve au XVIIe siècle* sont un sûr garant de l'*Art dans ses diverses branches*. Quant à la partie artistique, la supériorité de ces deux recueils nous dispense d'en dire davantage; mais, nous appuierons sur le mérite et la valeur de la collaboration. Toutes nos planches sont et seront exécutées par les premiers artistes d'après les dessins des principaux architectes de la France et de l'Etranger; enfin, cet ouvrage doit encore avoir un double but : être à la fois une *Histoire de l'Art* et un *Recueil de Matériaux d'Application*. — A peine émise, cette idée nous a valu de nombreuses sympathies, et elle a fait naître une demande : celle de nous voir aborder immédiatement toutes les divisions de l'Art Moderne. Déférant à ce désir, nous nous empressons d'apprendre que, dès la 2e livraison, chacune d'elles renfermera toujours : une planche relative à l'Art Ancien ou à celui du Moyen Age et une autre planche exclusivement consacrée aux œuvres de l'Art Moderne. C'est assez dire qu'indépendamment des grandes conceptions produites par les artistes depuis l'Antiquité jusqu'à la fin du XVe siècle, nous allons publier encore tous les beaux types de la Renaissance, auxquels on joindra ceux des règnes de Louis XIII, Louis XIV, Louis XV et Louis XVI. Quelques-unes de ces reproductions, par leur importance et à cause de leurs grands frais d'exécution, ne seront vraisemblablement données que dans notre ouvrage. — Ainsi conçu et combiné, ce livre offrira une forme attrayante et nouvelle; il conservera à l'*Architecture du Ve au XVIIe siècle* son cachet à part, et si, un jour, des circonstances doivent produire la pensée d'une suite ou d'un complément, on en appréciera alors le plus ou moins d'opportunité. Tout donc, dans notre dernier ouvrage, s'écarte du précédent. L'*Art*, les *Monuments* et l'*Architecture* sont trois livres distincts, mais également destinés à rendre des services à la science ; et, malgré leur inhérente diversité, nous n'en persistons pas moins à croire qu'avec le temps et mieux connus, bien des personnes ne nous fassent l'honneur de les réunir. — Reste un point sur lequel nous insistons près du lecteur : c'est qu'après examen, on ne pourra se refuser de reconnaître que cette publication ne se soit proposé un noble but : celui d'offrir le plus d'intérêt et d'utilité dans le choix des matériaux, comme aussi de prouver, par son exécution, tout notre zèle pour maintenir à ce genre de livres la supériorité que nous lui donnons, depuis vingt ans, par amour de l'art et par sentiment national. Que l'on daigne nous seconder, et nous créerons, en commun, un ouvrage sérieux et qui manque encore : *la réunion complète des plus précieux éléments d'étude et d'application, choisis dans les différentes branches de l'Art chez tous les peuples et à toutes les époques*. — Ceci posé, nous ne saurions clore ce *prospectus* sans remercier MM. les souscripteurs et les libraires du bienveillant concours qu'ils nous ont accordé pour le succès des *Monuments* et de l'*Architecture*, et nous prenons la liberté de le solliciter de nouveau pour le livre dont la publication *retardée* (1) commence aujourd'hui.

Paris, 31 janvier 1860.   J. G.

(1) Ce retard n'a eu d'autre cause que les travaux, les soins et les démarches qu'a fait naître le procès que M. Gide nous contraint de lui intenter à propos de l'*Architecture*. N'étaient ces fâcheuses contestations, notre livre aurait paru, il y a six mois, comme nous l'avions annoncé.

MODE ET CONDITIONS DE LA SOUSCRIPTION :

Cet ouvrage se composera d'une suite de volumes ou de séries formées de 36 livraisons; on peut souscrire pour tout l'ouvrage, ou séparément pour l'un des volumes ou l'une des séries. — Il sera publié par livraisons, et chacune d'elles renfermera deux épreuves d'un format grand in-4°, tirées sur des planches gravées sur acier, ou une seule épreuve, même format, en impression chromolithographique. — Afin d'établir, en gravure, une avance de réserve, nous ne fournirons d'abord qu'une livraison mensuelle pendant les trois premiers mois; mais, à partir du quatrième, il en paraîtra une tous les quinze jours, dès la seconde année, nous ferons tous nos efforts pour en donner trente-six annuellement. — Chaque volume aura sa table des matières, qui classifiera les monographies publiées; celles-ci seront reprises et refondues l'année suivante; ainsi, la table du deuxième volume comprendra le classement de toutes les planches des deux premiers volumes; la table du troisième volume, celui des trois premiers volumes, etc. — Des notices historiques et archéologiques, parfois ornées de gravures sur bois, accompagneront la dernière planche de chaque monographie.

AUCUNE LIVRAISON NE SERA VENDUE SÉPARÉMENT.

PRIX DE CHAQUE LIVRAISON :

1 franc 75 centimes sur papier blanc. — 3 francs sur papier de Chine.

ON SOUSCRIT :

A PARIS, RUE DE TOURNON, N° 13,

Et chez tous les libraires de la France et de l'Étranger.

Paris. — Imprimerie de POMMERET ET MOREAU, 42, rue Vavin.

L'ART DANS SES DIVERSES BRANCHES

OU

L'ARCHITECTURE

LA SCULPTURE, LA PEINTURE, LA FONTE, LA FERRONNERIE, ETC.

CHEZ TOUS LES PEUPLES

ET

A TOUTES LES ÉPOQUES JUSQU'EN 1789

PAR

JULES GAILHABAUD

D'APRÈS LES TRAVAUX DES PRINCIPAUX ARTISTES

REPRODUITS PAR LES PLUS HABILES GRAVEURS ET CHROMOLITHOGRAPHES

PREMIÈRE PARTIE

A PARIS

AU BUREAU DE LA PUBLICATION, RUE DE TOURNON, N° 13

1863

— REPRODUCTION ET TRADUCTION INTERDITES —

AVANT-PROPOS

Depuis longtemps, on regrettait que, parmi les ouvrages à planches sur l'Architecture et les Arts qui en dépendent, il n'en ait point été publié un qui comprît, dans leur ensemble, toutes les époques ainsi que toutes les écoles chez les différents peuples jusqu'en 1789; date fatale où le servilisme dans la copie de l'antique anéantit l'art et fit perdre aux artistes ce feu sacré du génie de l'invention et de la composition. L'absence d'un tel livre se fait de plus en plus vivement sentir, aujourd'hui surtout que l'architecte, l'historien, l'archéologue, le voyageur, l'homme du monde sont appelés à étudier tant de questions qui exigeraient les lumières d'un semblable recueil. Cette lacune, on peut l'espérer, sera bientôt remplie. Le nouvel ouvrage que nous entreprenons a pour but unique d'offrir aux investigateurs de l'art, de l'histoire et de l'archéologie cet ensemble de moyens qui leur faisaient défaut. Grâce à son étendue, la science pourra enfin approfondir une multitude de points sur lesquels on n'avait jusqu'ici qu'incertitude et obscurité, puisque les éléments, de nature à les éclaircir, n'étaient encore ni recueillis, ni classés, ni reproduits. L'histoire de l'Art et celle, en particulier, de l'Architecture feront, dans les richesses de ce recueil, de rares et précieuses conquêtes, en même temps que l'architecte, le décorateur, l'ornemaniste, le peintre, le ferronnier, le fondeur, le verrier, l'émailleur, le céramiste, etc., y puiseront largement des modèles susceptibles de les inspirer et qu'ils emploieront dans leurs travaux. A l'aide d'un plan dont la méthode est aussi simple que claire, nous réunirons toutes les œuvres qu'il importe de connaître, pourvu qu'elles occupent une *place marquée* dans l'histoire de l'Art ou qu'elles aient une *valeur réelle* comme éléments d'application. Ainsi, l'artiste, l'historien, l'archéologue, l'homme du monde posséderont bientôt un livre-recueil dont les matériaux, par leur nature, leur nombre ainsi que leur classement, permettront de résoudre les plus curieux problèmes. Mais, ce résultat ne peut être obtenu qu'à une condition : celle d'offrir la plus scrupuleuse fidélité dans le rendu des types, fidélité sans laquelle il n'est pas d'étude d'Art possible; nous en avons fait la base absolue de notre programme. Pour atteindre ce but, nous

nous sommes adressé aux plus habiles architectes, qui ont répondu à notre appel en accordant leurs principales études ; puis, nous nous sommes adjoint de jeunes talents pour combler les lacunes ; et, enfin, nous n'avons pas reculé devant les frais considérables, mais d'un si précieux concours en matière de reproduction, de l'estampage, de la photographie et du moulage. C'est donc appuyé sur d'aussi puissants moyens que nous commençons cette œuvre, à la réalisation de laquelle on a dû consacrer plus de vingt ans de recherches, de voyages et de démarches incessantes ; aussi, n'y a-t-il point présomption à affirmer que ce recueil est plus particulièrement fait dans un but de science et au point de vue de l'Art, puisque, indépendamment de la haute valeur des dessins, qui sont et seront signés des noms les plus recommandables, nous avons encore voulu qu'il surpassât, comme exécution, tout ce qui a été produit en ce genre.

Quelques personnes ont cru que le titre de ce nouvel ouvrage était celui qu'on avait adopté pour la publication d'un Supplément à l'*Architecture du V° au XVII° siècle et les Arts qui en dépendent;* cette supposition exige quelques mots de réponse. Tout d'abord, nous avions eu la pensée de faire paraître cette *suite* sous le titre de *l'Architecture et les Arts qui en dépendent*, titre plus rationnel, le seul logique et celui que nous avions présenté à nos éditeurs, qui le modifièrent ; mais, ceux-ci ayant *refusé de faire ce supplément*, nous décidâmes la publication d'un livre *nouveau* par le fond et par la forme. C'est même à la nature particulière de ce dernier livre, dont la composition sera mieux en rapport avec les besoins actuels, que nous devons son titre : *L'Art dans ses diverses branches;* cadre plus étendu, qui permet d'embrasser, non point et seulement, certaine partie du Moyen Age et de la Renaissance, mais bien et à la fois toutes les époques, tous les peuples et toutes les divisions de l'Art. D'ailleurs, on sent, aujourd'hui, la nécessité d'une publication sérieuse sur l'ensemble de ces œuvres, puisque *la plupart des ouvrages ne sont plus à la hauteur des travaux modernes* comme exactitude de relevé et comme rendu de style ou de caractère. Voulant donc étendre notre plan, c'est-à-dire ne plus le limiter à une ou deux périodes afin de vulgariser les matériaux, nous nous proposons de réunir et de grouper tous ceux dont la connaissance est indispensable pour approfondir les questions, si nombreuses et si diverses, d'*Art*, de *Pratique* et d'*Archéologie*. Au reste, le temps n'est plus où l'on se contentait de l'*étude isolée d'une période*, qui restait ainsi seule et sans lien ; on veut maintenant des *ouvrages généraux*, parce qu'on a compris qu'une grande loi, générale et commune, préside à l'ensemble et embrasse ou relie les parties ; et on les désire, parce qu'on sait que du rapprochement et de la comparaison doivent jaillir maintes lumières sur les phases de l'Art, comme on espère y trouver aussi des notions précieuses sur les conséquences qui en sont résultées sous les rapports de l'influence, des emprunts et des analogies entre les styles à des dates plus ou moins synchroniques. Là est le nouveau point de vue des études, celui qui repose sur le scrupuleux examen des détails ; aussi, croyons-nous répondre à ce besoin, à ce désir, en publiant un *Recueil complet de la matière*. Nous y réunirons donc toutes les pièces capitales, c'est-à-dire que chacun y trouvera ce qui l'intéresse ; car, il doit contenir tous les plus curieux ouvrages enfantés par les artistes, depuis l'œuvre la plus simple jusqu'au monument le plus considérable et le plus composé en architecture. Or, on le voit, ce champ est vaste, et la portée doit être immense. — Notre livre s'adresse encore à tous : à l'historien et à l'archéologue, à l'architecte, au sculpteur, au peintre, enfin aux diverses personnes qui s'occupent d'Art, puisqu'il en présentera toutes les branches à l'aide de ses types les plus divers et les plus caractéristiques. — Dans ce nouvel ouvrage, nous considérerons l'Art comme élément élucidateur des progrès de la civilisation, ce qui donne, par ce point de vue, une double et intéressante étude. Mais, nous priserons, avant tout, la beauté dans la composition, la forme et le rendu ; nous voulons dire qu'invariable dans nos principes, nous n'étudierons les œuvres que pour louer seulement celles dont l'ensemble réunira les qualités du beau et du logique. Tel est le plan qu'une idée nous a fait naître, et tel est le programme qui doit nous servir de base ; c'est donc un nouveau livre que nous allons publier. — Sous plusieurs rapports, nos *Monuments Anciens et Modernes* et *l'Architecture du Ve au XVIIe siècle* sont un sûr garant de *l'Art dans ses diverses branches*. Quant à la partie artistique, la supériorité de ces deux recueils nous dispense d'en dire davantage ; mais, nous appuierons sur le mérite et la valeur de la collaboration. Toutes nos planches sont et seront exécutées par les premiers artistes d'après les dessins des principaux architectes de la France et de l'Etranger ; enfin, cet ouvrage doit encore avoir un double but : être à la fois une *Etude historique de l'Art* et un *Recueil de matériaux d'application*. C'est assez dire qu'indépendamment des grandes conceptions produites par les artistes depuis l'Antiquité jusqu'à la fin du XVe siècle, nous publierons encore tous les beaux types de la Renaissance, auxquels on joindra ceux des règnes de Louis XIII, Louis XIV, Louis XV et Louis XVI ; quelques-unes de ces reproductions, par leur importance et à cause de leurs grands frais d'exécution, ne seront vraisemblablement données que dans notre ouvrage. — Ainsi conçu et combiné, ce livre offrira une forme attrayante et nouvelle ; il conservera à *l'Architecture du Ve au XVIIe siècle* son cachet à part, et si, un jour, des circonstances doivent produire la pensée d'une suite ou d'un complément, on en appréciera alors le plus ou moins d'opportunité. Tout donc, dans notre dernier ouvrage, s'écarte du précédent. L'*Art*, les *Monuments* et l'*Architecture* sont trois livres issus d'une même pensée, mais également destinés à rendre des services à la science ; et, malgré leur inhérente diversité, nous nous plaisons à croire qu'avec le temps et mieux connus, bien des personnes nous feront l'honneur de les réunir. — Reste un point sur lequel nous insistons. C'est qu'après examen, on ne pourra se refuser de reconnaître que cette publication ne se soit proposé un noble but : celui d'offrir le plus d'intérêt et d'utilité dans le choix des matériaux, comme aussi de prouver, par son exécution, tout notre zèle pour maintenir à ce genre de livres la supériorité que nous lui donnons, depuis vingt ans, par amour de l'art et par sentiment national.

— AVANT-PROPOS. —

Que l'on daigne donc nous seconder, et nous créerons un ouvrage sérieux qui manque encore : *la réunion complète des plus précieux éléments d'étude et d'application, choisis dans les différentes branches de l'Art chez tous les peuples à toutes les époques.*

Après avoir tracé une légère esquisse de notre ouvrage et parlé des dessins ainsi que des gravures, il y a lieu de dire quelques mots des notices ou de la partie consacrée à l'histoire et à l'archéologie. — Dans la publication des livres à gravures, le texte n'accompagne pas toujours les planches; c'est là une sorte d'usage dont nous nous sommes autorisé. On comprend fort bien que, dans un recueil de la nature du nôtre, où il faut avant tout jeter de la variété afin de justifier le plan et de répondre à des besoins, on se soit écarté de la règle ; nous devions cette déclaration, comme nous tenions à expliquer notre conduite. En publiant dans un seul volume toutes les planches d'une monographie considérable, il est évident que leur nombre pourrait parfois occuper la majeure partie de ce volume, et qu'ainsi cette trop large occupation nous priverait d'un précieux avantage : la variété dans les sujets. Pour éviter un semblable résultat, nous avons cru devoir scinder les grandes monographies ou bien encore les parties elles-mêmes de ces monographies, afin de les répartir dans deux ou trois volumes, et, en adoptant cette combinaison, nous avons reconnu qu'il suffirait d'une période de deux ou trois années pour faire paraître toute monographie, quelle que soit son importance. Mais, ces quelques lignes ne traitent encore que des gravures de l'ouvrage, et nous devons une autre déclaration relative au texte. Jusqu'au jour de l'apparition des dernières planches de chaque monographie, comme jusqu'au moment où, pour chaque membre d'architecture et pour chaque famille d'édifices, nous aurons publié tous les exemples qui en traduiront les diverses transformations ou phases, jusque-là nous nous bornerons à accompagner nos planches de notices succinctes que nous appellerons provisoires; car, il nous paraît illogique de faire lire un texte complet dont certains passages conduiraient ou renverraient à l'examen de gravures que le lecteur n'aurait pas entre les mains; aussi, avons-nous cru qu'il serait beaucoup plus convenable, pour traiter complétement chaque sujet, d'attendre l'époque de l'entière publication des planches composant chaque monographie, chaque famille d'édifices, chaque membre d'architecture ou bien encore la série de chaque élément d'art. Donc, ces premières et succinctes notices n'ont et n'auront par elles-mêmes qu'un caractère absolument provisoire, et ce ne sera guère qu'au fur et à mesure de la publication des planches complémentaires, formant des monographies, des classes ou des familles, qu'on pourra composer un texte étendu, c'est-à-dire des notices embrassant dans leur ensemble tout ce qui concerne les diverses questions d'art, de pratique et d'archéologie. Cette déclaration est faite ici une fois pour toutes.

TEMPS ANCIENS

— ÉGYPTE —

GRANDE SALLE DE CÉRÉMONIES RELIGIEUSES, A THÈBES (*KARNAK*)[1]

Ce lieu extraordinaire fait partie d'un ensemble d'édifices religieux et civils, construits à différentes époques, mais dont le groupement ne fut pas l'œuvre d'une intention préconçue ; aussi, ne doit-on voir, dans cette réunion de temples, de palais, etc., que le résultat, plus ou moins fortuit, d'une suite de constructions que l'on voulut renfermer, un jour, dans une immense enceinte. La diversité des dates de ces monuments, jointe à l'étrangeté de leur situation particulière, démontrent que plusieurs rois, dans le but, peut-être, de remplir un vœu ou de satisfaire quelque pensée, firent ériger successivement ces édifices qu'un architecte dut raccorder avec plus ou moins de symétrie. Or, en présence d'un tel état de choses, démontrant l'absence d'une unité de plan, il nous semble illogique d'entreprendre une étude générale de ces constructions, et mieux vaut examiner séparément chaque édifice, qui révèlera ainsi le règne, l'action ou l'art propre à chacun de ces rois. Nous commencerons donc par l'étude de cette grande salle.

Au point de vue de l'importance comme construction, c'est, sans contredit, le monument le plus considérable de l'ancienne Égypte et celui qui traduit le mieux l'apogée de sa civilisation, c'est-à-dire sa puissance, sa splendeur ainsi que l'état des sciences et des arts à l'époque où il fut construit. — Après des vicissitudes diverses, que nous relaterons plus tard, cette magnifique salle se trouve, de nos jours et à tant de siècles de distance, dans une condition, plus ou moins avancée, de ruines. — Les deux planches que nous publions ont spécialement pour but d'offrir une image fidèle de ces imposantes et colossales ruines, et de montrer, à l'aide de la photographie et de la gravure, l'état actuel de cette salle. Du reste, sa destination, sa forme, sa grandeur, son art ainsi que le décor, tout en fait un monument hors ligne et qui doit être considéré comme l'œuvre capitale d'un des plus habiles architectes de cet ancien pays. En effet, bien que d'architecture assez simple, puisqu'elle procède de la ligne droite, la construction de cette salle n'en a pas moins dû exiger, dans plusieurs points, un grand talent de science pratique, comme elle a dû nécessiter aussi l'action ou l'emploi de puissants moyens mécaniques afin de travailler et de mouvoir les matériaux qui y furent mis en œuvre.

---

1. Quelques épreuves portent, par erreur : *Palais égyptien*, à *Thèbes* (Karnak), etc.

A l'aspect d'une aussi imposante conception, l'esprit éprouve un de ces saisissements, une de ces impressions profondes qu'ont également ressentis tous les archéologues et les voyageurs lors de leur exploration des monuments de l'ancienne Thèbes. C'est, d'abord, notre illustre Champollion, dont nous rapportons ici les propres paroles : « Les Égyptiens, dit-il, concevaient en hommes de cent pieds de haut, et l'imagination, qui en Europe s'élance bien au-dessus de nos portiques, s'arrête et tombe impuissante au pied de ces cent quarante colonnes de la salle hypostyle...... Je me garderai bien de rien décrire, ajoute-t-il ; car, ou mes expressions ne vaudraient que la millième partie de ce qu'on doit dire en parlant de tels objets, ou bien, si j'en traçais une faible esquisse même très-décolorée, je passerais pour un enthousiaste, et, peut-être même, pour un fou. » — Puis, vient M. Wilkinson, qui considère cette salle comme la plus vaste et la plus splendide ruine des temps anciens et modernes ; — enfin, voici comment s'exprime, à son tour, un autre éminent archéologue, M. Ampère : « Champollion trouvait plus facile de *lire* Karnak que de le décrire. Au risque de passer aussi pour un enthousiaste ou pour un fou, j'essayerai de donner une idée de la prodigieuse salle de Karnak et de l'impression qu'elle a produite sur moi. Imaginez-vous une forêt de tours, représentez-vous cent trente-quatre colonnes, égales en grosseur à la colonne de la place Vendôme, dont les plus hautes ont soixante-dix pieds de hauteur (c'est presque la hauteur de notre obélisque) et onze pieds de diamètre, couverts de bas-reliefs et d'hiéroglyphes ; les chapiteaux ont soixante-cinq pieds de circonférence ; la salle a trois cent dix-neuf pieds de long, presque autant que Saint-Pierre, et plus de cent cinquante pieds de large. Il est à peine besoin de dire que ni le temps ni les deux races de conquérants qui ont ravagé l'Égypte, les Pasteurs, peuple barbare, et les Perses, peuple fanatique, n'ont ébranlé cette impérissable architecture. Elle est exactement ce qu'elle était, il y a trois mille ans, à l'époque florissante des Rhamsès. Les forces destructives de la nature ont échoué ici contre l'œuvre de l'homme. Le tremblement de terre, qui a renversé les douze colonnes de la cour....., a fait crouler le massif du grand pylône..... ; mais, les cent trente-quatre colonnes de la grande salle..... n'ont pas chancelé. Le pylône, en tombant, a entraîné les trois colonnes les plus voisines de lui ; la quatrième a tenu bon, et résiste encore aujourd'hui à ce poids immense de débris. — Cette salle était entièrement couverte. On voit encore une des fenêtres qui l'éclairaient. — Ce n'était point un temple ; mais, un vaste lieu de réunion destiné sans doute à ces assemblées solennelles qu'on appelait *panégyries*..... [1] »

Indépendamment de la somme d'intérêt qui s'attache à cette salle sous le double rapport de l'histoire et de l'art, nous devons signaler encore quelques faits et particularités dont on doit la connaissance aux études des égyptologues et des antiquaires. — D'après la lecture des inscriptions renfermées dans les cartouches, ce serait le roi Séthi Ier, de la XIXe dynastie, qui aurait ordonné la construction. Son architecte y introduisit cent trente-quatre colonnes, et la superficie qu'elle occupe en fait la plus vaste salle du monde, puisqu'elle couvre un espace qu'on estime quatre fois celui de l'église de Notre-Dame, à Paris ; enfin, on croit que cette salle fut destinée aux réunions des grandes solennités religieuses. — Son plan présente la figure d'un rectangle allongé. Comme composition architecturale, on l'a formée d'une grande nef centrale et de deux bas-côtés. La nef centrale comprend douze grandes colonnes et quatorze autres, plus petites, supportant des murs avec fenêtres ; chaque bas-côté renferme six rangées de petites colonnes, disposées par

---

[1]. Voyages et Recherches en Égypte et en Nubie. — *Revue des Deux-Mondes* ; XVIIe Année. — *Nouvelle Série.* — Tome XX, pages 1007 à 1011.

files de neuf. — L'une de nos gravures reproduit l'aspect de cette salle prise du côté oriental. On y voit, au delà des files de colonnes à chapiteaux de boutons de lotus tronqués, s'élever les grandes colonnes à chapiteaux campaniformes[1] de la partie médiane ou centrale. — L'autre gravure fournit de précieux renseignements sur ces mêmes chapiteaux, sur les fenêtres et sur un intéressant détail de construction. « La clôture de la fenêtre, dit notre ami, M. Félix Teynard, dans le texte de son remarquable ouvrage sur les monuments de l'Égypte et de la Nubie, est de pierre taillée à claire-voie et formée de deux énormes dalles superposées, de 50 cent. d'épaisseur, ayant ensemble 5 mètres 41 cent. de hauteur sur une largeur de 3 mètres 56 cent.... Nous avons dit que la grande salle hypostyle est formée d'une nef et de deux bas côtés dont le plafond est moins élevé au-dessus du sol général de l'édifice; dans la grande nef, les architraves sont *parallèles* à l'axe du monument; dans les bas-côtés, elles lui sont *perpendiculaires*. Il eût été difficile de faire supporter l'extrémité de ces dernières par les colonnes limitant la grande nef, surchargées qu'elles sont de piliers et de fenêtres. Le changement de direction n'a donc lieu que sur le second rang de colonnes latérales, qui ont à supporter simultanément des architraves parallèles et perpendiculaires à l'axe; mais, pour que le plafond soit placé partout à la même hauteur, l'assemblage a lieu *à onglets*, assemblage dont on se rend compte sur les architraves du premier plan que représente cette planche. »

La décoration de cette salle fut commencée par Séthi Ier, et achevée par son fils, Rhamsès II. Les colonnes ainsi que les murs sont complétement couverts de bas-reliefs religieux qui ont rapport au culte de la grande triade de Thèbes[2].

Nous nous bornons provisoirement à ces quelques lignes. On donnera une notice plus étendue lorsque toutes les planches de la monographie auront été publiées.

— GRÈCE —

L'ÉRECHTEION, A ATHÈNES — PORTE, DANS LE PORTIQUE DU PANDROSEION

A presque toutes les époques et chez la plupart des peuples, on observe assez souvent que les ouvertures d'entrée et de sortie, c'est-à-dire les portes principales des édifices publics ou des habitations, furent un des endroits les plus remarquables et celui qui, relativement aux autres parties, reçut une plus grande part d'importance; importance que l'on traduisit par un déploiement plus ou moins considérable de luxe comme composition ou comme décor. En présence de ce fait, l'esprit sérieux, qui cherche à se rendre compte des causes, arrive, par le raisonnement, à établir ce

---

1. Nous appelons ici l'attention du lecteur sur l'emploi des éléments de la flore locale à la composition des membres d'architecture, et nous en signalons, dès cette époque, l'application dans la construction et le décor.

2. Nous devons un certain nombre de ces renseignements à l'un de nos doctes amis, M. Prisse d'Avennes, que sa double qualité d'égyptologue et d'artiste recommandait à S. Exc. M. le ministre d'État. Par ses ordres, l'éminent archéologue est allé compléter, en Égypte et en Nubie, les précieux éléments qu'il possédait déjà, et il en publie l'ensemble dans un savant et splendide ouvrage portant pour titre : Histoire de l'Art égyptien, d'après les monuments, *depuis les temps les plus reculés jusqu'à la domination romaine;* Paris, Arthus Bertrand, 2 volumes in-folio, avec planches chromolithographiées.

point : que la porte étant la partie qui, par sa nature et sa destination, se trouvait la plus fréquentée et la plus incessamment exposée aux regards, puisque c'était le lieu spécial d'entrée et de sortie, l'architecte avait cru que cet endroit de continuel passage, en dehors des considérations morales, devait, pour ne pas être fastidieux, charmer la vue, produire une impression agréable et captiver même la pensée en même temps qu'il occuperait l'œil et l'esprit par son importance et son mérite. Telle est, fort vraisemblablement, l'une des causes de cette application du luxe et du décor qu'il s'est plu à répandre, avec plus ou moins d'extension, avec plus ou moins de talent et de goût, sur ce point particulier des édifices religieux ou civils. En effet, si haut qu'on remonte dans l'histoire des peuples ou dans celle des monuments, on voit ce fait se produire et l'on constate presque toujours cette remarque : que la porte fut ordinairement la partie où l'architecte s'est complu à donner le plus d'importance et de luxe. Notre livre en fournira maintes preuves. En ce moment, nous signalons l'un des plus remarquables exemples. Il se trouve sur le sol de l'ancienne Grèce.

Après une série de tâtonnements et d'essais, dont nous ferons connaître les phases, les Grecs ont encore eu l'insigne honneur de savoir fixer les lois et de constituer définitivement cette partie de toute construction qui sert d'entrée aux grands édifices ou aux habitations, la *porte*, enfin, telle que la nécessité, la logique et l'art pouvaient l'exiger ; aussi, comme forme, architecture et décor, tout, dans cette composition, née des besoins et traduite par la science, tout dénote-t-il cette rare intelligence et ce goût suprême qui distinguent les créations de ce peuple. Et cette composition parut si heureuse et si bien trouvée que, malgré les révolutions du temps et des hommes, la donnée générale ainsi que les principaux éléments traversèrent les siècles et persistent encore, de nos jours, dans les œuvres de l'architecture. Ce résultat tient vraisemblablement à ce que la composition et les détails répondent au but qu'ils doivent remplir. En effet, on les voit souvent dans de telles conditions de convenance et d'harmonie, ils forment parfois un ensemble si logique qu'on ne pourrait les disjoindre sans rompre et briser aussitôt les règles inflexibles de l'unité. C'est là, d'ailleurs, le propre des choses dont la nature comporte ce caractère essentiel. Ainsi, et dans la porte de forme rectangulaire, toutes les parties de la composition formant baie, ouverture et passage, avec ses éléments particuliers tels que chambranle, corniche ou console, se divisant en jambages, linteau, etc., sont donc, dès cette époque, constituées définitivement, et elles le furent dans des conditions telles qu'on les voit transmises par les Grecs aux civilisations suivantes qui ne leur impriment guère que de légers changements. — La donnée générale de cette espèce de porte présente la figure d'un rectangle allongé avec ou sans inclinaison, et elle repose, on le sait, sur l'emploi de la ligne droite.

Toutefois, si les Grecs ont eu l'honneur de fixer les lois architecturales de la porte, et s'ils les ont appliquées, d'une manière plus ou moins rigoureuse, aux nombreux exemples dont les anciens auteurs fassent mention, on doit regretter qu'un très-petit nombre ait pu parvenir jusqu'à nous ; car, leur perte nous prive de précieux éléments d'étude, comme elle nous empêche d'apprendre si, sur ce point encore, il y eut des règles générales que l'artiste sut respecter ou dont il voulut s'affranchir. — Parmi les quelques portes conservées d'édifices religieux ou civils, il faut citer en première ligne celle qui se trouve actuellement dans le porche septentrional de l'Érechthéion, à l'acropole d'Athènes ; c'est, certes, le plus intéressant et le plus splendide spécimen que la Grèce nous ait légué, celui, enfin, qui peut le mieux faire connaître le degré de richesse qu'on donnait alors à ce membre particulier des temples de l'ordre ionique. Nous l'avons choisi comme étude de composition décorative chez les Grecs ; aussi, nous en occuperons-nous plus exclusivement sur ce point, et renverrons-nous ce qui concerne son rôle comme issue à la monographie du temple où cette question trouvera beaucoup mieux sa place.

Commençons d'abord par déterminer la date de sa construction. « C'est dans l'intervalle qui sépare la guerre persique de celle du Péloponèse, dit M. Tétaz[1], que tous les arts, se développant avec la civilisation, atteignirent leur plus brillant apogée, c'est au moment de leur plus complet développement, sous Périclès, que furent réédifiés les trois monuments de l'acropole. C'est après l'achèvement des Propylées et du Parthénon, au moment où allait se déclarer la guerre du Péloponèse, que dut être commencée la reconstruction de l'Érechthéion. Elle resta inachevée, par suite des événements, jusqu'à la vingt-troisième année de cette guerre (av. J. C. 409-408), comme en fait foi une inscription très-curieuse, découverte par le docteur Chandler..... Ce document est le memorandum du *Rapport publié d'une commission*, nommée par le peuple athénien pour rendre compte des parties inachevées de l'édifice. Elle se composait de deux inspecteurs, d'un architecte nommé Philoclès, et d'un secrétaire. Ce rapport est sous la date de l'archontat de Dioclès, dont la magistrature remonte à la quatrième année de la XCIII° olympiade (av. J. C. 409-408). Il devait, toutefois, rester peu de chose à terminer; car, Hérodote, qui a écrit dans les premières années de la guerre, en parlant du temple contenant l'olivier et le puits d'eau de mer, ne dit rien de son état inachevé. L'on voit, par l'inscription, qu'il ne manquait au temple de Minerve que quelques cannelures des colonnes et quelques décorations. Le Pandroséion exigeait encore des travaux plus importants, surtout dans les parties supérieures. L'exécution de ces derniers travaux a sans doute été ajournée assez longtemps, en tout ou en partie. » — « Les victoires et le retour d'Alcibiade, ajoute M. Beulé[2], avaient sans doute rendu aux Athéniens le courage et une apparence de prospérité; car, immédiatement, l'on se mit à l'œuvre pour terminer l'édifice, et nous avons les *livres de compte*, rédigés par les inspecteurs des travaux pendant la deuxième année de la XCIII° olympiade (av. J. C. 407). Ce ne sont aussi que des fragments trouvés, il y a seize ans, dans la Pinacothèque..... L'année suivante, en 406, sous l'archontat de Callias, les ouvriers étaient encore à l'ouvrage et les échafaudages à leur place, lorsque le feu prit au temple. C'était la vingt-quatrième année de la guerre du Péloponèse. » — D'après le rapport de Xénophon (*Liv. I, chap. vi*), les dégâts qui en résultèrent ne furent pas d'une grande importance. Mais, à partir de cette époque, les documents font défaut; l'histoire se tait, et une espèce de voile semble s'étendre sur le monument, qui n'offrira plus que la conjecture et l'hypothèse. Toutefois, à en juger par la grossièreté de l'exécution de quelques points comparée à la perfection de l'édifice, on doit croire que les réparations ainsi que l'achèvement ont dû se faire attendre; car, dit encore et fort judicieusement M. Tétaz[3], « deux parties dénotent une décadence artistique : l'une est *l'ornementation de la porte septentrionale;* l'autre, toute la décoration du mur occidental..... »

L'inégalité, la défectuosité même de certaines parties ornées de cette porte ont fait croire que ces conditions d'infériorité doivent vraisemblablement provenir de l'inhabileté de quelques ornemanistes dans l'exécution de la part de travaux

---

1. Mémoire explicatif et justificatif de la restauration de l'Érechthéion d'Athènes, présenté à l'Institut en 1850; *Revue Archéologique;* Tome VIII, pag. 1 et suiv., — et pag. 81 à 96.

2. L'Acropole d'Athènes. *Nouvelle Édition;* Paris, 1862, 1 vol. gr. in-8°, planches.

3. Même mémoire, publ. dans la *Revue Archéologique*.

qui leur fut confiée ; la sculpture accuse ici ou l'ignorance ou l'absence de goût et de talent. On détaillera ces imperfections plus loin. Quoi qu'il en soit de ces défauts, la nature de cette porte répondait néanmoins, par son luxe, à la richesse décorative du portique, et, bien que les archéologues y aient découvert des incorrections, cette œuvre, prise dans son ensemble, comme spécimen et étude, n'en offre pas moins un très-sérieux intérêt.

Des critiques, imbus d'idées dites classiques, se sont étonnés que le jeu des lignes architecturales de cette porte ne se raccordait pas avec les parties construites du porche ou du portique. Sur ce point, tout fait croire que l'architecte, en établissant cette œuvre, ne se préoccupa guère que de l'acte d'introduire un motif d'ornement, et qu'alors, plus soucieux de l'effet que de tout autre chose ou d'une prétendue question d'harmonie, il adopta cette riche décoration ; admettons même, si l'on veut, que c'était une irrégularité de plus dans une réunion de trois temples dont l'arrangement et la composition offraient beaucoup d'autres irrégularités qu'au reste on comprend très-bien. Mais, ici, se présente un point assez délicat. Si l'ouverture et son cadre saillant appartiennent à la bâtisse primitive et s'il n'y a pas eu reconstruction, on devra reconnaître que l'architecte grec suivit ou des règles ou son idée propre, et, dans ce cas, il faudra reconnaître que l'artiste agit selon les usages de son époque ; d'où l'on est porté à conclure que cette prétendue infraction n'était autre que l'application de pratiques admises par ses collègues dans la construction et le décor des temples de l'ordre ionique. En résumé, ce qui étonne certains esprits est, peut-être, le résultat de pratiques usuelles qu'on ne peut décider ni affirmer en l'absence d'analogues maintenant détruits, et le fait de cette porte ne se raccordant avec les lignes architecturales du portique, une simple question, toute de fantaisie, mais qui parut plus convenable à l'architecte grec.

Comme tout le temple et la partie du temple où elle se trouve agencée, cette porte est en marbre blanc, extrait des carrières du mont Pentélique.

La première chose qui frappe lorsqu'on considère sa composition, c'est la forme pyramidale donnée à l'ouverture ; disposition qui constitue un certain élancement, due à la double inclinaison des jambages se rapprochant à la partie supérieure. Cette disposition avait sans doute pour but de réduire la portée du linteau. Elle se retrouve, dit un auteur [1], dans un grand nombre de portes et de fenêtres antiques, et Vitruve affirme même qu'elle était de règle dans les temples ; cependant, on peut citer quelques édifices où elle n'a point été observée. — Cette ouverture est encadrée d'un très-riche chambranle, composé de moulures en ressaut d'une certaine finesse, et orné de chapelets de perles, de rosaces, etc.; immédiatement au-dessus, l'architecte plaça une rangée d'oves avec leurs dards ; enfin, une grande corniche, peu saillante, dont les extrémités sont soutenues par deux consoles avec leurs feuilles, surmonte le tout.

Ces dispositions indiquées, revenons sur le décor et sur les éléments décoratifs de cette porte, et rendons-nous compte de leur valeur ou de leur emploi, c'est-à-dire du rôle que l'artiste a voulu leur faire jouer dans l'ensemble. — Par sa nature et par son exécution, cette porte semble avoir été faite à une époque déjà avancée de l'art grec. Les ornements n'y sont plus très-purs ; on y remarque même des formes et des imperfections qui indiquent une date voisine des temps de la décadence. Ainsi, l'une des consoles diffère à la fois de l'autre, et par son style et par ses ornements ; puis, le dessin ainsi que l'exécution des palmettes paraissent d'un travail évidemment inférieur à celles que l'on remarque sur plusieurs points de ce même portique. Or, de l'observation de ces différences découle, pour nous, la preuve d'une inégalité,

---

[1]. LÉONCE REYNAUD, TRAITÉ D'ARCHITECTURE, etc.; Paris, 1850, 2 vol. in-4, et *Atlas* in-folio.

d'une inhabileté partielle d'exécution, qu'on ne saurait attribuer à la même époque, et il en résulte qu'on peut, d'accord avec les faits, admettre cette opinion que quelques parties de ce décor, comparées à la perfection des autres parties du temple, ont dû avoir été sculptées à une date bien postérieure.

L'ensemble de ce décor architectural présente deux sujets d'étude également dignes d'intérêt : la destination des rosaces, — et la nature des ornements de la corniche, des consoles et du chambranle. — Considérée en elle-même, la forme de cette rosace est bien la traduction, par l'art ou par l'artiste, de la fleur d'un végétal affectant, dans son épanouissement, l'aspect d'une disposition analogue, et transformée de manière à pouvoir être introduite, comme ornement, dans la décoration des monuments d'architecture. Cette composition decorative appartient-elle exclusivement à la Grèce, qui en faisait usage à l'époque où l'architecte de cette porte l'agença dans le décor de son chambranle? C'est un point que nous discuterons ailleurs. Mais, il faut observer que si, généralement et comme on le voit pour celles du linteau, ces rosaces sont complétement en marbre, des éléments, d'une nature hétérogène, furent introduits dans celles des jambages; ainsi, le bouton central, qui, d'ordinaire, est aussi en marbre, puisqu'il fait corps avec la rosace, manque à celles des montants, et, à sa place, apparait un trou, destiné, selon quelques personnes, à introduire la tige d'un autre bouton, mais en métal. Des fragments, trouvés encore dans ces trous, ont révélé l'existence de cylindres en bois de cèdre, percés à leur tour, pour recevoir un objet quelconque ; or, ce fait étrange excite, au plus haut point, notre surprise, et nous engage à nous rendre compte à la fois et de cette différence et de cette raison d'être. En présence d'une semblable anomalie, certaine pensée se présente aussitôt : l'on se demande comment les Grecs, dont le sentiment délicat cherchait partout l'harmonie, ont pu, sur ce point, s'écarter de l'unité et être conduits à cette infraction, à moins qu'elle n'ait eu, alors, un principe, une destination, inconnue de nos jours, et qu'il faut maintenant découvrir. Ici, vient se placer l'hypothèse, seule permise en matière de silence des œuvres. Interrogeons donc ces trous, qui ont certainement eu une origine intentionnelle, puisqu'on y a encastré, intentionnellement aussi, des cylindres en bois de cèdre [1], et essayons de faire dire à ces cylindres quelle dut être leur fonction particulière. Tout porte à croire qu'ils avaient pour but de protéger le marbre et de donner une certaine élasticité lors de l'introduction d'un corps mobile que l'on y plaçait momentanément, mais qu'on remplaçait, en temps ordinaire, par des boutons métalliques, de forme et de dimension analogues à ceux du linteau. Si telle fut, en effet, leur emploi, ces boutons mobiles devaient, aux grands jours de fêtes, être retirés et remplacés par des tiges en bronze dont les extrémités saillantes étaient vraisemblablement recourbées afin de recevoir des objets en suspension, tels que couronnes et guirlandes de fleurs, monuments votifs, etc., qui furent d'un si grand usage dans les cérémonies de la Grèce. Cette humble conjecture recevrait presque une espèce de confirmation dans la présence des crampons en fer existant encore, dit M. Tétaz [2], sur les coussinets des chapiteaux de ce portique septentrional, et qu'il croit établis pour suspendre des guirlandes. — Nous n'en dirons pas davantage sur la dissemblance de ces boutons; mais, nous ferons observer, sous le rapport du dessin, que les rosaces présentent, entre elles, une petite variante de détails, assez curieuse à connaître.

---

1. « Des cylindres, de bois de cèdre, étaient encastrés dans le marbre pour les recevoir (les boutons); plusieurs sont encore en place avec les trous qu'y ont laissés les queues des boutons de métal. » M. Tétaz, *Mémoire cité*, page 94.

2. Même mémoire, page 92.

Cet examen, plus ou moins satisfaisant, de la composition des rosaces, dont la forme tire son origine de la végétation, nous amène, comme conséquence, à dire quelques mots de l'application, par les artistes grecs, de la flore locale comme principe de l'ornementation employée dans le décor des édifices et dans celui, en particulier, de cette porte d'un temple d'ordre ionique. On verra, dans notre chapitre sur le décor architectural des Grecs, que l'introduction des figures ou des représentations des végétaux joue un grand rôle dans le dessin des éléments adoptés pour les compositions ornementales et décoratives de ce peuple, et l'on peut, dès ce moment, en acquérir une irrécusable preuve, à l'Érechtéion et à cette porte, où, dans la corniche, les consoles et le chambranle, apparaissent des figures qui semblent empruntées au règne végétal de la Grèce, et rappellent, de tout point, des espèces propres à la flore de ce pays. En effet, si, par la pensée, on ramène à leur état naturel ces ornements que le décorateur a dû modifier afin d'en tirer ou d'en composer des formes et des figures convenables à l'ornementation architecturale, on reconnaît que ce sont tout autant de copies, plus ou moins fidèles, d'originaux produits par la nature, mais que l'on a transformés, selon les besoins et la place, d'après les idées ou le goût de l'époque. — Nous nous bornons à signaler ce fait. Dans une autre notice, on étudiera cette question en détail, et l'on essayera de déterminer alors à quels familles, genres et espèces de la flore, les artistes grecs empruntèrent les éléments mis en œuvre dans leurs compositions décoratives ; nous y rattacherons quelques autres rapprochements.

Parvenu à ce point de notre étude, on ne saurait clore ce qui a trait au décor de cette porte sans mentionner, en peu de mots, un complément d'ornementation qui a pu, ce nous semble, enrichir encore certaines parties de l'œuvre : nous voulons parler de la peinture et de la dorure. Quelques traces, encore apparentes, dans plusieurs parties du temple, jointes à la mention de travaux de peintures décoratives, consignées dans une inscription contemporaine, nous conduisent à admettre que cette porte, et la corniche surtout, ont dû, sous le rapport de l'harmonie, recevoir, comme le portique, une égale application de la polychromie. — Enfin, il y a lieu de penser que les ornements en bronze, pièces fixes ou mobiles qui entraient dans la composition du chambranle, ont été dorés.

Reste à émettre une hypothèse sur l'espèce de clôture qui fermait cette porte. En l'état d'ignorance où nous nous trouvons pour pouvoir apprécier la nature de ses vantaux, le mieux, selon nous, est encore de s'abstenir. — Au reste, nous avons l'intention de publier un chapitre à part qui traitera exclusivement des divers genres de vantaux dans l'ancienne Grèce.

Que l'on nous permette, maintenant, une dernière question, afin de compléter l'analyse de cette œuvre, si éminemment grecque. — Supposons que quelque classique veuille en faire l'examen au point de vue de ses études, c'est-à-dire lui appliquer, comme on l'a tenté, les règles du seul traité antique d'architecture qui nous soit parvenu, mais dont l'auteur fut un Romain, et voyons quelle somme de lumières on en pourra recueillir. Le seul rapprochement de ces deux époques démontre déjà l'espèce de difficulté à établir cette appréciation ; on comprend même qu'une ancienne œuvre grecque ne saurait être comparée ni expliquée à l'aide des préceptes d'un livre rédigé beaucoup plus tard et à Rome. Pour essayer un semblable travail, il faudrait posséder des écrits grecs sur la matière, et, fort malheureusement, nous ne connaissons que le traité de Vitruve, dont la date est postérieure d'au moins quatre siècles. Or, on le voit, cette étude est impossible. Mais, voici d'autres raisons, tirées du caractère de l'auteur, qui nous paraissent tout autant de preuves de cette impossibilité. Vitruve était plutôt ingénieur qu'architecte [1]; ce ne fut pas un artiste. Il paraît n'avoir vu, ni étudié les anciens monuments de la Grèce qu'il mentionne dans son texte ; puis, il avance, dans l'introduction au VIIe livre de son ouvrage, qu'il a seulement entendu faire un résumé des auteurs grecs et romains; enfin, l'on constate, en maints endroits, un fâcheux mélange de préceptes d'où sont sorties des erreurs et des incohérences, fruit du travail d'un écrivain qui, vraisemblablement, n'est pas allé sur place contrôler les assertions, vraies ou fausses, de ses devanciers. Donc, Vitruve borne son intention à faire un abrégé des précédents écrits, appropriés, suivant ses idées, aux besoins de l'époque, c'est-à-dire une espèce de manuel à l'usage des architectes de son siècle. Fatalement entraîné par son projet, il dut faire emploi de documents d'une valeur contestable, rédigés à des dates très-distantes ou par des spécialistes de nations diverses, et il s'ensuivit des préceptes et des règles qui n'avaient plus cours de son temps, mais auxquels il jugeait, dit-il, convenable de revenir. En agissant ainsi, Vitruve n'avait pas tenu compte d'une chose grave : avec la civilisation, l'art avait marché ; il s'était abâtardi, et cette marche avait donné naissance à une suite de transformations qui modifièrent les règles. Or, cette modification des règles, résumée par Vitruve, peut-elle s'appliquer à l'examen d'une ancienne œuvre grecque ? Nous ne le pensons pas. Rendons-lui, toutefois, cette justice : c'est que, dans la plupart des questions, il semble plutôt s'occuper et se préoccuper des constructions ou des pratiques contemporaines. Ce fait dut se produire. — Mais, on ne peut le cacher, Vitruve, dans la composition de son livre, ressemble un peu à Pline, et l'encyclopédiste romain de l'architecture procède à la manière de l'encyclopédiste romain des sciences et des arts. Il compile, il classe, il réunit des éléments sans avoir vu les originaux et sans les contrôler (nous parlons des édifices grecs et non de ceux de Rome ou de l'Italie); puis, il en tire des déductions complètement personnelles [2], et, de là, ces aberrations, ces erreurs, ces notions qui manquent de justesse et ne s'appliquent pas comme règles absolues d'une grammaire que les artistes du temps, surtout à l'égard de l'ancien art grec, ne connaissaient qu'imparfaitement ou pas, ne respectaient plus, et dont ils s'écartaient même par originalité, comme il se peut qu'avant ce temps et même aux beaux jours de la Grèce, les constructeurs de l'Hellénie n'entendirent pas se renfermer, d'une manière rigoureuse, dans la loi des prescriptions établies par leurs auteurs nationaux, fait acquis, de nos jours, par l'examen des monuments où apparaissent ces infractions. Tel était donc l'état des choses. Aussi, tout porte à croire que Vitruve, qui rédigea son livre à Rome, connaissait peu les édifices et n'en parle que d'après les écrits ; — qu'il n'a pas résumé exactement tous les ouvrages dont il disposait ; — qu'il écrivit pour les architectes et pour les constructeurs de son époque ; — enfin, qu'à l'imitation des artistes grecs, ceux de l'Italie, grands zélateurs du progrès et des transformations, ne tinrent que fort rarement compte des règles ou des pratiques recommandées, résumées par Vitruve, puisque les faits ne concordent pas avec les préceptes, puisque l'analyse des monuments, à l'aide de cet auteur, présente tant de difficultés et donne si peu de rapprochements. — En présence de ces erreurs, de telles incohérences et de semblables contradictions, on comprend qu'une très-petite partie de ces principes soit applicable à l'examen, et, partant d'une rigoureuse logique, on se demande s'il y a réellement lieu d'attribuer à

---

1. « *Itaque cum M. Aurelio, et P. Numidio, et Cn. Cornelio, ad apparationem balistarum et scorpionum reliquorumque tormentorum refectionem semper fui præsto, et cum eis commoda accepi.* » M. VITRUVII POLLIONIS, DE ARCHITECTURA LIBER I. *Præfatio.*

2. « Je viens de traiter des proportions *qu'il convient* de donner aux temples bâtis selon l'ordre dorique, ionique et corinthien ; *je l'ai fait suivant les règles que j'ai jugées les plus convenables.* » Livre IV.

Ire PARTIE.

Vitruve de pareilles aberrations et un si complet renversement des choses, qui accuseraient sa légèreté ou son ignorance? Sur une multitude de points, l'auteur du *Traité d'Architecture* s'est complétement trompé [1]; cependant, pour être juste, on doit tenir compte d'un fait : c'est que, dans l'antiquité grecque comme chez les Romains, s'il y eut des auteurs qui rédigèrent des livres de théorie et de pratique, très-souvent aussi, par esprit de nouveauté, de progrès ou d'originalité, des architectes ne consentirent pas à en suivre les règles; l'étude des monuments prouve qu'on n'en fit pas une loi commune, une générale application. Ainsi, l'impossibilité de prendre le livre de Vitruve comme un corps absolu de doctrines, également et parfaitement applicables à l'analyse des monuments de l'architecture grecque et parfois même à celle des édifices de l'architecture romaine, ressort déjà, quant aux généralités, du seul groupement de ces quelques remarques; mais, nous pousserons plus loin, et nous dirons davantage : l'application n'en est pas plus praticable, maintes fois, en ce qui concerne les détails. En voici une preuve; nous la choisissons sur notre terrain, c'est-à-dire dans le chapitre des *Portes de Temples* (Liv. IV, § 6). Vitruve dit qu'il y en a trois espèces : la dorique, l'ionique et l'atticurge. Il entre, à ce sujet, dans des développements assez étendus sur leur composition, leur nature, leurs ornements ainsi que leurs vantaux. Pour admettre ces différentes règles, il faudrait pouvoir les contrôler d'après les anciens monuments, à moins, toutefois, que Vitruve n'ait encore fait du personnel ou du prétendu *convenable*; mais, en l'absence d'exemples, maintenant détruits ou perdus, il devient fort difficile, sinon impossible, de vérifier si, effectivement, l'on a fait, avant lui, une application constante et générale de ces préceptes. Tout ce que l'on peut dire, c'est qu'en ce qui regarde la Porte de l'Érechthéion, les règles vitruviennes ne s'y rapportent pas. Cette différence manifeste avait, d'ailleurs, frappé, naguère, le docte M. Donaldson, qui écrit, sur ce point, de très-judicieuses remarques [2] : « Nous allons examiner, dit-il, jusqu'à quel point les proportions s'accordent avec les préceptes du classique romain; mais, comme elles s'éloignent entièrement de ceux prescrits pour les portes ioniques et qu'elles concordent avec la plus grande exactitude avec les règles qu'il a laissées pour l'ordre dorique [3], ce sera avec ce dernier seulement que nous établirons le parallèle. » — Que penser, maintenant, de Vitruve comme autorité en la matière, lorsqu'on lui voit confondre les ordres et s'écarter même des règles qu'il pose dans son œuvre, si ce n'est d'admettre que, par idée, par caprice ou par origina-

---

[1]. Nous en donnerons une preuve; elle aura rapport aux proportions architecturales. Sur ce point, il faut le dire, Vitruve ne mérite pas d'être pris pour guide. La base de son système repose sur une erreur. En effet, peut-on admettre, ainsi qu'il l'avance, que les Grecs aient adopté le module de la colonne, comme mesure fondamentale ou étalon, pour déterminer les longueur, largeur et hauteur totales, maintes fois plus grandes que ne l'est le petit module? (*Introd. au Livre V.*) N'avaient-ils pas, comme choix d'éléments, la *cella* de leurs temples, demeure par excellence des dieux, et à laquelle ils donnaient, sans aucun doute, beaucoup plus d'importance que n'en offrait certes la moitié du diamètre d'une colonne? Et ce qui milite en faveur de notre hypothèse, c'est évidemment la conséquence de la réflexion suivante. En prenant le module pour base, comment les Grecs auraient-ils pu appliquer ce système dans leurs monuments sans colonnes? Tout porte donc à croire que Vitruve s'est trompé radicalement, et qu'il y eût, dans l'antiquité, d'autres règles qu'il ignora ou dont il ne sut ou ne voulut tirer parti. Quelque bizarre qu'elle soit, cette ignorance est déjà chose étrange; mais, voici un fait qui semble bien plus surprenant. Le compilateur romain, à son insu peut-être, va nous révéler cette base et nous la faire connaître. Dans l'introduction ou cinquième livre de son ouvrage, il y parle d'un système de proportions, enseigné par Pythagore, et qui fut, selon toute vraisemblance, le vrai système adopté par les Grecs. La rédaction, assez embrouillée, de ce paragraphe prouve que Vitruve n'y a rien compris; aussi, jusqu'en ces derniers temps, est-il resté obscur. L'un de nos amis, M. le docteur Henszlmann, vient de consacrer, à son examen et à son élucidation, quelques pages de son savant livre sur la *Théorie des Proportions dans l'Architecture*. (Paris, 1860, Arthus Bertrand.) Or, il y a lieu de croire qu'on a retrouvé, de nos jours, ce système des Grecs. — Nous nous proposons d'exposer, ici même, le résultat de ces recherches; mais, pour faire cette communication, il convient d'attendre la publication de toutes les planches de la monographie d'un édifice grec, et ce sera, sans aucun doute, celle de l'Erechthéion ou du Parthénon.

[2]. PORTES MONUMENTALES DE LA GRÈCE ET DE L'ITALIE. *Porte du Portique ionique de l'acropole à Athènes*; pl. XXIII, XXIV et XXV.

[3]. Nous pensons que M. Donaldson se trompe aussi.

lité peut-être, les constructeurs ne se soient, eux-mêmes et pendant le cours des siècles, joués des principes et n'aient enfreint des prescriptions que Vitruve dit avoir puisées dans des livres spéciaux et qu'il croit rédigés par les meilleurs architectes de la Grèce et de l'Italie? Du reste, cette anomalie, considérée à notre point de vue, n'a rien qui nous surprenne; puisque, la porte de l'Érechthéion est une œuvre grecque et qu'elle fut exécutée, à une ancienne époque, dans des données peut-être inconnues de Vitruve, tandis que le prétendu codex est de rédaction romaine et n'a été composé que très-postérieurement, à plus de quatre siècles de distance, par un ingénieur qui n'avait pas étudié les monuments de la Grèce, qui empruntait des principes qui n'avaient plus cours et dont le contenu traduit seulement les idées particulières. — De tout ceci, que doit-on raisonnablement déduire? Qu'en fait d'études d'architecture antique, on ne saurait vouloir appliquer, à l'examen des monuments grecs et romains, un prétendu corpus que les contemporains de Vitruve ne suivaient peut-être pas, dont ils s'écartaient avec intention, et dans lequel l'auteur, ne soupçonnant pas donner la mesure du degré de créance qu'on pourra lui accorder, avoue naïvement son dessein : celui de *tracer des règles qu'il dit avoir jugées les plus convenables*. Donc, ces règles n'étaient pas celles de l'ancienne Grèce, de même qu'elles n'étaient pas celles dont on faisait usage dans l'empire romain, mais, bien et arbitrairement, les règles que le citoyen ingénieur Vitruve inventait comme étant, d'après ses idées, son goût et sa part de logique, *celles qui lui parurent les plus convenables*. Après un semblable aveu, on ne saurait guère reconnaître l'autorité de Vitruve dans l'appréciation de toutes les œuvres de l'architecture antique, et son livre ne peut plus être considéré comme un résumé ou un corps de doctrines extraites des anciens auteurs, mais, seulement, comme un ouvrage énonçant son opinion, son sentiment, sa manière de voir sur telle ou telle partie de l'architecture romaine à l'époque où il fut écrit. Restreint à ces proportions, il est facile d'entrevoir quelle dut être la part d'influence du livre de Vitruve sur ses collègues; mais, afin d'en faire mieux comprendre le faible crédit, nous nous contenterons d'établir une simple comparaison, et, pour ce, il nous suffira de signaler le cas qu'on fait, de nos jours, des théories d'un auteur lorsqu'elles ne sont pas appuyées, soutenues par leur valeur, par un grand nom, et surtout par l'adhésion des hommes compétents. Or, et très-vraisemblablement, les architectes romains en agirent de même à l'égard du traité de Vitruve; car, l'étude ainsi que l'examen des monuments de Rome, faits cet ouvrage à la main, prouvent combien peu s'y rapportent, et combien, alors, il dut avoir peu d'action sur ses contemporains. Tout concourt donc à démontrer qu'il ne saurait servir de *guide absolu* pour l'appréciation ou l'analyse approfondie des monuments antiques. Cependant, malgré cette flagrante constatation d'erreurs, d'incohérences, d'interversions, etc., dont l'œuvre de Vitruve fourmille, on doit néanmoins avouer que son ouvrage renferme d'excellentes et d'utiles choses; on y trouve des données générales, des renseignements précieux, quelques faits de détails, etc., mais, rarement, des constatations de rapprochements et de coïncidences susceptibles de prouver qu'il dut *avoir fait loi* et qu'il puisse *expliquer tout* en architecture. Tels sont, à nos yeux, le fond et la portée du livre de Vitruve ; — telle est encore la mesure restreinte dans laquelle il y a seulement et réellement lieu de pouvoir l'appliquer ; — et telle est, enfin, la somme de lumières ou de concours qu'on en peut obtenir.

MOTIF DE DÉCORATION, PROVENANT DU TEMPLE D'ESCULAPE, A ÉPIDAURE.

Autant qu'on en peut juger par sa forme ainsi que par le jeu ou le tracé de ses enroulements, ce morceau dut, sans doute, avoir été composé par quelque sculpteur ou quelque ornementiste grec pour servir comme motif de couronnement à une œuvre d'architecture, dont on ne saurait préciser la destination primitive [1]. Quoi qu'il en soit, nous nous occuperons moins ici de ce fragment comme partie architecturale que de sa valeur par rapport à la place qu'il doit tenir dans l'histoire de l'ornement et dans le chapitre relatif à la Grèce; car, c'est sous ce dernier point de vue qu'il présente de l'intérêt. — La composition générale accuse franchement le style grec, ainsi que le mode d'art propre à ce peuple; puisque, soit les dispositions, soit les éléments, tout rappelle des analogues fréquemment en usage dans les ornements sculptés, sur les vases peints et sur les terres cuites de la Grèce. C'est, d'ailleurs, une assez heureuse combinaison d'enroulements mariés à des représentations de parties de végétaux, cultivés en ce pays, que l'artiste sut agencer dans un agréable jeu de lignes, afin de produire une composition décorative, très-convenable à un couronnement. Toutefois, la nature particulière de cette composition, qui constate de nouveau l'introduction du dessin des éléments de la flore locale dans le décor ornemental, et, par suite, un exemple de ce genre d'application au décor des édifices, fournit une nouvelle preuve de l'emploi presque constant, dès les plus anciennes époques, des formes végétales dans les ornements d'architecture ou autres et que l'on désigne, par ce motif, sous la dénomination de *Flore décorative* [2]. Ajoutons que le choix des végétaux, introduits dans cette composition, peut fort bien avoir ici son symbolisme dans l'ornementation d'un temple ou d'une partie d'un lieu consacré au dieu de la médecine. Mais, il faut le dire : malgré sa gracieuse élégance, l'art n'y est plus parfaitement pur; on y remarque des imperfections, des irrégularités, des négligences même, qui déparent malheureusement cette œuvre et en diminuent la valeur. De tels défauts tiennent, peut-être, à l'une de ces deux causes : soit au travail de l'époque, soit à l'inhabileté de l'exécutant; car, le faire de la sculpture indique les derniers jours de la civilisation grecque, ou le résultat malheureux d'un artiste négligent et inhabile à savoir rendre et traduire les diverses parties d'un programme ou d'une esquisse. Ainsi, en admettant l'une de ces hypothèses, rien ne s'opposerait à croire que ce fragment dût être exécuté par un artiste d'un ordre inférieur à qui on l'avait confié comme un simple ornement ou comme un objet d'un emploi tout à fait secondaire, et telle est, à notre avis, la cause de ces irrégularités ou celle aussi de son infériorité d'exécution. — Nous n'entrerons pas dans de plus longs détails; le lecteur comprendra mieux l'intérêt qui s'attache à ce morceau lorsque nous aurons publié d'autres ornements grecs parmi lesquels celui-ci tient une intéressante place.

1. La partie supérieure de l'une des quatre faces d'un autel; — celle d'un panneau décoratif, — ou bien encore celle d'une stèle.
2. Sur ce point particulier de l'histoire de l'ornement, peut-être est-ce ici le lieu de rappeler un fait. En matière de composition décorative et du choix des éléments, on constate que, dès les Égyptiens et les Assyriens, l'ornemaniste emprunte, en général, une partie de ces mêmes éléments à la végétation locale, dont le mouvement des tiges et les formes des feuilles et des fleurs de chaque espèce, classe ou famille lui fournissent de précieuses ressources d'application, et qu'à l'aide d'une alliance de ces ressources, de ces éléments à des combinaisons plus ou moins géométriques, il en constitue des *compositions* toutes spéciales, ayant un cachet, une physionomie ou un caractère propre à chaque époque et à chaque pays. L'examen de nos planches en fournira la preuve.

— ÉTRURIE —

PORTE D'ENCEINTE DE LA VILLE, DITE D'AUGUSTE, A PÉROUSE

L'invention des claveaux par les Étrusques, et, par suite, leur application à l'établissement de divers genres d'ouvertures construites sur le principe de cet élément, telles que : arcades, voûtes, etc., conduisirent leurs architectes à des modifications, à des transformations considérables dans la construction des édifices, mais, en particulier, dans la composition des monuments de défense militaire. Sur ce point, les architectes étrusques semblent avoir été d'intelligents et hardis novateurs. En effet, bien que les ravages du temps et des hommes aient laissé peu d'édifices de ce peuple, il est cependant encore possible d'apprécier leur hardiesse dans un nombre très-restreint de monuments, mais surtout dans les portes d'enceinte des villes, parmi lesquelles on doit placer d'abord celles de Volterra, de Falerie et de Perugia; cités, qui, à en juger par l'importance de leurs portes, doivent avoir eu, jusqu'à la fin de leur existence, une certaine splendeur. — Imitateurs, très-vraisemblablement, des Grecs dans le domaine des arts, les Etrusques paraissent, sur ce terrain de la composition des portes de ville, avoir adopté maintes pratiques en usage dans celles des cités de la Grande Grèce, que des relations leur avaient fait connaître et dont ils empruntèrent la donnée générale. Aux plus beaux temps de la civilisation grecque, les portes d'enceinte des villes importantes étaient ainsi conçues; une grande ouverture constituait l'entrée ou la sortie; on la flanquait de deux tours saillantes[1], et cette disposition avait pour but de prendre en flanc l'ennemi ou l'assiégeant, et de l'écraser sous une pluie ou sous une grêle de flèches, de dards et de projectiles. Telles sont, on le sait, les portes de Pestum, d'Assos, de Messène, etc.; mais, là, l'ouverture, à quelques exceptions près, est toute rectangulaire, et la forme qui règne est la seule ligne droite. A une époque bien postérieure, dont la date ne se peut établir, les Étrusques inventent le claveau; celui-ci provoque un changement dans l'art de construire; une révolution s'opère; sa nature offre de nouvelles ressources, et cette application, qui prouve l'acte de l'intelligence et exige des connaissances pratiques, marque un pas en avant, une heureuse tentative, enfin un immense progrès accompli. Examinons le fait et ses conséquences. — Admettant en principe le programme des Grecs, comme plan et dispositions militaires (nous ne parlons pas des détails), les constructeurs de portes de villes ou les ingénieurs étrusques semblent n'avoir plus accepté l'emploi de la forme rectangulaire pour

---

[1]. La disposition en saillie de ces tours est, fort vraisemblablement, une imitation, une substitution, par les Grecs et les Étrusques, des tours des *portes scées* des Pélasges (ces derniers furent, en beaucoup de choses, nos instituteurs, et, sur ce point de la construction des portes d'enceinte des villes, les premiers architectes ou ingénieurs militaires). En établissant ces tours à la droite de l'entrée des acropoles et des villes, les Pélasges avaient plus spécialement pour but de forcer l'assaillant à présenter le côté droit à découvert, c'est-à-dire de le laisser exposé aux coups des assiégés, puisque la nécessité du maniement des armes par la main droite ne permettait pas au bouclier, porté de la main gauche, de le protéger efficacement. Afin de mieux faire comprendre ce point particulier de la tactique militaire à cette ancienne époque, nous publierons quelques exemples de ces *portes scées*.

les ouvertures. On avait connu le principe et les avantages du claveau; il avait donné naissance à l'arc, et cet arc, à un autre genre de baie ou d'ouverture : à l'arcade et à la voûte. Ils en voulurent l'emploi avec ses conséquences; et, alors, hommes de progrès ou partisans de conquêtes, ils en firent l'application à la bâtisse des portes de ville, comme précédemment peut-être on avait pu l'appliquer à d'autres classes d'édifices étrusques, maintenant détruits et dont la perte nous laisse dans l'ignorance sur le plus ancien emploi [1]. Quoi qu'il en fût, nous devons cependant constater que, de la découverte du claveau et de sa mise en œuvre, découlèrent, pour les monuments d'architecture militaire, plusieurs combinaisons ainsi que des ressources nouvelles. Dans les premières applications, les tentatives furent simples; on se contenta de substituer la figure courbe à la forme rectangulaire. Mais, avec le temps et la pratique, on fit plus; et, de la simplicité des premières portes à une seule ouverture en arcade, on arriva, grâce au progrès dans l'art, à la création de ces grandes entrées de villes telles qu'il s'en est encore conservé des exemples à Pérouse.

L'architecte qui conçut et construisit la porte dite d'Auguste, était un homme d'intelligence ainsi qu'un praticien habile; car, il n'entendit point suivre les précédents usages. Il se reconnut capable; il développa l'œuvre de ses collègues, et, en ingénieur instruit, il voulut essayer un de ces édifices dont la conception marque dans l'histoire des efforts de l'esprit humain. Voyons quel put être son programme. Fort de son projet sans doute, mais convaincu aussi de l'excellence des notions acquises, il comprit tout ce qu'on en pourrait tirer pour l'amélioration de son œuvre, et, puisant avec sagesse au fonds commun des conquêtes, il chercha une composition dont l'ensemble pût réunir l'alliance ou la combinaison de ses idées propres à celles de ses devanciers. L'examen prouve qu'il sut y parvenir. Il adopta donc, comme plan, les données propres aux portes des villes de la Grèce, c'est-à-dire la disposition des deux tours de défense et de protection; mais, en fait d'ouverture, il n'admit que l'arc à claveaux, dont il multiplia cependant le nombre ainsi que les rangées concentriques, et, là, est, sans conteste, le changement, l'innovation, la part qui lui revient, c'est-à-dire cette combinaison, nouvelle pour l'époque, dont l'emploi donne à cette porte une si grande somme d'intérêt comme monument étrusque. Or, cette multiplication des ouvertures dans la composition des portes de villes, amena, pour la défense des places, toute une série de modifications importantes que nous constatons ici. Tel est, fort vraisemblablement, le programme que s'est posé l'architecte de la porte de Pérouse; il est à nos yeux un fait capital en architecture militaire, comme il marque aussi l'une des grandes phases ou transformations que subit la porte des villes à cette date reculée de l'ancien monde.

Cet édifice est certainement le plus considérable exemple de porte de ville que nous aient laissé les Étrusques; sa date appartient, vraisemblablement, à la fin de la seconde période de l'histoire de ce peuple; enfin, son ensemble renferme un certain nombre de particularités qui concernent à la fois l'art de l'architecture et celui de la décoration. Ces particularités semblent trop importantes pour qu'on omette de les signaler au lecteur; ce sont autant de questions qui accusent l'enfance de l'art, l'absence des règles, les tâtonnements des constructeurs, enfin l'inexpérience des artistes. Nous allons essayer d'en offrir un résumé succinct, nous réservant d'entrer dans de plus longs détails à l'époque où l'on complétera la monographie par la publication des planches consacrées aux plan, coupe, profils, etc. — Nous avons fait

---

[1]. L'idée, le germe, le principe grossier du claveau ainsi que son application à la formation d'une baie ou d'une ouverture, se trouve, comme on le verra, dans les constructions des Pélasges. Nous réservons ce point que l'on étudiera mieux à l'aide des monuments.

connaître ce qui a trait à la constitution de cette porte comme principe de défense et comme nature de baie ; il nous reste à décrire les particularités de détails ; l'analyse de la composition et du décor de la façade nous les révélera. Commençons par compléter la partie relative à l'art militaire. On a vu que, dans son projet, l'architecte étrusque semble avoir suivi la donnée des portes de villes de la Grèce, c'est-à-dire la disposition d'une ouverture flanquée de deux tours en saillie et reliées au mur d'enceinte de la ville ; mais, que, là seulement, se bornèrent les emprunts de l'ingénieur. Pour le reste, il voulut du nouveau. Dans son désir d'innover, il se posa, comme on l'a dit, un curieux problème : celui d'ajouter, s'il se pouvait, aux moyens de défense en faisant tourner ces mêmes moyens au profit de la décoration elle-même, et c'est, fort vraisemblablement, alors qu'il imagina l'ouverture de cette grande arcade, placée, au-dessus de la porte, dans le but d'en faire un point fortifié, d'où les gens de trait et les soldats pourraient lancer toutes sortes d'armes et de projectiles sur les assiégeants. On ne peut méconnaître, au point de vue de la défense des villes et de celle des portes d'enceinte, tout ce qu'il y eut de nouveau, d'heureux et de logique dans cette idée de l'artiste étrusque, et combien aussi cette introduction d'une ouverture, constituant étage et formant position, développait tout à coup la façade qui offrit, par cela même, un plus vaste champ pour la dépense du décor. — Ceci posé, analysons maintenant l'œuvre sous le rapport de la composition des portes de ville, et de celles des Étrusques en particulier.

Le plan de cette porte renferme un détail fort rare, d'une très-grande importance et dont il faut signaler ici la forme ainsi que le principe. Nous voulons parler d'une disposition qui lui fut donnée par le programme ; elle vient fournir une nouvelle preuve de l'intelligence déployée par l'ingénieur étrusque, et nous faire apprécier, à tant de siècles de distance, jusqu'où l'on portait déjà l'étude ou les recherches dans l'art de la défense des places. Précédemment, nous avons parlé des *portes scées* des Pélasges ; nous en avons indiqué la destination particulière, et nous avons dit que la saillie donnée postérieurement aux tours des portes de ville en était comme une espèce de substitution. Maintenant, il convient d'ajouter que les Grecs, et, après eux, les Étrusques continuèrent cette pratique. Elle avait pour but de protéger la porte, et, surtout dans les portes scées, de frapper l'ennemi à découvert, c'est-à-dire du côté opposé au port du bouclier. Ici, à Pérouse, l'architecte semble ne s'être pas contenté des usages antérieurs ou contemporains ; car, aux tours saillantes ou à leur efficace destination, il voulut ajouter encore de nouveaux moyens, et c'est, vraisemblablement, dans cette intention qu'il imagina ce biaisement de l'ouverture de la porte dont la disposition, la condition devait forcer l'assaillant à faire, lors de l'entrée dans la ville, un mouvement oblique qui découvrait d'autant plus le côté droit, et, par conséquent, l'exposait davantage aux traits des assiégés, établis dans la tour de droite. Ce fait, qui résulte du biaisement de l'ouverture de la porte, méritait certes d'être signalé comme une intéressante particularité de la poliorcétique ou de l'art de la défense des places à cette ancienne époque [1].

Sur la pente d'un terrain très-favorable à la situation d'une ville et à l'établissement de son enceinte, mais à droite et

---

1. Nous devons placer ici un rapprochement précieux. A une date très-reculée et en Asie Mineure, d'où les Étrusques, suivant Hérodote, seraient originaires, on pratiquait déjà ce système d'obliquité pour contraindre l'ennemi à se découvrir en approchant de la place ; mais, on l'établit d'une certaine manière. Cette condition fut donnée au seul chemin qui conduisait à l'acropole ou à la ville, et sa disposition nous fait connaître un des plus puissants moyens de l'ancienne poliorcétique. On en trouve quelques exemples de l'époque des Pélasges, parmi lesquels nous signalerons le chemin oblique de Ptérium. Au reste, ce mode ne fut pas seulement appliqué à l'extérieur de la place ; on le voit encore mis à l'intérieur, puisqu'on a découvert un couloir oblique dans les Propylées, à l'acropole de Tantalis, sur le mont Sipyle. Nous nous bornons, pour le moment, à ces deux citations.

à gauche de l'une de ses ouvertures d'entrée, s'élève pyramidalement, à l'extérieur, un grand mur d'appareil irrégulier et par assises en retraite, formant base et donnant assiette à la masse. Au-dessus, le mur, sur les côtés, continue à surgir en un appareil, ici à parement lisse, mais en suivant, toutefois, la ligne où le point inférieur comme inclinaison. Une large arcade, à double rang de claveaux[1] qu'encadre une archivolte à gorge, est ouverte et assise, dans une partie en retraite d'une profondeur égale au développement de la gorge de l'archivolte, sur ses deux imposants et solides jambages. Vers le milieu du tympan de gauche, apparaissent les restes frustes d'une pierre en saillie dont la présence fait penser à un motif sculpté, ayant eu, peut-être, un but symbolique. Jusque-là, tout est simple et parfaitement propre au but qu'il devait remplir : la solidité contre les attaques des assaillants. La partie qui surmonte est plus riche et mérite toute notre attention. On y constate presque l'influence de l'art des Grecs, mais dénaturé, traduit ou interprété selon le goût et le caractère des Étrusques. Ici, commence la décoration proprement dite, celle qu'on peut plus particulièrement départir au constructeur et aux idées de son époque. C'est comme une espèce de composition intermédiaire dont le jeu des principales lignes rappelle la disposition de la frise de l'ordre dorique chez les Grecs. Des petits pilastres cannelés, avec bases et chapiteaux, sont établis à distances égales ; ils semblent tenir la place de triglyphes, et constituer, par leur espacement, tout autant de métopes au milieu desquels l'artiste a introduit des représentations de boucliers. Le choix du bouclier, arme de protection et de défense, nous paraît ici fort heureux, au point de vue du symbolisme, comme décor d'une porte de ville, dont la nature ainsi que l'établissement ont pour but de protéger et de défendre la cité. Reste à examiner la région supérieure. Suivant toujours la même ligne d'inclinaison, le mur a été monté, mais avec une nouvelle retraite que détermine encore la saillie de l'archivolte du balcon de défense. Ce balcon est formé d'une grande arcade, à un seul rang de claveaux, et protégé, à la partie inférieure, par un parapet ou clôture destinée à garantir contre l'assaillant ; on a même pu établir, à l'intérieur, une forte clôture mobile en bois, peut-être couverte de plaques en métal avec archères pour les gens de traits ; elle fermait tout ou partie de cette arcade. Deux grands pilastres, ornés de chapiteaux dans un genre ionique, *étrusquisé* comme ceux des petits pilastres, complètent cette décoration, très-importante pour son époque. — Le couronnement manque. Le temps et les hommes en ont fait une énigme que la science propose désormais aux recherches des savants.

Telle est, en peu de mots, l'analyse de la composition architecturale et décorative de cette porte de Pérouse; mais, il s'en faut que nous ayons signalé toutes les particularités qu'elle renferme. Il convient donc d'en indiquer encore quelques-unes; elles compléteront l'ensemble de la notice provisoire en attendant l'époque où nous pourrons rédiger un travail étendu et digne en tous points d'une œuvre qui tient une place considérable dans l'histoire de l'architecture militaire et dans celle, en particulier, des portes de villes chez les Étrusques. — Les particularités sur lesquelles nous voulons, en finissant, appeler l'attention du lecteur sont : — l'absence des impostes qui créa la nécessité, pour l'établissement des archivoltes, de construire l'arc et son mur sur un plan en retraite; — la forme et la composition des chapiteaux qui, bien que modifiées, rappellent ceux de l'ordre grec, dit *ionique;* — les dispositions et composition particulières des cannelures des petits pilastres; — le dessin des oves et des palmettes introduites

---

[1]. Dans le plus grand nombre des portes de villes étrusques, les arcades n'ont qu'un rang de claveaux ; ici, l'on en voit deux, et la fameuse cloaque de Rome en possède trois. L'emploi croissant de ces rangées concentriques de claveaux donnerait-il une chronologie de construction qui correspondrait à un progrès, à un développement dans l'art et la pratique?

dans les petits chapiteaux; — enfin, la nature des bases, des profils, etc., questions diverses que, plus tard, nous étudierons en détail et d'une manière approfondie.

L'aspect de cette porte présente un caractère de grandeur et de solidité fort convenable au but qu'elle devait remplir comme protection d'un point généralement plus exposé aux attaques de l'ennemi. Et, maintenant, si on l'examine au seul point de vue de l'architecture militaire, on est forcé de reconnaître que l'architecte, qui l'érigea, était un esprit d'une haute intelligence et un homme de progrès, surtout lorsqu'on la compare aux portes antérieures, dont la composition ainsi que le décor sont presque nuls. Il lui donne plus d'importance; il développe l'idée; il introduit les étages; il superpose les ordres; il ouvre une galerie; il en fait un ensemble décoratif; enfin, elle devient une œuvre, c'est-à-dire qu'il lui imprime ce caractère de force et de fermeté, résultant, à la fois, de la composition, du jeu des lignes, des éléments, de leur disposition et, surtout, de l'appareil, dont la nature ainsi que la pose sont ici très-soignées.

Nous avons dit que l'exécution de cette porte semble avoir eu lieu à la fin de la deuxième période de l'histoire de l'Étrurie, c'est-à-dire vers un temps qui précéda peu l'établissement de Rome, mais à une époque relativement déjà fort distante de l'arrivée de cette colonie corinthienne dont l'influence fut si grande sur l'art des Étrusques. Parvenue à cette date, l'action étrangère paraît s'être affaiblie, et l'art national avoir pris un caractère propre où restent cependant encore les traits généraux de plus ou moins nombreux emprunts. En effet, bien qu'accusant l'état d'une civilisation avancée, cette œuvre d'architecture révèle néanmoins l'essence d'un art qui doit avoir quelque communauté avec la Grèce, et l'on est presque contraint, en la considérant, de reconnaître que, si la physionomie de l'ensemble ainsi que certains détails s'en écartent, il n'en est pas moins vrai que maints éléments présentent avec lui plusieurs rapports de similitude ou de rapprochement. Tel fut le résultat des faits. Il puisait d'ailleurs sa source dans la réunion ou la fusion de trois causes principales qui devaient donner naissance à un produit mixte : la transformation de l'art primitif par la colonie corinthienne, la part particulière d'invention qui appartient aux Étrusques, et l'action des peuples avec lesquels ces derniers furent en rapport. Nous n'entrerons pas dans de plus longs détails, qui trouveront mieux leur place dans une autre notice; mais, nous ajouterons que l'étude approfondie des œuvres, c'est-à-dire leur examen, leur rapprochement ou leur comparaison, doit faire jaillir les lumières soudaines qui viendront éclairer ces divers points, comme tout permet d'espérer aussi que cette voie de l'analyse, surtout celle des détails, fournira, par des analogies ou par des ressemblances dans l'espèce, de puissants moyens d'investigation pour séparer chacune des trois parts, mais surtout pour déterminer quelle dut être celle de l'influence que les Étrusques peuvent avoir subie des différents peuples avec lesquels ils furent en contact. — On comprend, par ce peu de mots, la place importante qu'occupe cette porte dans l'histoire des transformations de l'architecture militaire, et combien, indépendamment des intéressantes questions d'art qui s'y rattachent, elle est encore précieuse à étudier comme révélation sur la poliorcétique ou la défense des villes à cette ancienne époque.

TOMBEAU HYPOGÉEN, A CERVÉTRI (*CÆRÈ OU AGILLA*)

L'acharnement des guerres, le dédain des hommes ainsi que la lente mais destructive action du temps, sont les plus funestes ennemis des œuvres de l'Art et de celles, en particulier, de l'Architecture. C'est, sans aucun doute, à la réunion de ces trois fatales causes qu'il faut attribuer l'anéantissement presque complet des édifices des Étrusques; aussi, ne reste-t-il, comme monuments construits, que des fragments de murs d'enceinte, plusieurs portes de ville et quelques autres rares débris. Mais, par une heureuse compensation, ce peuple avait l'habitude de placer ses tombeaux au sein de la terre, qui les a conservés et les exhume parfois pour nous révéler de fort curieux secrets. Ce sont, pour la plupart, des chambres sépulcrales, de grandeurs et dispositions diverses. Elles doivent, presque toutes, leur création à l'évidement dans la masse du calcaire ; on y a ménagé des parties en réserve affectant la forme de piliers de soutènement, et l'on alla même, mais pour le plus petit nombre des tombes, jusqu'à donner à ces parties en réserve des formes architecturales qui reproduisent sans doute l'Art ainsi que les éléments de l'Architecture des Étrusques à l'époque où ils furent établis. On comprend donc l'intérêt de ces derniers tombeaux. — Privés, comme nous l'avons dit, des édifices en appareil, dont la forme et le décor architectoniques eussent pu fournir des notions sur les *édifices construits* de ce peuple durant le cours de son existence, force est donc, pour s'en rendre compte, de chercher, dans ses *monuments taillés* ayant des formes architecturales, la connaissance du caractère et des éléments qui constituaient son *architecture construite*, c'est-à-dire les parties analogues ou similaires qui doivent offrir de plus ou moins fidèles reproductions. En présence de cette pénurie d'édifices construits par les Étrusques, le lecteur appréciera quelle peut être, pour l'étude de l'architecture de ce peuple, l'importance de monuments taillés, où presque toutes les parties donneraient des représentations de ces membres, à ce point même qu'on en considérerait presque l'ensemble comme une petite construction conservée, par miracle, pour notre plus grande instruction. Telle est, précisément, la condition dans laquelle se présente certain tombeau taillé, découvert à Cervétri, l'ancienne Cæré ou Agilla. Sa composition et son décor exclusivement formés d'éléments architecturaux, puisqu'ils renferment, évidés ou détachés de la masse, un édicule, des piliers, des pilastres, etc., viennent produire une révélation soudaine sur l'architecture de ce peuple, mais que recommande surtout la conservation de l'édicule intérieur. Ce dernier document a beaucoup d'intérêt ; car, il nous semble capable de donner une idée de la composition architecturale des petites pièces ou des petits appartements de l'habitation étrusque, comme il pourrait offrir aussi un éclaircissement précieux sur la disposition et le décor des *cellæ* du temple de Jupiter Capitolin, à Rome. De telles conditions nous paraissent évidemment de nature à faire apprécier la haute valeur archéologique de ce tombeau. Ainsi, de ce que nous venons de dire, il résulte que le trait le plus important ou le plus caractéristique, celui qui le recommande à l'attention, consiste exclusivement dans la présence de ses éléments d'architecture, qui sont là plus nombreux que dans aucun autre monument.

 La découverte de ce tombeau fut, sans conteste, l'une des plus grandes bonnes fortunes ; elle agrandit le domaine de nos connaissances en archéologie étrusque ; elle porte la lumière sur plusieurs points inconnus, et elle peut, enfin, donner une idée des richesses que recèle sans doute l'Étrurie, c'est-à-dire faire apprécier tout ce que le sol de cet antique pays renferme de trésors ignorés qui apparaîtront, un jour, à des époques plus ou moins distantes, et viendront accroître ou compléter l'ensemble des notions déjà recueillies sur la civilisation d'un peuple dont l'histoire, la littérature ainsi que les arts sont encore un mystère. Cette découverte a donc eu pour effet de fournir des documents nouveaux et précieux ; puisque, jusqu'ici, l'on ne connaissait qu'un petit nombre de monuments étrusques à formes et détails d'architecture. En effet, à l'exception des ruines que nous avons citées, tout le reste ne consiste que dans des tombeaux hypogéens dont les seules parties construites sont, à l'extérieur, un soubassement et des portes à chambranles, et, à l'intérieur, des portes, des fenêtres, de rares plafonds ornés, quelques combles apparents, des lits et des siéges, mais que le ciseau a dû faire sortir du calcaire. On voit combien nos renseignements étaient encore restreints. Ici, au contraire, tout est architecture. La variété des éléments est nombreuse; leur nature même vient jeter le jour sur des questions obscures, et, quoique taillés ou extraits de la masse, l'ensemble et les détails n'en sont pas moins de nature à éclaircir plusieurs points de la construction étrusque. C'est ainsi que, dans l'édicule, on pourra voir un exemple de composition architecturale; une espèce d'ordre, dans les piliers et les pilastres; des détails précieux d'arrangement, dans l'entrée de la chambre, le lit, les banquettes, etc.; enfin, le décor architectonique, dans les chapiteaux, les cannelures, les bases, etc., parties diverses, pour la plupart inconnues, mais dont la possession accroît naturellement le champ de nos conquêtes et donne un intérêt capital à ce monument, unique en architecture étrusque. Or, envisagée sous un semblable point de vue, cette découverte n'est rien moins qu'une révélation imprévue ou inespérée, et sa nature éclaire soudainement un terrain enveloppé de mystère, que les conquêtes futures viendront sans doute compléter et approfondir.

Maintenant, quel peut être l'âge ou la date de ce tombeau? C'est là un point qu'en l'absence de toute inscription et en face d'un si ancien monument, il est presque impossible de résoudre. L'examen de son caractère ou de ses éléments pourra, peut-être, donner quelque réponse. A en juger par leur nature, l'exécution semble appartenir à la fin même de la première période de l'art étrusque, c'est-à-dire à une époque antérieure à l'arrivée de la colonie corinthienne et à un moment qui précéda peu les changements qu'elle vint introduire dans les œuvres des artistes de l'Étrurie; car, tout, dans l'ensemble et les détails, accuse un état primitif, peut-être encore sous l'empire d'une influence asiatique : condition et rapprochement fort difficiles à préciser par suite de la perte des monuments des peuples avec lesquels les Étrusques furent alors en contact; et ce manque de comparaison, cette absence d'éléments comparatifs sont d'autant plus regrettables qu'ils nous empêchent de déterminer les parts respectives d'emprunt ou d'originalité, qui, dès cette époque, peuvent être attribuées à l'art de l'Étrurie. — Transportons la question sur un autre terrain, et voyons si, pour l'objet de nos recherches, on en peut obtenir plus de lumières. Il s'agit encore d'un fait important. L'intérieur de ce tombeau fut établi par un artiste qui n'admettait pas la couleur comme système partiel ou général de décoration. Or, ce mode, comme date, fut-il antérieur ou postérieur au travail de l'excavement, ou bien les deux modes étaient-ils contemporains? Les notions ne suffisent guères pour élucider ce point. Tout ce qu'on peut dire : c'est que la peinture ne paraît pas dans ce monument, mais qu'on aurait fort bien pu l'y appliquer. — La seule partie qui éclairerait peut-être la question, consiste dans la présence, comme système de décor, de représentations en relief offrant tout autant de copies empruntées à l'architecture contemporaine des Étrusques, dont ce tombeau révèle quelques-uns des plus secrets mystères. On y voit, en effet, une application générale d'éléments architecturaux à l'ornementation de l'intérieur, et ces diverses parties, que l'artiste a détachées du calcaire, constituent un genre à part d'*architecture feinte*, du plus haut intérêt pour l'archéologue[1]. A l'aide d'un travail particulier de l'évidement en dépouille, on est parvenu à dégager,

---

1. Peut-être, convient-il de rappeler ici que ce système de décor intérieur à l'aide de motifs plus ou moins importants d'architecture, mais d'un tout autre art, se voit aussi, dès une ancienne époque, dans un certain nombre de tombeaux, situés à Telmissus, Myra, An-

à isoler de la masse, selon les besoins, d'énormes piliers avec leurs ornements, et l'on alla même jusqu'à faire saillir une pièce ayant l'apparence d'un monument construit, c'est-à-dire comportant des dispositions, des formes ainsi que des profils. Malgré leur importance capitale, on regrette beaucoup que ces documents ne puissent fixer sur la question de chronologie, et la seule constatation, susceptible de fournir quelque lumière, réside dans la nature particulière de l'Art où le style paraît, comme date, tout à fait primitif, et, fort vraisemblablement, antérieur à l'arrivée de la colonie corinthienne, dont l'action ou l'influence aurait introduit des éléments moins grossiers et d'une certaine élégance.

Après avoir signalé ce fait intéressant et cette condition normale, passons à la description. Comme un grand nombre de monuments de cette classe, ce tombeau n'offre plus, à l'extérieur, d'aspect architectural. Lui en avait-on donné un, à l'origine, et ressemblait-il à ces espèces de *tumuli* de Corneto, l'ancienne Tarquinies, dont le soubassement construit était surmonté d'une pyramide conique en terre, avec amortissement et figures de sphinx ou autres, distribuées sur la corniche? Ce fait est vraisemblable; mais, en l'état actuel, ce sont autant de questions que l'on se pose; car, de nos jours, toute la partie, qui surmonte et couvre ce tombeau, a été si remuée ou est tellement méconnaissable qu'elle ne présente plus aucune forme caractéristique [1].

S'il est permis de l'apprécier d'après ses proportions, la quantité de ses lits funèbres et l'importance de l'édicule central, ce monument a dû être le lieu de sépulture d'une nombreuse famille, et, très-vraisemblablement, celui d'un de ces riches et puissants lucumons dont l'autorité ainsi que le titre furent particuliers à l'Étrurie. — Ce n'est pas le lieu de présenter ici un tableau des usages funèbres des Étrusques; nous les étudierons dans un livre spécial sur les mœurs et coutumes. Il nous suffit de dire que des peintures, exécutées sur des vases ou sur des parois de tombeaux, font connaître tous les détails relatifs aux cérémonies de la mort, depuis l'instant où l'homme rend le dernier soupir jusqu'au moment de son transport dans l'intérieur de la tombe; ces divers renseignements, consacrés par les œuvres de l'Art, sont comme autant de pages retrouvées d'un livre qu'on croyait perdu, mais dont l'intérêt augmente en raison même de la perte des écrits étrusques. Nous n'en dirons pas davantage sur ce sujet. Dans une autre notice, nous énumérerons ces diverses scènes que complètera l'examen du mobilier propre aux monuments funèbres.

Nous avons dit que ce tombeau appartenait, par la nature et la situation de son intérieur, à la classe de ceux à salle hypogéenne, et que l'établissement de cette salle était le résultat du travail particulier de l'évidement dans la masse calcaire; puis, nous avons ajouté que, soit par nécessité, soit par besoin, on y avait ménagé et laissé en place quelques parties, plus ou moins isolées, afin d'en constituer tout autant de supports ou de pièces de soutènement contre la poussée dans le vide. — Maintenant, il convient de placer ici la mention d'un autre détail. Les dispositions de certaines parties de ce tombeau révèlent un document curieux sur le mode particulier d'inhumation des corps. La forme du lit, situé dans l'édicule central, de même que celle des lits creusés dans les banquettes longitudinales, indiquent que les cadavres durent être étendus et exposés (mari et femme) dans des compartiments séparés. Ainsi, à l'époque où l'on établit ce tombeau de l'ancienne ville lucumonique de Cære, et sur ce point particulier de l'Étrurie, l'on ne pratiquait pas l'in-

---

tiphellus, etc., localités peu distantes de la Lydie, d'où Hérodote fait partir les Étrusques. Cette similitude ainsi que ce rapprochement méritaient certes d'être mentionnés dans cette notice, en attendant que nous puissions approfondir cette particularité.

1. L'origine, assez vraisemblablement asiatique des Étrusques, porterait à admettre qu'il dut offrir quelque analogie avec les tombeaux en tumuli de Tantale, d'Alyattes et des rois lydiens de la plaine de Sardes.

cinération des corps et son dépôt dans des urnes ou des sarcophages, mais bien, comme chez les Grecs, l'exposition sur des lits en pierre, avec ou sans attributs.

Plusieurs parties de l'intérieur s'écartent complétement de tout ce que l'on connaît comme dispositions sépulcrales de ce peuple, et font de ce tombeau l'une des pages les plus importantes de l'histoire de l'architecture étrusque. Voici la distribution de la salle hypogéenne. Qu'on se figure une pièce de forme rectangulaire, divisée transversalement en trois parties : une nef centrale et deux bas-côtés. Ces nefs sont constituées à l'aide de la saillie de la porte formant porche, des deux piliers de soutènement et de la petite chambre qui occupe le centre de la partie postérieure. Une espèce de comble apparent, à double inclinaison, surmonte la nef centrale ; les bas-côtés sont couverts par des plafonds, disposés suivant une ligne légèrement inclinée et contrairement aux inclinaisons du comble de la nef centrale afin sans doute d'augmenter la puissance des soutiens. Au milieu, se trouve un espace rectangulaire allongé, creusé au contrebas et laissé libre. C'était, sans doute, le lieu où la pompe funèbre venait apporter le corps, et l'endroit qu'on avait réservé pour faire les cérémonies avant la déposition sur l'un des lits; c'était, peut-être encore, le point où se célébrait la commémoration ? Deux longues banquettes, constituant deux rangées de lits funèbres mais interrompues à leurs extrémités par d'autres couches factices d'une forme particulière, occupent les bas-côtés et semblent surtout destinées aux membres de la famille d'un personnage important, dont la petite chambre centrale était la tombe spéciale ainsi que celle de son épouse. Cette petite chambre est bien, sans conteste, la partie la plus remarquable de ce curieux monument. Rien, jusqu'ici, n'avait encore offert un détail aussi précieux soit comme trait de mœurs, soit comme renseignements sur l'architecture et sur le décor de l'Étrurie, à cette époque. C'est là une conquête d'une valeur inappréciable; c'est aussi un document pris sur le fait, une étude faite au sein même d'un monument étrusque, enfin une de ces révélations aussi imprévue que soudaine, et du plus haut intérêt pour l'archéologie et les archéologues; car, on y peut trouver des éclaircissements de plusieurs genres mais également dignes d'attention. Le plan ainsi que les détails sont de nature à jeter la lumière sur la composition des trois *cellæ* du temple de Jupiter Capitolin, à Rome, comme ils peuvent fournir encore des notions précieuses sur quelque parties de l'habitation étrusque, renseignements qui nous sont donnés par le hasard des découvertes après tant de siècles de sommeil.

Ces dispositions décrites, examinons les éléments choisis. Ils semblent avoir été créés par le besoin et introduits à titre de décor. En effet, l'architecte ou l'artiste étrusque, qui conçut ce monument, paraît s'être donné pour programme de se servir des parties essentielles afin d'en constituer tout autant de moyens propres à lui donner des conditions de solidité. Ainsi, le massif en saillie de la porte, les deux larges piliers de même que la petite chambre sépulcrale doivent avoir eu pour but de supporter la masse surmontant la partie évidée et d'assurer, par leur établissement, la conservation du tombeau. Ce résultat obtenu, surgit la question du décor. Voyons comment il le voulut. Sur ce point, tout porte à croire qu'il adopta celui dont on faisait usage à son époque, et, plus particulièrement, dans cette localité de l'Étrurie. D'abord, pour la partie apparente des piliers et des pilastres, l'artiste n'admit pas la nudité presque complète des Grecs; il les orna de cannelures; mais, leur composition paraît d'une originalité telle qu'on ne saurait y voir une imitation de celles créées par les Égyptiens et par les Grecs pour l'ornement de leurs colonnes. La plus simple comparaison démontrera ce fait. Au lieu d'être creusées en une forme exclusivement courbe, les cannelures des pilastres sont rectilignes ; des chanfreins ou biseaux viennent en amortir verticalement les parties saillantes ; les extrémités présentent des figures triangulaires ; la même forme et le demi-cercle terminent les cannelures des piliers. Lorsqu'on considère l'étrangeté de dessin ou de caractère de cette composition, on se demande si les Étrusques ont copié un analogue employé dans l'art de quelque peuple avec lequel il était en rapport, ou si, livrés à eux-mêmes, ils ont voulu l'inventer. Après en avoir vainement cherché l'origine ou des similaires parmi les monuments des Phéniciens, des peuples de la Grande-Grèce, etc., et qui devaient être en relation, en contact avec eux[1], nous avons cru pouvoir leur attribuer l'originalité de ce mode d'ornementation, mode qu'ils appliquèrent même à plusieurs autres classes de monuments et qui devint comme une caractéristique de leur art. En effet, on en retrouve, beaucoup plus tard, une modification dans les cannelures des petits pilastres de la Porte, dite d'Auguste, à Pérouse. — Ajoutons, maintenant, qu'on sent, dans la constitution de ces piliers, une architecture un peu barbare et grossière, mais qui naît d'elle-même par le fait seul de son détachement de la masse en passant à l'état de support destiné à assurer la solidité de l'intérieur contre la charge et la poussée dans le vide. Or, cette solidité ne pouvait s'obtenir qu'à l'aide de ces larges supports, dont les formes ne sont jamais élégantes ; mais, il semble qu'ici et dans ces tombeaux, l'élégance n'était guère la qualité de l'époque, et que l'état même de l'art portait plutôt à la lourdeur. C'est, du reste, un trait propre aux nations primitives et qu'on remarque à l'origine chez les Étrusques, dont le caractère âpre et sombre fut plus enclin à la création des œuvres pesantes et accentuées, conditions qu'ils conservèrent jusqu'au jour où ils reçurent des Grecs les bienfaits de la science et des arts. On en pourrait dire presque autant du décor général ; car, il semble aussi primitif. C'est à peine si l'on y trouve de rares moulures ; des surfaces droites, quelques chanfreins, des gorges, une espèce de quart de rond, etc., tels sont les éléments de cette ornementation qui procède de formes radicales ; enfin, on doit encore signaler la composition des bases des piliers et des pilastres dont l'air sauvage et la singulière originalité accusent évidemment l'enfance de l'art et une fort ancienne époque.

Le complément de notre examen exige qu'on termine cette étude par quelques considérations relatives à l'art ainsi qu'à l'exécution du monument. Nous devons avouer que ce tombeau n'est peut-être pas taillé avec tout le soin qu'on apporte, de nos jours, à ce genre de travail. Deux causes, également admissibles, peuvent expliquer ce fait : sa situation au sein de la terre et l'état de l'art à cette époque. En effet, on doit reconnaître qu'il fut sans doute établi pour n'être vu ni exposé aux regards de tous, mais seulement et exclusivement pour ceux des membres de la famille qui, aux jours des funérailles ou aux époques de commémoration, s'y rendaient dans un but de pieuses pratiques. Toutefois, il est permis de se demander si cette infériorité d'exécution tient uniquement à sa condition hypogéenne, ou bien s'il ne faudrait pas l'attribuer plutôt à la situation particulière de l'art qui fut impuissant alors à savoir mieux produire? Dans ce dernier cas, tout porterait à admettre que ce monument appartient à une époque primitive, et que, bien qu'il accuse un certain degré d'avancement, on ne doit pas moins le considérer comme une œuvre exécutée à une date antérieure à la venue de la colonie corinthienne, puisqu'on n'y constate aucune trace ou aucune action de son influence. Du reste, l'art y est grave et sévère ; il procède par masses ou par grandes lignes, et l'on dirait même que l'artiste s'est

---

[1]. L'opinion d'Hérodote, qui donne une origine asiatique aux Étrusques, engagerait à chercher, dans les monuments de la Lydie, de l'Assyrie, de la Phénicie, etc., des points de ressemblance, afin de pouvoir éclaircir cette curieuse question de la première époque de l'art en Étrurie.

imposé ce programme comme plus convenable à la froide majesté du lieu. Disons encore que le caractère de rudesse de son architecture, les formes mâles et vigoureuses de ses éléments, l'absence de tout décor jointe à une exécution rudimentaire, dénotent, selon nous, une antériorité de temps à l'adoption des arcs à claveaux [1]; que la composition des cannelures des piliers et des pilastres, comparées à celles de la porte dite d'Auguste, à Pérouse, indique aussi une plus ancienne époque; enfin, que le mode de pyramidation des piliers et des pilastres est une autre preuve d'antiquité qui vient reculer la date de ce précieux monument.

CHAPITEAU, EN TERRE CUITE, PROVENANT D'UN TOMBEAU, A VULCI

S'il faut, à n'en plus douter, départir à l'Égypte et à l'Assyrie l'idée, l'invention ainsi que l'acte de cuire la terre, afin d'en constituer des matériaux propres à la constitution des édifices, et, par suite, reconnaître ces deux civilisations comme ayant d'abord employé cet élément ou cette matière à la création, par sa forme en brique, d'un premier état ou d'une première condition susceptible de donner naissance à des monuments de l'art, il n'en est pas moins vrai qu'il fallut arriver jusqu'aux Grecs et aux Étrusques [2] pour lui voir subir une nouvelle application à l'architecture dans l'introduction des travaux de la plastique. Ainsi, l'on doit attribuer aux Égyptiens et aux Assyriens l'honneur d'avoir su découvrir dans la terre cuite un élément propre à la construction des édifices, et, par cela-même, d'avoir créé, fourni et constitué le principe d'un fait, c'est-à-dire le premier pas, le premier essai d'une découverte utile. Mais, si ces deux peuples ont incontestablement droit à un tel honneur, il est encore juste d'accorder aux Grecs et aux Étrusques cet autre honneur, presque aussi important, si ce n'est plus important, d'en avoir tiré une application nouvelle, et, parfois même, de véritables œuvres d'art, en la transformant de l'état élémentaire de matériaux d'architecture en des produits plus ou moins remarquables de plastique, destinés à la décoration de divers genres d'édifices. En effet, sur le seul terrain de l'Étrurie, que n'a-t-on pas trouvé, depuis cinquante ans, en œuvres de céramique provenant du décor des monuments construits ? L'exploration des tombeaux, les fouilles faites sur le sol des anciennes cités, les découvertes imprévues, le témoignage de Vitruve et de Pline, etc., tout est venu fournir d'irrécusables preuves d'une simultanéité d'emploi par les Étrusques des œuvres de la plastique en terre cuite dans les temples, les maisons, les hygogées, etc.; et ces œuvres,

1. Nous aurons, toutefois, l'occasion de montrer, dans un tombeau, la simultanéité d'emploi des deux formes; mais, les arcades, il faut le dire, ont été taillées dans le calcaire.

2. Au moment où nous achevons cette notice, une découverte archéologique de la plus haute importance vient apporter un document nouveau dans la question qui nous occupe. La possession, l'acquisition de ce document prouve que, sur ce point comme sur beaucoup d'autres, on ne doit pas se hâter de conclure; car, la terre recèle bien des mystères dont il faut attendre l'exhumation. Or, telle découverte, faite par un voyageur, peut montrer la question sous un nouveau point de vue. Il s'agit d'un tombeau gréco-assyrien. Voici le passage qui concerne notre sujet: « ... Kiffel est à quelques heures de distance de l'immense plaine parsemée de monticules de briques et de sables qui recèlent les ruines de Babylone. C'est en fouillant un de ces monticules, que l'auteur de la dépêche fit la découverte d'un caveau funéraire dont la description forme la partie la plus essentielle de sa relation, et qu'à ce titre nous croyons devoir signaler plus longuement à nos lecteurs. Un fragment de figurine, ramassé sur le sol, ayant éveillé la curiosité du voyageur, il fit remuer la terre pendant plusieurs heures. On retira d'abord un morceau de *chapiteau en terre cuite*, à deux rangs de feuilles d'acanthe, du milieu desquelles sortait un buste de femme à cheveux épars et vêtue d'une robe à grands plis... » (*Dépêche adressée à S. Exc. le Ministre des Affaires Étrangères, par M. Delaporte, consul général de France, à Bagdad.*) (LE MONITEUR UNIVERSEL du 27 Février 1863.)

nous le savons, acquéraient parfois une nouvelle valeur par l'addition de la couleur que l'artiste combinait à l'ornementation générale, comme elles formaient aussi par elles-mêmes un système de décor particulier au monument. Au reste, l'archéologie commence, sur ce point, à posséder de précieux documents; en effet, textes et œuvres permettent d'entrevoir une grande partie de la question, c'est-à-dire quelle dut être la part des travaux de la céramique étrusque dans son application aux édifices. Cette part, comme nous l'indiquerons, fut assez considérable; car, les musées et les collections de l'Europe renferment une multitude de pièces, plus ou moins importantes, plus ou moins remarquables, quelquefois coloriées, mais trouvées toutes sur le sol de l'Étrurie, et se rapportant, par leurs formes et la nature de leurs ornements, à divers ordres d'emploi dans les constructions. L'examen de ces différentes œuvres révèle, chez les céramistes de ce pays, un art, un goût et une fécondité d'imagination assez souvent dignes des plus complets éloges; mais, on y reconnaît l'influence de la Grèce. — Nous reproduisons ici l'une des plus capitales œuvres de la céramique architecturale des Étrusques. Elle occupe une place importante dans notre ouvrage, où nous réunirons tout ce qui aura été produit de remarquable en ce genre, c'est-à-dire un choix des plus beaux exemples qui proviennent ou qui proviendront des découvertes et des fouilles opérées sur les divers points du sol de l'Étrurie. Ce chapiteau fut, dit-on, trouvé dans un tombeau à Vulci, où il servait fort vraisemblablement avec d'autres à une décoration dont on ignore le motif. Considéré comme membre d'architecture, ce monument mérite certes l'attention ainsi qu'une étude spéciale; car, sa nature, ses éléments, de même que sa forme, peuvent démontrer quel fut le talent des artistes étrusques dans l'art de la composition et de la plastique. Quant à sa date, l'exécution paraît, avec quelque vraisemblance, se rapporter au milieu ou à la fin de la deuxième période de la civilisation de cet ancien peuple.

Il est assez difficile de déterminer, classiquement, dans quelle famille ou dans *quel ordre* on doit ranger ce chapiteau, et cet embarras, cette incertitude démontre combien, dans certains cas, les théories sont insuffisantes, pour ne pas dire plus. Tout ce qu'il est possible de constater, c'est qu'on se trouve, en présence de cette œuvre, dans le domaine d'un art dont l'étude n'est pas faite et pour lequel des règles ainsi qu'une grammaire manquent encore. En leur absence, on ne peut que réunir les œuvres, afin d'en tirer des lumières par la comparaison; elle permettra les classements, et ceux-ci, à leur tour, révèleront les emprunts ou les influences, comme ils préciseront aussi la part particulière d'invention qui revient aux artistes étrusques. Pour le moment et dans ce premier volume, nous nous sommes bornés à produire trois *variétés* ou *espèces d'ordres particuliers à l'Étrurie*. C'est d'abord une *sorte de toscan*, dans le tombeau, à Cervétri; un *genre d'ionique*, dans la porte d'enceinte, à Pérouse; et, enfin, dans notre chapiteau de Vulci, une création offrant quelque analogie (peut-être, un des prototypes) avec le *composite*. Quoi qu'il en soit, on ne peut méconnaître la belle simplicité de composition de ce dernier chapiteau; elle présente un caractère grave et sévère, mais d'une certaine élégance, qui cependant tranche et s'écarte par les détails du chapiteau, dit corinthien, des Grecs, où le nombre des éléments est beaucoup plus nombreux. Ces rapprochements et ces dissemblances dans la composition de ces ordres tendent cependant à prouver, entre les Grecs et les Étrusques, une communauté d'origine et d'art, qui, bien que propre et spéciale dans les formes et les détails, n'en apparaît pas moins dans les grands traits de l'ensemble, où se retrouvent avec évidence les principes générateurs ou génériques des ordres dorique, ionique et corinthien; mais, l'Étrurie, en se les appropriant, a sans doute voulu les modifier, et ce sont, en effet, ces modifications, fruit de la civilisation et de la condition de l'art dans ce pays, qui en constituèrent la différence ou le caractère propre. Nous reviendrons, lors de la publication d'autres exemples, sur cette famille de chapiteaux étrusques. — Ce précieux monument de la céramique fait partie de la riche collection de M. Campanari, à Toscanella.

— ROME, ET DOMINATION ROMAINE —

TEMPLE, DIT D'HERCULE, A CORA

Construction du temps de la République. — L'importance de ce monument comme spécimen d'une des transformations de l'ordre dorique, l'intérêt que présente la forme ainsi que les détails de sa porte, joints à la particularité de sa stuccation générale, en font un des plus curieux édifices à étudier sous le double rapport de l'art et de l'application. — Nous en ferons une analyse complète lorsque toutes les planches composant cette monographie auront été publiées, et nous profiterons alors des profondes recherches de notre savant ami, M. le docteur Henszlmann, membre de l'académie de Pesth, qui a consacré à son examen une des plus importantes pages de son remarquable livre. Cet ouvrage porte pour titre : *Théorie des Proportions appliquées dans l'Architecture, depuis la XIIe dynastie des rois égyptiens jusqu'au XVIe siècle. — Première Partie.— Style Égyptien et Ordre Dorique.* — Paris, 1860, Arthus Bertrand; 1 vol. in-4º de texte, accompagné d'un atlas de planches gr. in-folio.

MAISON, DITE DU FAUNE, A POMPEI — PORTIQUE D'ORDRE DORIQUE

Les maisons de Pompeï occupent une place considérable dans l'histoire de l'*Architecture domestique chez les anciens;* car, cette ville ayant, selon toute vraisemblance, existé à une période qui correspond aux derniers siècles de la Grèce et de l'Étrurie ainsi que durant presque tout le cours de la civilisation romaine [1], il en résulte que ceux de ses édifices privés, construits à ces époques, fournissent les plus précieuses notions sur le plan, l'architecture ainsi que le décor des habitations à cette date de l'ancien monde. L'examen des parties peut servir comme d'une espèce de flambeau qui éclairera les questions les plus obscures, et de cet examen surgira une multitude de points imprévus qui s'étendront encore jusqu'aux plus petits détails. En effet, les distributions doivent révéler des besoins, des usages ou des destinations, et, sous ce rapport, chaque pièce de l'habitation pompéienne devient alors autant de feuillets d'un livre sur la civilisation et les arts des anciens; puisque, les besoins de la vie religieuse ou civile font naître des distributions, des formes ou un décor, et, sur ce point, combien de traits de mœurs, de pratiques et d'usages demeureraient inconnus si l'on n'avait décou-

---

1. Elle fut détruite en l'an 77, après J. C., par une éruption du mont Vésuve.

vert les villes d'Herculanum, de Pompeï, etc. — Mais, toutes ces demeures de Pompeï n'ont pas été construites à la même époque. Par leur style et par les éléments de leur décor, on voit qu'elles appartiennent aux diverses périodes de son existence. Il en est même qui ont été refaites, c'est-à-dire qu'ayant subi l'action du temps ou tout autre motif de dégradation, on a dû les réparer et les restaurer d'une manière plus ou moins complète; c'est, du moins, ce qu'ont pu constater les archéologues en présence de certaines maisons, dont plusieurs parties accusent des remaniements postérieurs, surajoutés ou superposés à la construction primitive.

Comme il y a, pour l'histoire et pour l'archéologie, de grands enseignements et des notions précieuses à recueillir de l'examen des demeures pompéïennes, nous nous proposons d'entrer, sur cette matière, dans des détails fort étendus. Ils fourniront une multitude de documents : ainsi, la réunion des types permettra les rapprochements et les comparaisons, et le résultat de ces recherches élucidera souvent les questions de dates, d'art, de procédés, de décor, etc., qui deviendront, sur beaucoup de points, autant d'éléments de la plus haute valeur; puis, viendra le chapitre des influences, des emprunts et de la construction proprement dite, où, tout naturellement, une place sera faite aux particularités, aux singularités artistiques, et cette constatation offrira une nouvelle preuve que, dans l'antiquité comme à toutes les époques, la classe ou la nature des artistes fut toujours la même, c'est-à-dire qu'elle se composa, contemporainement, de stationnaires, de rétrogrades et d'hommes de progrès.

Parmi les demeures qui jusqu'à ce jour ont été déblayées ou mises à découvert sur le terrain enseveli de Pompeï, bien peu sont aussi importantes que celle connue sous la dénomination de *Maison du Faune*. C'est, sans contredit, la plus considérable. En effet, l'étendue de son plan, le nombre de ses pièces, la nature de leurs distributions, la variété des matériaux, la richesse de son décor, etc., tout en fait un édifice à part, qui mérite d'être examiné en détail comme offrant le plus vaste et le plus complet ensemble de documents sur les mœurs et l'art des civilisations grecque et romaine. Ainsi, en présence de la multitude d'habitations antiques, toutes aussi utiles à étudier qu'intéressantes à connaître, nous avons dû faire un choix, et celui-ci s'est tout naturellement porté sur cette *Maison du Faune*, dont les parties offrent le plus remarquable spécimen de l'architecture domestique chez les anciens. — En attendant la publication des différentes pièces de cette maison, et, pour commencer, nous donnons ici la petite monographie du *Portique d'ordre dorique*. Le plan général, que nous publierons dans le deuxième volume, indiquera sa place ainsi que sa destination. L'on se bornera ici à l'analyse des éléments de détail. — L'architecte, qui composa l'ordre de ce portique, apporta, dans la disposition de l'échine de son chapiteau, plusieurs modifications assez importantes [1]; il introduisit encore un genre de pilastre dont la nature offre des particularités qui méritent notre attention; car, on y remarque l'emploi de cette astragale et de cette base qui constituent la transition ou la transformation que subit cet ordre en passant du dorique grec au dorique plus ou moins romain. Mais, il est un autre trait saillant qui recommande cette partie de l'édifice; il s'agit des particularités relatives à la stuccation de la paroi extérieure du mur : le petit appareil à refends et à tables saillants présente cette finesse et cette légèreté dont les constructions de Pompeï offrent de si nombreux exemples. Enfin, on doit encore ajouter cette dernière remarque, qui est toute une révélation curieuse. En étudiant avec soin l'appareil stucqué de ce mur, on a constaté la présence de deux stucs

---

[1]. Nous les décrirons dans notre chapitre du Parallèle des Ordres.

superposés et de travail différent, ce qui administre la preuve que tout ou parties de cette maison ont été *restaurées*; car, sous la couche des stucs extérieurs, mais d'un travail fort grossier qui accuse la *restauration*, on aperçoit les traces de l'ancien décor. Un tel fait, une telle découverte n'a rien qui surprenne; nous serions plutôt étonnés d'apprendre que les anciens n'aient point cherché les moyens d'assurer la conservation de leurs biens, de leurs immeubles, ou que d'avides propriétaires n'aient encore spéculé sur le *bon marché* dans le travail des réparations; et l'on peut conclure que la grossièreté de ce dernier travail est sans doute ou le fait d'un ouvrier inhabile ou le résultat de la parcimonie d'un propriétaire pompéien, questions diverses que l'on pose, mais que le lecteur voudra bien résoudre.

POIGNÉE DE PORTE, — ET TIMBRE D'APPEL

L'on s'est peu occupé jusqu'ici de la nature ainsi que la décoration des vantaux de portes chez les anciens. Nous nous proposons d'aborder cette étude; elle complètera l'histoire de cette partie, soit comme entrée extérieure, soit comme issue dans les appartements, et l'on y rattachera cette question, non moins intéressante, des *timbres*, dont la création eut, vraisemblablement, pour but de demander l'ouverture de la maison, ou d'appeler, à l'intérieur, les esclaves et les domestiques du logis. Comme il est indispensable, pour élucider ces deux chapitres, de fournir un certain nombre de documents, nous publierons, dans un prochain volume, quelques autres planches sur cette matière; nous la traiterons alors à l'aide des originaux et des monuments figurés. Pour le moment, voici deux spécimens d'une haute importance : c'est, d'abord, une *poignée de vantail*, en fonte de bronze, provenant de quelque monument antique; on en connaît plusieurs analogues, mais avec d'autres motifs de décor. Cette poignée fait partie du Musée de la ville, à Perugia. — Puis, nous reproduisons un *timbre d'appel*, découvert parmi les ruines de Pompeï. Ce petit monument, qui correspond, dans la classe des ustensiles romains, à celui que nous nommons *sonnette*, mérite, sans contredit, la plus grande attention. Il est en métal, et composé de trois parties distinctes : d'une *tige* horizontale *en fer*, encastrée dans le mur, et destinée à tenir, fixe et vertical, un *disque sonore en bronze* sur lequel l'appelant doit lancer un *bouton*, aussi *en bronze*, suspendu à une chaînette, afin de produire le son. — L'on approfondira, un jour, ces deux questions, qui touchent si intimement à la vie privée des anciens.

ÉDIFICE, VULGAIREMENT DIT BASILIQUE A PRÆNESTE (*PALESTRINE*)

Ce curieux détail occupe la partie inférieure d'un édifice, qui fut construit vers les derniers temps de la république romaine.—La composition ainsi que les éléments de ce stylobate présentent une grande analogie avec le sarcophage du Scipion surnommé *Barbatus*. — Nous n'en dirons pas davantage, et nous renvoyons à notre deuxième volume, où se trouvera la monagraphie complète de ce curieux monument.

CHAPITEAU D'ORDRE IONIQUE, PROVENANT DE L'ACROPOLE, A ATHÈNES

Ce chapiteau faisait, très-vraisemblablement, partie d'un temple, érigé, à l'époque romaine, sur l'un des points de l'acropole, où, en effet, on a découvert des ruines ainsi que des arrasements qui pourraient bien s'y rapporter[1]. — A en juger, par le plan de son tailloir et par l'inclinaison de ses volutes et de ses coussinets, ce chapiteau entrait dans l'ornementation d'un édifice circulaire. Mais, ce qui le distingue et lui donne une valeur à nos yeux, c'est moins la question de l'architecture que la singulière bizarrerie de son décor; car, elle constitue certes une particularité dans l'espèce, et elle lui assigne, sous ce rapport, une place marquée dans l'histoire ou l'étude du chapiteau ionique, dont il offre une des transformations. Cet exemple sera donc classé dans notre travail d'ensemble sur les chapiteaux de cet ordre, mais, plus particulièrement, dans la famille de ceux qui furent conçus et exécutés en Grèce pendant le cours de la domination romaine, puisqu'il révèle le style d'art propre à cette époque. — Il est évident que le trait distinctif de ce chapiteau, celui qui le caractérise et le recommande à l'attention, c'est, à part ses plan et disposition qui sont la conséquence de sa destination à un édifice circulaire, c'est, disons-nous, l'étrange et rare singularité du système de décor que l'artiste, compositeur ou exécutant, a cru convenable d'appliquer sur le développement des coussinets. La nature de ce système vient donner une nouvelle preuve de la continuation d'un usage adopté, dès les anciens temps, par les ornemanistes : celui d'introduire, dans leurs compositions décoratives, des représentations d'éléments empruntés à la végétation ou à la flore locale, et dont ils surent souvent tirer un plus ou moins heureux parti. Ici, en effet, l'artiste, en compositeur habile, plaça ce genre d'ornement sur les côtés du chapiteau comme étant la place la plus propre à le recevoir, et l'on remarque qu'une fleur, à corolle feuillagée, vient emprisonner complétement les coussinets de ce chapiteau sur les bords duquel s'épanouissent, pour former décoration, les profils accentués de ses nombreux pétales. Nous avons publié ce chapiteau comme un exemple susceptible de donner la mesure de ces applications végétales par les sculpteurs ou les ornementistes en matière de décor architectonique, et nous l'avons surtout fait connaître pour montrer dans quelle voie et sous quelle influence était le courant des idées, en Grèce, pendant le cours de la domination romaine.

1. Nous appelons, sur cet objet, les recherches de MM. les pensionnaires de l'Académie de France, à Rome, ou celles encore de leurs collègues de l'École Française à Athènes. Toutefois, nous devons déclarer que, déjà, notre docte et intelligent ami, M. Alfred Chaudet, lauréat de l'Institut de France, et qui fut, avec l'un de nos autres amis, M. Titeux, le devancier de MM. Tétaz, Desbuisson, etc., dans l'étude approfondie des monuments grecs, a su déterminer, à l'aide de cotes exactes, quelles durent être les dimensions de ce petit édifice. Ce chapiteau fut découvert dans un amas de décombres situé non loin de la face postérieure des Propylées.

MOYEN AGE

— ESPAGNE — ITALIE —

ÉGLISE, DITE DE SAINTE LUCIE, A GIRONE

Ce petit édifice, dont on ignore la destination primitive, fut vraisemblablement construit vers le milieu du XIIe siècle, et il est situé, hors de la ville, non loin de l'église abandonnée de Saint-Pierre, aussi de style roman, mais d'une date un peu plus récente. Par malheur, les vicissitudes que subit cette dernière église ont gravement compromis, en plusieurs endroits, tout ou parties de son gros œuvre, et l'ont surtout privée de son cloître, actuellement en ruines. Des circonstances plus favorables protégèrent l'église de Sainte-Lucie; quant au vocable, sous lequel on la désigne, il semble, d'après les traditions du lieu, emprunter son nom à la légende, dont la partie rigoureusement historique n'est pas facile à séparer ou à éclaircir. Comme documents écrits, il n'y a rien de positif, et l'on en est réduit à des hypothèses; cependant, la tradition du pays veut que cette chapelle, construite sur les rives du Ter, ait été un endroit vénéré et célèbre par ses guérisons de maladies d'yeux. Masdeo, dans son *Historia de Cataluna*, qui résume les anciennes chroniques du moine (anonyme) de Ripoll, la chronique de Valclara, etc., fait bien mention, à l'époque des invasions françaises par le duc d'Aquitaine et les comtes de Toulouse, de l'existence d'un sanctuaire dans cet endroit ; mais, il est évident que, sauf les substructions peut-être, rien, dans cette église, ne rappelle le monument primitif[1]. — Quoi qu'il en soit de son origine, fort difficile à établir par le silence de l'histoire, nous passerons à une partie moins obscure et plus appréciable, à l'examen de l'œuvre, dont l'ensemble renferme quelques points intéressants. C'est, d'abord, l'exiguïté de l'édifice, qui nous l'avait fait prendre, à tort, pour une chapelle monastique, pour une chapelle des Templiers, pour une chapelle des Morts, etc.; mais, ce qui le recommande, ce sont évidemment les dispositions architecturales de son chevet. On y remarque trois hémicycles égaux, ouverts dans une base carrée, supportant une coupole établie sur des pendentifs. L'agencement de ces trois hémicycles ou niches, placés à la partie postérieure, nous avait suscité cette conjecture, toute gratuite, d'une consécration à la Trinité, dont chaque personne aurait eu un sanctuaire égal; mais, il paraît beau-

---

1. Nous devons tous les renseignements historiques à l'obligeance de notre docte ami, M. Legrand, qui a séjourné pendant de nombreuses années en Espagne.

coup plus vraisemblable d'admettre que l'architecte, en établissant cette disposition, n'eut d'autre but que de constituer une solide base, destinée à soutenir la coupole. Nous nous bornons à ces quelques mots. Du reste, l'étude de ce petit monument, fort curieux en lui-même, trouvera mieux sa place dans la notice générale sur les transformations des églises et chapelles à coupoles sur pendentifs, et nous l'offrons, en attendant, comme un exemple d'architecture romane sur la terre espagnole. — Cet édifice est, dit-on, construit en pierres granitiques du pays, ce qui lui donne une grande solidité; mais, suivant un usage arabe, les parois intérieures ont été revêtues d'un stuc d'une nature très-résistante. Malgré l'abandon dans lequel il se trouve, son gros œuvre n'a point eu à souffrir comme sa voisine, l'église de Saint-Pierre, et, à l'exception des dégâts inhérents à sa transformation en atelier de tonnellerie, on peut dire qu'il est encore entier. Ces quelques modifications n'en ont point altéré le caractère primitif.

LAVATOIRE, DANS LE MONASTÈRE DE SAINT ALEXIS, A ROME

Pendant le Moyen Age, la règle des monastères, qui répondait à des besoins et prescrivait des usages, changea peu ; aussi, n'est-on pas étonné, lorsqu'on explore les bâtiments claustraux pour en faire une étude archéologique, de constater, à toutes les époques et sur presque tous les points, une grande analogie dans les objets ou les monuments, qui furent prescrits par cette règle. De tels faits s'expliquent, d'ailleurs, par une communauté d'origine et par une similitude de destination. Ces monuments ne varient guère entre eux que sous le rapport de l'art. Leur nature ou leur composition dépendait exclusivement de l'époque et du lieu, c'est-à-dire que, lorsqu'une prescription donnait naissance à une œuvre d'art, cette même prescription et sa destination se reconnaissent partout; la date ainsi que la région en modifiaient, seules, la composition et le style, qui, alors, devenaient divers. C'est, en effet, ce que l'on observe, à Rome, dans le lavatoire du monastère de Saint-Alexis. — Suivant un usage, ordonné par la règle, tous les moines devaient, avant et après le repas, faire des ablutions; elles consistaient dans l'acte du lavement des mains. Pour faciliter l'accomplissement de cette pratique, on construisait, sur un point non éloigné du réfectoire, mais le plus souvent dans l'une des galeries du cloître y attenant, un réservoir d'eau avec cuvette, nommé *lavatorium*. Les statuts ainsi que les ressources des maisons monastiques donnèrent naissance à un très-grand nombre de ces lave-mains, dont les compositions architecturales peuvent être rangées en quelques classes que nous ferons connaître ; d'autre part, plusieurs de ces édicules, par leur importance ou par leur mérite, devinrent presque des monuments et de véritables œuvres d'art. — Dans l'impossibilité, à l'aide d'un seul exemple, de pouvoir traiter un sujet qui exige de nombreux similaires, nous nous contenterons, en ce moment, de quelques lignes relatives à celui du monastère de Saint-Alexis. Le genre de composition que l'architecte conçut pour cet édicule le range dans la classe de ceux dits : pédiculés en applique contre les parois, et la nature de son style ainsi que celle de son décor administrent une nouvelle preuve en faveur de ce fait : qu'il est toujours facile de reconnaître la date et le lieu de création à l'aide de la constatation d'emploi de certains éléments. Sur ce point, qu'on nous permette une petite remarque, dont le contenu trouve sa naturelle place. Il est, dans l'histoire de l'art, certaines caractéristiques locales que leur seule présence accuse aussitôt un lieu et une date. Ainsi, en architecture comme en décor, chacun sait qu'au Moyen Age, plusieurs pays offrirent cette particularité curieuse; et non-seulement les époques sont là tranchées qui eurent chacune leur style propre ou leur mode spécial d'ornementation, mais on alla même plus loin, comme nous le montrerons dans l'étude des écoles régionnaires. Ici, nous nous bornons à un fait et à un point, qui prouvent notre assertion relative à la spécialité d'exécution locale. Nous voulons parler du *décor en mosaïque*. Tout le monde sait que l'Italie posséda, durant le Moyen Age et même beaucoup plus tard, une école d'artistes ou d'ouvriers mosaïstes, qui créèrent un nombre considérable d'œuvres plus ou moins remarquables en ce genre, et tout le monde sait encore que la présence de ce genre de travail sur certains monuments suffit pour pouvoir en attribuer l'exécution à ce pays. Ce mode particulier de décor était appliqué de deux manières : on en faisait, avec des fragments en matières de couleur, de la peinture à sujets pour le revêtement des parois rectangulaires ou courbes, — ou des compositions à dessins géométriques pour l'ornementation des meubles religieux, civils, etc.; aussi, dans plusieurs cités et édifices de l'Italie, mais surtout à Rome, autels, ciboria, siéges, ambons, clôtures, tombeaux, etc., presque tous les meubles et les petits édicules, remontant à la plus ancienne époque du Moyen Age, sont-ils ornés de travaux en mosaïque représentant des combinaisons issues de la géométrie; et, suivant cette usuelle pratique, on en fit une égale application aux différentes parties du lavatorium des moines, dans le cloître de Saint-Alexis. Ce sont, en effet, des dessins à figures plus ou moins rectilignes, exécutés à l'aide de petites pièces en matières de couleur, taillées en forme de cubes, de triangles, de losanges, etc., et agencées avec un certain art. Les couleurs des fragments mis en œuvre sont, en général, d'un ton foncé, qui se détache d'une manière tranchante sur la nuance du marbre employé pour le monument; car, on y remarque le rouge, le bleu, le vert, etc., dont les valeurs chromiques ressortent fortement sur la teinte d'une espèce de cipolin assez clair. — La composition architecturale de ce petit édicule découle, comme nous l'avons dit, d'une prescription monastique; le programme à remplir consistait dans la disposition d'un réservoir en superposition à une cuvette, destinée au lavement des mains. L'artiste sut presque réussir. Il y fit une assez bizarre alliance des formes antiques à celles du Moyen Age; on se rend facilement compte de ce résultat, surtout sur le sol de Rome où la conservation des monuments romains exerça, même pendant le Moyen Age, une influence évidente, mais qui apparaît ici dans le réservoir, dont la forme rappelle, à n'en pas douter, quelque cuve ou certain sarcophage. — Nous reviendrons, plus tard, sur ces deux questions lorsqu'on étudiera en détail le chapitre des lavoirs claustraux et celui du décor en mosaïque.

CHAPELLE SÉPULCRALE DES ROIS, DANS L'ÉGLISE DE SAINT ISIDORE, A LÉON

C'était un usage, presque constant, de donner, à la pièce destinée à contenir la dépouille mortelle des puissants de la terre, un luxe et une magnificence que la peinture fut souvent chargée de transmettre à la postérité; mais, ce mode d'ornementation, qui, à l'origine, constituait, à lui seul, tout le décor, trouva bientôt un rival, et devint, avec le temps et les progrès dans l'Art, l'auxiliaire de l'Architecture, par l'importance ou le développement qu'elle acquit, un jour. — Dans la plupart des tombeaux des rois de l'ancienne Egypte, la peinture décorative joue un rôle capital; des parois immenses, des plafonds, etc., furent couverts de compositions historiques et religieuses. Le hasard des découvertes fournira, peut-être dans l'avenir, quelques précieux restes de peintures funèbres, encore enfouis sous le sol de l'Assyrie. Certains hypogées grecs, ayant dû garder les corps de riches et puissants personnages, révèlent l'emploi de la polychromie pour l'ornementation des chambres sépulcrales. Si l'on en doit juger par maints tombeaux de lucumons, l'Étrurie, qui put en recevoir l'idée, montra un goût très-prononcé pour ce genre de décor. Enfin, les ornements peints dans les colombaires de Rome accusent la transmission d'un usage, passant ensuite aux Catacombes, et, de là, au tombeau de sainte Constance, au tombeau de Placidia[1], à Ravenne et ailleurs, pour arriver et nous conduire, presque sans interruption, à l'époque romane et à l'église de Saint-Isidore, où se trouve l'un des plus complets spécimens de polychromie, appliquée à l'ornementation intérieure de la tombe des princes. — Malgré la généralisation de cette coutume, qui provoqua la création d'un certain nombre de monuments en ce genre, personne n'ignore quelle est, aujourd'hui, leur rareté. Cette constatation démontre que le temps et les hommes ont beaucoup détruit. Or, ces pertes causent de graves lacunes; elles interrompent les études; elles empêchent de suivre les phases d'un art ou d'un système d'application, et la science se trouve ainsi privée d'éléments qui susciteront bien des hypothèses. Ces quelques lignes doivent faire comprendre toute l'importance des monuments qui ont conservé ce genre de décor et l'extrême valeur qu'ils acquièrent aux yeux de l'archéologue par les renseignements qu'ils fournissent à ses investigations. En matière de polychromie, appliquée aux monuments sépulcraux, l'époque romane continua donc les précédents usages, et si la plupart des pays de la grande famille chrétienne n'en possèdent plus d'exemples absolument complets, l'Espagne, du moins, présente, dans la chapelle dite des rois, à Léon, un des plus curieux spécimens.

Cette chapelle est la plus ancienne partie du monastère royal de Saint-Isidore, à Léon. L'église primitive, l'une des plus vieilles de l'Espagne, était consacrée à saint Jean-Baptiste. Ce fut le roi Alphonse V (999 ap. J. C.) qui voulut faire de cette église la chapelle sépulcrale des rois de Léon; et, dans ce but, il y fit transporter les corps des rois, ses prédécesseurs, ainsi que les reliques que les chrétiens avaient coutume d'emporter avec eux dans leurs incursions chez les Arabes. Dans le milieu du XIe siècle, en 1060, le roi Ferdinand Ier, de Léon ou le Grand, rebâtit cette église et y déposa le corps de saint Isidore, de Séville[2]. Une inscription, qu'on voyait naguères sur le tombeau du roi Ferdinand, constate que Doña Sancha, sa femme, fille d'Alphonse, l'avait amené à reconstruire cet édifice à cause de la dévotion qu'elle avait pour saint Isidore. — La chapelle, qui fut consacrée aux tombeaux des rois de Léon, est située à l'extrémité occidentale de la nef et occupe l'un des angles du cloître, où elle a deux ouvertures. Son plan décrit la figure d'un rectangle. Elle forme une petite salle à peu près carrée, divisée en deux nefs et trois travées par des colonnes supportant des arcades et des voûtes, sur lesquelles un ou plusieurs peintres reçurent l'ordre d'exercer toutes les ressources de leur art. — Moralès, Pons, Florès, Risco et d'autres écrivains ont reproduit dans leurs ouvrages, soit par eux-mêmes, soit d'après d'anciens auteurs, les inscriptions tumulaires, relatives à une partie des quarante-huit corps de personnes royales enterrées dans ce lieu. Vers cette époque, la chapelle était remplie de tom-

---

1. La peinture en pierre ou la *mosaïque* est une des variétés ou branches de la *graphique polychrôme*.

2. Cette déposition en fit changer le vocable de Saint-Jean-Baptiste en celui de Saint-Isidore, qu'elle porte depuis cette époque (1063).

beaux d'une simplicité extrême; leur nombre devint même si considérable qu'on les plaça sans ordre, et, quelquefois, à très-peu de distance. Comme nous l'avons dit, les corps des plus anciens rois furent apportés par les ordres d'Alphonse V et de Ferdinand Ier; les autres y furent déposés successivement selon l'ordre chronologique de leur mort[1]. La notice générale, que nous publierons avec les dernières planches de cette monographie, donnera la liste des personnages dont les corps reposaient dans ces tombeaux. De tous ces monuments, il ne reste, aujourd'hui, que quelques sarcophages sans inscriptions; l'un d'eux, situé près du cloître, conserve encore quelques traces de lettres. Plusieurs tombes sont placées longitudinalement contre la paroi du sud; quant aux autres, tout porte à croire qu'elles étaient distribuées sur les divers points de cette salle, en des parties postérieurement bouchées; mais, on ignore ce quelles sont devenues.

Ainsi, ce fut pour orner, d'une manière aussi digne que splendide, la dernière demeure des rois de Léon que cette chapelle reçut des peintures. C'était, alors, avec la plastique, le mode particulier d'ornementation. On l'appliquait à la fois aux voûtes, aux archivoltes, aux murs, etc., que l'artiste peintre couvrait de scènes, de figures ou d'ornements. Quelques-uns de ces grands ensembles décoratifs durent, sans aucun doute, produire un puissant effet, nous parlons de l'aspect général et non du mérite de l'œuvre comme exécution; aussi, faut-il regretter leur perte, qui les a rendus rares. En l'état présent, l'un des plus complets qui nous restent de l'époque romane est certainement celui de la chambre sépulcrale de Léon; car, son importance est telle qu'on y peut étudier tous les points principaux de ce système de décor ainsi que les particularités d'application aux divers membres de l'architecture. En effet, l'artiste ne s'est pas borné aux seuls endroits qui la reçoivent d'habitude; il voulut l'introduire encore aux colonnes et jusqu'aux chapiteaux qui supportent les voûtes. Que dire, maintenant, de la grandeur de l'œuvre considérée en elle-même et d'après les documents qu'elle renferme; c'est comme une espèce de livre complet sur la peinture murale des romans, puisqu'on y approfondit une multitude de questions, c'est-à-dire les procédés de composition pour les scènes religieuses ou historiques, la nature et la variété des ornements, le chapitre du symbolisme, le faire ou le mode de peindre, enfin, les idées ou le courant des idées des artistes à l'époque de son exécution. — Ce dut être au XIIe siècle que cette décoration a été entreprise, mais on n'en connaît pas l'auteur; cependant, tout porte à croire qu'il était espagnol. Fut-il religieux ou laïque? En l'absence des textes, c'est un point impossible à résoudre, mais qu'il fallait établir; du reste, l'artiste, à cette époque, n'était pas mû par l'amour-propre, et, chrétien, il lui suffisait de travailler au décor de la maison de Dieu, sans qu'aucune pensée de transmettre son nom lui vint à l'esprit. Le contraire fut l'exception, en ce temps. Connaît-on les auteurs des peintures de tant d'églises romanes? — Le mode particulier d'exécution consiste dans la pose d'un trait noir dessinant les figures et formant contour. Des teintes plates, de nuances variées, mais en couleurs tranchantes, remplissent les champs ou parties. Comme procédé ou faire, ces peintures participent évidemment de la miniature, et ce sont, peut-être, les unes qui ont inspiré les autres; dans ce cas; ce serait de la miniature à grande échelle. Au reste, l'unité de l'art se traduit et se reconnaît assez facilement dans les similitudes que présentent à la fois les figures ou les ornements exécutés par les artistes sculpteurs, peintres et mosaïstes de l'époque, dite romane.— D'après l'examen des lieux, les parois verticales ne portent plus de traces de peintures; mais, il est, au moins, fort

---

[1]. M. Legrand, l'un de nos collaborateurs, a bien voulu nous communiquer une grande partie de ces documents historiques.

vraisemblable qu'elles durent, pour l'harmonie, être couvertes d'un ou de plusieurs tons, avec ou sans ornements. Cette décoration, avons-nous dit, est placée dans la région supérieure. Six voûtes en plein cintre, d'inégale étendue et coupées par de hautes pénétrations, servirent de champ au peintre pour déployer tous les éléments de sa vaste composition. Voici la liste des sujets peints : Sur la première voûte, devant la porte, l'annonciation aux bergers de la naissance du Sauveur; sur la deuxième voûte, devant l'autel, Jésus-Christ dans sa gloire, accompagné des quatre évangélistes, placés dans les retombées ; sur la troisième voûte, vers le cloître, l'Apocalypse et les villes mentionnées par saint Jean dans cet écrit; sur la quatrième voûte, au-dessus du tombeau prétendu de Doña Sancha, la trahison de Judas Iscariote; sur la cinquième voûte, en retour et au centre, la Cène, et, enfin, sur la sixième voûte, à l'angle intérieur, le massacre des Innocents. — Les archivoltes, on l'a dit, sont aussi couvertes de différents motifs. Le plus intéressant est une série de douze médaillons représentant un calendrier ou les travaux des différents mois de l'année. Nous renvoyons, pour l'examen de tous les ornements qui décorent les diverses parties, aux planches de détails ainsi qu'à la notice générale que nous publierons dans notre deuxième volume. Il nous suffit de présenter cette composition comme l'un des plus complets exemples qui nous restent de l'époque romane, et l'on peut apprécier quelle dut être sa puissance ou son effet au temps de sa création; cependant, malgré la naïveté des scènes, malgré l'inhabileté du ou des peintres, malgré l'imperfection des procédés, enfin malgré les irrégularités ou les incorrections du dessin, on doit néanmoins avouer que, prise dans son ensemble, cette grande page de la peinture murale au XIIe siècle ne manque pas d'un certain talent, relatif bien entendu, et, à ce titre, elle mérite incontestablement l'attention des archéologues, des historiens et des artistes.

ANCIENNE SYNAGOGUE DES JUIFS, A TOLÈDE

Quelque respectables que paraissent les documents sur lesquels s'appuie la destination primitive ou originaire de cet édifice, on éprouve cependant une certaine hésitation à admettre son emploi à une synagogue, et l'on serait beaucoup plus porté à y voir une petite mosquée, construite pour les pratiques religieuses des Arabes-Maures, à l'époque de leur occupation à Tolède. Quoi qu'il en soit et en l'absence de textes et de témoignages sans lesquels on ne peut l'établir, acceptons, comme réellement historiques, les documents qu'on possède, et considérons ce monument, de destination juive, mais bâti par les Arabes, comme une de ces bizarreries, comme une de ces particularités historiques, dont il est quelques rares exemples.

Dans le but de faire mieux comprendre le sort qu'éprouvèrent les Juifs, en Espagne, au commencement du califat, on doit rapporter ici quelques faits; ils serviront d'éclaircissements à la création de la synagogue, et mettront en lumière la condition de ce peuple, en ce pays, pendant la première moitié du Moyen Age. — « Les Juifs, dit un historien[1], ne virent pas, sans une secrète joie, les événements qui firent passer l'Espagne sous l'empire des disciples de Maho-

---

1. ARTHUR BEUGNOT, *Les Juifs d'Occident, ou Recherches sur l'état civil, le commerce et la littérature des Juifs, en France, en Espagne et en Italie, pendant la durée du moyen âge*; Paris, 1824, 1 vol. in-8° (pag. 192 et suivantes).

met. Fatigués des persécutions pieuses des rois wisigoths, ils appelèrent sans doute de leurs vœux les armes victorieuses d'un peuple dont ils connaissaient le langage, les mœurs et les lois. Leurs espérances ne furent pas déçues : les califes, profitant des dispositions ennemies que les Juifs montraient contre les Chrétiens, des notions exactes qu'ils possédaient sur le pays et sur le génie des peuples conquis, crurent devoir se montrer reconnaissants : ils les comblèrent d'honneurs, de puissance, favorisèrent leur culte, encouragèrent leurs études; et l'on vit, sous l'empire du Croissant, les Juifs atteindre, en Espagne, à un degré de gloire auquel ils n'étaient pas encore parvenus. — Quelque florissant que fût l'état des Juifs sous les Maures d'Espagne, nous nous trouvons aujourd'hui assez embarrassé pour le constater, tant est faible le nombre de documents que l'on peut interroger. Nous manquons de recueils législatifs où les Mahométans aient déposé leurs décrets; parce que, ennemie de ces monceaux de lois dans lesquels les peuples modernes se complaisent, cette nation trouvait presque tout ce qui pouvait lui être utile dans ses livres sacrés; la volonté absolue de ses chefs suppléait au reste. Quant aux historiens arabes, l'on sait combien, généralement, ils sont pauvres en détails sur les mœurs et les lois des nations; ils réservent toute leur stérile abondance pour les descriptions de combats, ou les éloges du prophète. Comment penser que les Juifs aient pu fixer leur attention? Il ne reste donc à consulter que les écrivains de la nation juive. On rencontre, à la vérité, chez eux quelques faits dont on peut tirer des inductions assez plausibles pour en conclure, non pas la situation précise, détaillée, des Juifs sous les Maures d'Espagne, mais l'état général de cette nation; cela devra nous suffire. — Quand on songe que, peu de temps après la conquête de la Péninsule, une foule de royaumes, plus ou moins puissants, s'établirent dans ce pays; que l'on vit des rois mahométans à Cordoue, à Saragosse, à Tolède, à Valence, à Huesca, à Barcelone; que ces rois, presque toujours en état de guerre les uns contre les autres, traitaient leurs sujets, et surtout ceux qu'ils venaient de conquérir, selon leur caprice; l'on reconnaît qu'il serait impossible de décider absolument quel était l'état des Juifs dans un pays gouverné par tant de volontés, et par des volontés si changeantes. Applaudissons-nous, toutefois, de trouver peu de documents sur les Juifs; car, l'histoire ne parle de ce peuple que pour raconter ses infortunes; quand elle se tait, c'est qu'il goûte quelque repos...... — Nous savons peu de choses touchant l'état des Juifs sous le règne des califes Omniades; mais, nous sommes plus certains de la haute faveur dont ils jouirent sous les Abassides. Ces princes les préféraient aux Chrétiens; et, quand ils changeaient les églises en mosquées, ils laissaient partout élever des synagogues. Tant que dura en Espagne l'empire des Maures, les Juifs eurent une liberté de conscience complète. Ils étaient, pour leurs intérêts civils, soumis à leurs propres lois; mais, la répression de leurs délits et de leurs crimes appartenait, comme il était juste, aux officiers mahométans. — Les synagogues nommaient des juges ou *rois de la nation*, et, dès que les califes avaient approuvé leur nomination, ils devenaient les protecteurs et les chefs de leurs frères : ils étaient le lien nécessaire entre les Sarrasins et les Juifs. Rarement, les sultans réformaient leurs décisions. Moïse fut pourvu de cette dignité sous Hakem, calife de Cordoue, et cette charge avait tellement les caractères extérieurs d'une véritable souveraineté qu'Énoch, fils de Moïse, succéda à son père, en 997[1]. Hakem II favorisa beaucoup les Juifs, et fit traduire le Talmud en arabe. Le crédit des Juifs était établi avec tant de solidité, il y avait si peu de différence entre eux et les Arabes que plusieurs devinrent conseillers, professeurs et médecins

1. Basnage, *Histoire des Juifs*; Livre IX, chap. 5, § 4.

des califes. En 1027, Samuel Lévi fut nommé ministre du roi de Grenade [1] qui le fit prince de sa nation. On conçoit facilement tous les secours qu'elle reçut d'un homme aussi puissant; son fils lui succéda également, en 1055. Quelque florissant que paraisse l'état des Juifs, il ne faut pas oublier que son véritable appui était la volonté des sultans, qui variait avec elle...... »

Chassés de la Palestine et répandus sur une multitude de points du monde, les Juifs, durant le Moyen Age, obtinrent l'autorisation de s'établir dans certaines villes, et, là, de se grouper dans un quartier où ils ne tardèrent pas à construire un monument pour les pratiques de leur culte, une synagogue, enfin. Mais, leur condition errante ou précaire ne leur permit pas de compter parmi eux des artistes et des architectes ; aussi, durent-ils, lors de l'établissement de ces synagogues, subir une nécessité de leur position ; et, alors, forcés par le besoin de faire appel aux constructeurs des pays ou des villes qu'ils habitaient, ils se virent contraints d'adopter leur art et ses conséquences. C'est déjà un fait curieux que de voir un peuple, ayant perdu sa nationalité, en être réduit à accepter des éléments de civilisation à un autre peuple ; mais, ce qui augmente l'intérêt d'un tel événement, c'est de constater encore la complication de l'action historique à propos des Juifs sur ce terrain de l'Espagne, où, à l'époque de la construction de cette synagogue, le sol particulier de Tolède, naguères chrétien, était tombé au pouvoir des Arabes, qui orientalisaient cette partie de la Péninsule et y introduisaient le caractère de leur art dans les édifices construits par eux. Or, en obtenant du calife la permission de résider à Tolède et d'y bâtir une synagogue, quoi de plus naturel d'admettre que, pour faire leur cour au maître, les Juifs n'aient tout naturellement chargé un architecte arabe d'en composer le plan et de l'exécuter dans ce style d'architecture? C'était là un acte d'adulation, marqué au coin de la plus adroite politique. La cauteleuse prudence des enfants d'Israël l'avait certainement compris, et, de semblables faits, issus des mêmes causes, durent, sans aucun doute, se reproduire. Mais, revenons au monument, et à sa plus ou moins véridique histoire. Il est un point qui semble maintenant hors de doute à l'égard des Arabes de l'Espagne : nous voulons parler de leur tolérance envers les Juifs, pour lesquels on sait qu'ils construisirent bon nombre d'édifices. Quelques documents, d'une nature respectable, établissent que, dès les temps antiques et surtout du temps des Goths, les Juifs occupèrent, à Tolède, un quartier, d'abord, puis, deux, situés du côté du chemin de Talavera, en aval du Tage ; ces quartiers sont entourés de murs qui se voient, dit-on, encore, et remplis de grandes maisons, dont on affirme que les fondements subsistent. Les Juifs avaient, en outre, du temps de Witiza, d'Alphonse le Sage et surtout de Pierre le Cruel, des boutiques nombreuses dans la *Alcana*, qui occupait, au centre de la ville, l'emplacement actuel du cloître de l'église cathédrale. Tous ces renseignements sont consignés dans les actes des conciles d'Illibéri et de Tolède sous Wamba (ap. J. C. 672-680), dans les chroniques et jusque dans les dispositions du Fuero Juzgo [2]. Il paraît hors de doute qu'un monument autre qu'une synagogue pût être bâtie dans l'enceinte de la

1. Un Samuel Lévi devint l'argentier du roi Pierre-le-Cruel, qui vivait de 1334 à 1368 après J.-C.

2. Le *Fuero-Juzgo* est le Code le plus ancien connu en Espagne. Son titre véritable est *Forum-Judicum* (soit Guide ou Loi des Juges), et il a été délibéré dans le IVe Concile, tenu à Tolède et présidé par saint Isidore, le même dont les reliques ont été déposées dans l'église de Léon. Ceci se passait sous le règne de Sisenand, 26e roi, successeur du roi wisigoth Swintila, et qui régnait au même temps que le roi Dagobert, avec lequel il eut des relations au moment de son usurpation du trône de Swintila (ap. J. C. 630, FREDEGARIUS. Ms. *de Gestis Dagobertí*, C. XXX). Ce Code de Fuero-Juzgo est véritablement le résumé des lois de Sisenand et de ses prédécesseurs. On a fait postérieurement trois autres collections dans les Conciles VIII, XII et XVII, au temps de Recceswinthe (653), Ervige (680), et Egica (687).

Juiverie; on regarde même, comme à peu près certain, que les Juifs de Tolède firent élever, avant le X⁰ siècle, une synagogue dans leur quartier, et cette date correspond précisément avec celle de la prospérité des enfants d'Israël, en Espagne. Du reste, un événement, assez important en lui-même, donnerait une certaine créance à cette opinion. Ce fut en 948 que les écoles rabbiniques de Perse furent transportées à Cordoue, et, par suite de ce fait, un grand nombre de savants juifs vinrent se fixer à Tolède, qui avait toujours joui d'une importance particulière sous le rapport commercial et politique. On prétend même que l'absence de toute inscription hébraïque, dans l'enceinte de la synagogue, est une preuve en faveur de son antiquité; car, il paraît qu'avant le X⁰ siècle, les Juifs n'en voulaient faire graver aucune pour ne pas profaner les caractères de la Bible. Le fait est qu'on ne voit, comme inscriptions, que celles ajoutées plus tard et en caractères arabes; elles furent placées dans les frises vers 1249, lors d'une restauration faite sous saint Ferdinand, à l'époque où il transporta les écoles de rabbins de Cordoue à Tolède, et où il augmenta l'importance de la Juiverie de cette ville. Ainsi décorée, cette synagogue resplendit de sa riche ornementation; c'était la plus grande époque de l'art arabe, en Espagne. La charpente du comble est, dit-on, en bois de cèdre du Liban, et l'on assure que tout ou partie du sol reçut des terres qu'on avait fait venir de Jérusalem. Cette synagogue continua donc à remplir sa destination jusqu'au commencement du XV⁰ siècle (1405); mais, peu de temps après une prédication violente de saint Vincent Ferrer, la populace de Tolède se rua sur le quartier; elle pilla la Juiverie; on dépouilla les Juifs de leur synagogue, et on la transforma, dès lors, en une église, qui eut pour vocable la désignation de Santa Maria la Blanca. Quelques modifications, indispensables pour l'approprier en monument chrétien, altérèrent sa partie postérieure. Plus tard, elle subit encore d'autres changements; enfin, de nos jours, on en a fait un magasin de lits [1].

Le plan de cet édifice convient tout aussi bien à une mosquée qu'à une synagogue; mais, il offre la forme d'une basilique, avec sa nef médiane et ses collatéraux ou bas-côtés. Cette distribution, qui rappelle les petites mosquées arabes primitives, doit présenter aussi une certaine similitude avec les synagogues antiques de la Judée, à l'exception peut-être de l'absence d'une tribune pour les femmes, qui manque à celle de Tolède. Quatre rangées d'arcades en plein cintre outrepassé, composées de piliers octogones et de chapiteaux, constituent les nefs. La partie supérieure est formée de murs montants, couverts de ce genre de décor propre aux Arabes pendant le XIII⁰ siècle. Un comble en bois, enrichi de capricieuses arabesques, surmonte l'édifice. Quelques fragments d'un ancien pavage, en terre cuite vernissée, embellissent certaines parties du sol de cette synagogue, mais surtout le lieu qui précédait le sanctuaire ainsi que le parcours des quatre files d'arcades; il est assez difficile de se prononcer sur la date de ce travail,

---

On attribue la rédaction de ces Codes à saint Isidore, archevêque de Séville. — L'un des titres de ce Code ou Recueil des lois wisigothes édicte, contre les Juifs et les hérétiques, les peines les plus fortes, corporelles et pécuniaires, et cela n'est pas étonnant, puisque c'étaient les Conciles qui étaient alors les véritables *Cortés* ou États-Généraux de l'Espagne. On parquait les Juifs dans des quartiers ceints de murailles et fermés par des portes gardées, et ils étaient civilement et religieusement séparés du reste de la société chrétienne. Plus tard, la conquête des Maures apporta bien quelque tolérance quant aux rapports sociaux; mais, nous voyons partout continuer cette séparation positive. En effet, le Fuero-Juzgo demeura toujours en vigueur dans la partie espagnole jusqu'à Alphonse-le-Savant, qui promulgua *les Sept Parties* ou *les Sept Codes*. Cette explication est indispensable pour démontrer mon assertion que Santa-Maria ne pouvait être autre chose qu'une synagogue, étant située, comme elle l'était, au centre de la *Juiverie*. (*Note de M. Henri Legrand*.)

1. Ces renseignements nous ont été fournis par l'un de nos amis et collaborateurs, M. Henri Legrand.

et l'on inclinerait à y voir une date peu éloignée. Les murs de l'édifice sont construits en un appareil composé de pierres et de briques, et les piliers, les chapiteaux ainsi que les ornements sont en stuc. Des alternances colorées, obtenues à l'aide de matériaux divers, enlèvent aux piliers et aux arcades la froide monotonie et donnent à ces deux éléments une valeur chromique qui sert de transition à la zone supérieure. Nous ne nous étendrons pas à décrire tous les détails de cette décoration en style arabe de l'école mauresque. L'occasion nous permettra d'y revenir. Nous nous bornons, en ce moment, à appeler l'attention sur la seule partie du décor qui semble appartenir à l'époque primitive. Il s'agit des chapiteaux. L'artiste les a constitués à l'aide d'un revêtement en stuc, dans lequel il a sculpté un motif d'ornement à entrelacs. Ce genre de composition ornementale, qui rappelle le dessin de quelques chapiteaux de Ravenne et de Venise, porterait à constater ici comme une espèce d'influence dite byzantine, influence dont on s'explique fort bien l'action, surtout pendant toute la première période de l'art arabe en Espagne.

Maintenant, il conviendrait sans doute de chercher, dans les dispositions de cette synagogue, des éclaircissements sur les pratiques des cérémonies juives durant le Moyen Age, et, par suite, sur les lieu et forme du sanctuaire, sur le mobilier, etc.; mais, en présence des transformations qu'a subies cet édifice, on comprend qu'il soit assez difficile, si ce n'est même impossible, de pouvoir élucider le plus faible point de ce chapitre. Tout ce que nous pouvons, c'est de signaler la présence d'un puits, dont la place est indiquée par la lettre A sur le plan, et de supposer que ce put être le lieu des ablutions [1], transformé plus tard, à l'époque où la synagogue devint une église, en un puits analogue à ceux qu'on plaçait en avant des églises, et qui étaient une dégénérescence de la fontaine, située dans l'atrium des basiliques.

1. Les Arabes eurent aussi, dans leurs mosquées, des fontaines consacrées aux ablutions.

PÉRIODE MODERNE

— XVI⁰ SIÈCLE — ITALIE — FRANCE —

CHAPELLES APSIDALES DE L'ÉGLISE DE SAINT-LAURENT, A NOGENT-SUR-SEINE

Vers le milieu du XVI⁰ siècle, la partie postérieure de cette église ayant été reconnue insuffisante, on prit la décision d'agrandir son chevet. Mais, on commença la construction sans toutefois abattre le chœur, dont on avait besoin pour les cérémonies du culte; et, alors, se produisit un de ces expédients, en matière de bâtisse, qui consiste à entreprendre une nouvelle œuvre et à en pousser l'exécution jusqu'au point où, l'ancienne venant à faire obstacle, on se trouverait contraint de la sacrifier pour le plus prompt achèvement de celle qui doit lui survivre. Tels semblent avoir été la pensée ainsi que le but lorsqu'on voulut accroître l'importance de cette église; car, cette intention se lit sur le plan que nous publions des chapelles du nord, ou, du moins, tout porte à penser qu'on dut procéder ainsi. — Les trois travées furent construites, comme on le voit par les inscriptions gravées dans la frise : en l'année du monde, 6753, ANNO. MVNDI. 6.7.5.3., — en l'an du Seigneur, 1554, ANNO. DOMINI. 1554, — et, dans la huitième année du règne de Henri II, ANNO. 8. R. H. Z. — Des événements ou le manque de ressources firent vraisemblablement suspendre les travaux, puisqu'on n'entreprit qu'une amorce de la quatrième travée. Le collatéral correspondant, du côté du sud, avait été également commencé; mais, on n'y éleva aussi que trois chapelles. Toutefois, l'art indique une autre époque, c'est-à-dire un style moins correct et beaucoup moins remarquable. La composition d'ailleurs, tout en offrant le même parti pris comme donnée générale, s'en écarte évidemment sous le rapport de l'harmonie, des détails et de l'exécution, qui sont très-inférieurs. — Dans les chapelles septentrionales, au contraire, on sent qu'il s'agit d'une œuvre d'artiste, et, sans aucun doute, de grand artiste. Composition large et sévère, pondération des parties, grand jeu des lignes, sage disposition des ordres, originalité des détails, et, surtout, introduction, en vogue alors, des éléments, dits classiques, tout dénote l'œuvre d'un esprit supérieur, d'un de ces habiles architectes du règne de Henri II, enfin de l'une de ces intelligences qui enfantèrent ces magnifiques monuments, la gloire de l'art français à l'époque de la Renaissance! — Dans la notice générale que nous publierons avec les planches complémentaires de la monographie de ces chapelles, nous nous proposons de revenir sur tous les points que nous signalons en ce moment; nous examinerons alors la composition architecturale, l'ordre, les fenêtres, la clôture du comble, les obélisques, enfin l'ornementation sculptée;

toutes parties qui caractérisent si bien leur date, et qui furent exécutées, pour les chapelles de l'église de Nogent, à l'époque où brillaient nos grands architectes du XVIe siècle : Lescot, Bullant et De l'Orme, auquel nous ne serions pas éloigné d'en attribuer l'honneur; car, en consultant son ouvrage sur l'Architecture, nous y avons trouvé quelques analogies et des rapprochements qui confirmeraient presque l'opinion d'Alexandre Lenoir [1]. Dans tous les cas et en admettant que l'œuvre ne puisse être attribuée à De l'Orme, cette composition architecturale n'en est pas moins très-importante et très-digne sans contredit d'un artiste du plus grand mérite. Elle se recommande donc comme l'un des plus beaux exemples de faces extérieures de bas-côtés ou de flancs d'églises, conçus dans l'esprit et le style du milieu du XVIe siècle, en France. — M. Alexandre Lenoir affirme, on ignore d'après quels documents, qu'Henri II, à la sollicitation de Diane de Poitiers, aurait fait restaurer l'église paroissiale de Nogent, et cette affirmation coïncide avec la date de la construction (1554) des chapelles apsidales, du côté du nord. Il ajoute même, chose importante, que Philibert De l'Orme avait construit, pour la cour qui précédait l'église [2], une *clôture*, formant portique, avec colonnes, niches, statues, etc. La nature de cette composition, toute remplie de personnages mythologiques et où se voyaient la figure de Diane, les D enlacés, etc., n'était guère en rapport avec la sainteté du lieu; mais, nous n'avons pas à nous occuper ici de la question de convenance. Nous en parlons seulement, parce qu'on y remarque plusieurs détails qui se retrouvent dans les travées du nord de l'église, construites en 1554; et, parce qu'en poussant plus loin nos investigations, nous avons constaté d'autres analogues parmi les figures gravées sur bois de l'ouvrage de De l'Orme. Ainsi, à ce seul examen, nous avons tout lieu de croire, malgré une dénégation récente, que ce portique de clôture doit être le produit de la collaboration de De l'Orme et de Goujon, et que ce devait même être l'une des plus capitales œuvres de ce dernier artiste; car, on y sent tout son style. Il n'y avait pas, au reste, un autre sculpteur qui pût, à cette époque, exécuter une aussi grande page de décor. Pour qui connaît Goujon, la petite gravure suffit. On y lit l'origine du motif; on y découvre la pensée des auteurs; on divise facilement les parts respectives de chaque artiste, et celle, en particulier, de Goujon, qui apparaît là, évidente, large, splendide et incontestable!

STALLES SACERDOTALES, DANS L'ÉGLISE CATHÉDRALE, A PISE

Dans la création des différentes pièces composant le mobilier ecclésiastique, la sculpture en bois joue souvent, depuis le XIIe siècle, un rôle considérable; et ce fait résulte, soit de l'importance des proportions données à l'œuvre, soit du mérite particulier que le sculpteur a su leur départir. Aussi, sur le seul terrain du travail artistique en cette matière, appliquée à l'exécution des différents meubles créés pour les besoins ou le décor des églises, quelle longue et intéressante liste ne dresserait-on pas, depuis les curieuses stalles romanes que nous avons découvertes à Ratzbourg [3]

---

1. *Musée des Monuments français*, etc.; Paris, 1802. Tome III, page 157, et Tome IV, page 5.
2. Une espèce d'*atrium*, comme il s'en trouve encore quelques-uns.
3. Voyez : *L'Architecture du Ve au XVIIe siècle et les Arts qui en dépendent*. Tome IVe, chapitre du *Mobilier des Églises*.

jusqu'à celles, si remarquables, de l'église cathédrale, à Pise[1]! Comme le marbre et la pierre, le bois eut également ses artistes. Mais, il faut le dire, le Moyen Age et la Renaissance éprouvèrent le sort de la Grèce et de Rome. Tous les sculpteurs ne furent pas des maîtres; et, pour quelques-uns, dont les travaux fulgurent et commandent l'admiration, combien ne produisirent que des ouvrages secondaires et recommandables seulement par l'intérêt de l'espèce, si précieuse alors pour la révélation d'un usage ignoré ou d'une notion perdue! Parmi les différentes familles d'œuvres de la sculpture en bois, celle des stalles sacerdotales, dont l'ensemble atteignait parfois de grandes proportions, offrit naturellement aux sculpteurs des occasions qu'ils s'empressèrent de saisir, pour prouver à leur siècle ou à la postérité leur double talent de compositeur ou de praticien. Riche et abondante sera donc notre moisson sur le terrain d'un art qu'exercèrent des hommes certainement habiles, et, dans cette réunion, chaque pays, pour chaque époque, fournira sa part d'illustrations, c'est-à-dire sa glorieuse phalange avec son style, son faire et son originalité. En attendant que l'on puisse, à l'aide de nombreuses planches, aborder ce travail d'ensemble, voici l'un des éléments de la question; c'est un choix fait dans les plus remarquables. En effet, lorsqu'il s'agit de stalles du XVIe siècle et de leur importance, souvent on cite, et non sans raison, celles qui se trouvent dans l'église cathédrale, à Pise. Placé en face de cette œuvre, l'investigateur, désireux de s'en rendre compte, fixe d'abord la date et saisit l'esprit du siècle qui dut la créer. Comprenant aussitôt qu'il est, là, en Italie et en pleine Renaissance, c'est-à-dire en plein retour à l'antique, il se rappelle que les historiens et les philologues s'étaient emparés des textes, que les artistes et les antiquaires exploraient les vestiges de l'art, et qu'enfin, sous cette influence, tout s'imprégnit des leçons, plus ou moins applicables, de la vieille Rome. De semblables faits durent avoir leurs conséquences. Le courant des idées entraîna les artistes dans cette voie, qui rompit avec le passé; les études se portèrent sur ce point, et, bientôt, toutes les œuvres traduisirent cet entraînement général. Déjà, et à la suite de leurs prédécesseurs qui mesuraient les monuments antiques, les architectes du XVIe siècle avaient repris l'emploi des ordres romains; les ornemanistes s'inspiraient aux peintures de thermes et des colombaires; enfin, il n'est pas jusqu'aux sculpteurs qui ne recherchaient, dans les ouvrages de l'ancienne plastique, des motifs ou des éléments pour leur servir de modèles. C'est ainsi, du reste, que s'explique le fait, étrange, dont il faut placer ici la donnée sommaire. Très-souvent, alors, cette passion, cette étude des œuvres de l'art romain, que partageaient, que provoquaient même les princes de l'Église, fit introduire, dans le décor des monuments religieux tout un monde de créations fantastiques, empruntées au Polythéisme, quoique ces créations, par leur caractère, leurs formes ou leur sens symbolique, fussent en opposition avec la lettre du Catholicisme. Telles se présentent, du moins, les figures chimériques que les artistes ont sculptées sur les stalles de Pise, et telle est aussi la remarque qu'on peut faire à la vue de ces espèces de griffons composés pour l'ornement d'un meuble ecclésiastique. Mais, en fait d'anormalités, de bizarreries, d'excentricités ou d'audaces sculpturales, les romans et les gothiques avaient atteint les dernières limites; aussi, les sculpteurs du XVIe siècle se crurent-ils autorisés. Ce que les artistes cherchaient à cette époque, c'était, surtout et avant tout, les combinaisons ainsi que les formes. Or, des objets, nouvellement découverts, qui possédaient ces ressources, s'offrirent à eux; ils s'en emparèrent; puis, sans s'inquiéter ni du lieu, ni des choses qu'ils devaient orner, ils

---

1. Les planches complémentaires ainsi que la notice générale seront données dans notre deuxième volume.

en firent, comme on le verra, une application générale. Et, de là, ces contre-sens qu'on observe dans l'ornementation de certains monuments ecclésiastiques. N'était cette question de convenance, qui exigeait plus de retenue à l'égard des objets religieux, quels éloges ne doit-on pas donner souvent à ces compositions décoratives, dont le choix des éléments, le jeu des lignes, l'agencement des parties constituent maints ensembles d'un goût si parfait et des mieux réussis! La composition des stalles de Pise en offre un des plus remarquables exemples. Ce splendide travail de la sculpture en bois, appliquée au mobilier de l'église, où chaque détail révèle, de la part de l'artiste, une science, un sentiment, une élégance et une exécution hors ligne, excite, au plus haut point, l'attention en même temps qu'il se recommande sous beaucoup d'autres rapports. En effet, éléments, dessin, faire, tout dénote ici l'œuvre d'un homme de talent, et, sans aucun doute, aussi habile sculpteur que gracieux ornemaniste. On comprend donc qu'en présence d'une semblable création, l'observateur ne sache ce qu'il doit admirer le plus, ou la nature de la composition, ou la richesse des détails, ou bien encore la science du sculpteur, qui a su tirer de la matière tant et de si remarquables motifs. Le bois y est coupé par plans et par faces, avec une entente qui prouve que le sculpteur possédait une connaissance profonde de la plastique et des effets qu'il entendait rendre ou produire; aussi, quel degré de mérite ou de vigueur n'a-t-il pas atteint!

CLOTURE D'UNE CHAPELLE, DANS L'ÉGLISE, A VILLENEUVE-SUR-YONNE

Cet exemple se rattache à une série de planches que nous publierons pour élucider le chapitre des *Clôtures de Chapelles, au XVIe siècle*. Nous considérerons ce sujet sous ses divers points de vue, c'est-à-dire par rapport à l'emploi ou à la variété des matériaux mis en œuvre, comme pierre, marbre, bois, fer, cuivre, etc., et nous essayerons de montrer aussi les transformations que subit cette curieuse partie des églises. — Notre spécimen représente la division inférieure d'une clôture en pierre, formant soubassement, au-dessus duquel devaient vraisemblablement être placées des boiseries à claire-voie avec porte mobile. Telle est, du moins, l'une des classes de cette espèce de fermeture; quant à la date de sa création, elle se révèle à la vue des détails qui lui servent de décor. Les H couronnés, les croissants de Diane, les arcs de chasse, les fleurs de lis et jusqu'aux éléments décoratifs, tout accuse le milieu du XVIe siècle en France, c'est-à-dire le règne de Henri II et l'époque de sa passion pour la duchesse de Valentinois, plus connue sous le nom de Diane de Poitiers. — Il y a peu à ajouter à ce que nous venons de dire. Signalons, cependant encore, la forme et les ornements des panneaux ainsi que l'agencement du médaillon central, mais surtout la finesse d'exécution de la sculpture.

PORTE DE L'ENCEINTE DU CHATEAU DE COURTANVAUX [1]

Au XVIe siècle, l'architecture des châteaux, en France, continue, sur quelques points, à présenter le caractère de l'époque précédente. L'esprit ombrageux du maître entoure encore sa demeure de toutes les précautions de dé-

1. Ce château est situé au bourg de Besse et non loin de Saint-Calais, dans le département de la Sarthe.

fense, et son aspect traduit toujours la crainte contre l'agression venant du dehors. Sous la pression de ces idées, l'habitation seigneuriale offre donc l'apparence d'une petite ville, fortifiée comme elle, avec ses fossés, son pont-levis, son mur d'enceinte, ses tours, ses portes, etc.; et, vue de l'extérieur, elle avait cette physionomie, puisque son système de défense lui empruntait ces divers éléments, mais établis sur une moins grande échelle. — Naturellement, la porte principale avait une grande analogie avec les portes de ville, et, comme celles-ci, ce fut une imitation plus ou moins complète de la porte d'enceinte des cités antiques, modifiée toutefois selon les idées, les besoins ou l'art des époques et des lieux. Les principaux changements consistaient surtout dans la diminution des moyens de défense et dans l'accroissement du luxe extérieur de l'ornementation. Il n'est peut-être pas inutile de rappeler ici qu'au début du XVI° siècle, la France continua encore, en fait d'art, une partie des pratiques du Moyen Age, et que ces pratiques persistèrent malgré les tendances nouvelles; d'autre part, les artistes, quoique divisés en deux écoles, marchaient toutefois parallèlement. La vieille école, l'école religieuse construisait des églises dans l'ancien style, tandis que la nouvelle école, celle qui avait adopté l'art italien, appliquait aux constructions civiles et militaires une formule, jeune encore, mais qui devait triompher. Cependant, nous devons dire que tous les membres de cette nouvelle école ne furent pas des hommes nouveaux. Quelques-uns, parmi ces zélateurs, tenaient à la génération précédente; ils étaient imbus des traditions anciennes. Mais, ces traditions, on ne les renia pas sur-le-champ et d'une manière complète; et l'on vit alors se produire, sur quelques points, cet étrange phénomène de l'application d'un art nouveau dans des données propres à l'ancien style. De semblables faits se remarquent surtout lors de la construction des églises ou des châteaux, mais maintes fois à ces derniers, où apparaissent encore des dispositions que l'on nommerait presque féodales, quoique les éléments, qui en composent et décorent les parties, appartinssent à l'art de la Renaissance. Or, ce caractère, nous le retrouvons bien nettement accusé dans la porte de l'enceinte du château de Courtanvaux, dont la physionomie ou l'aspect trahit une pensée, évidemment militaire et de défense féodale, sous le masque coquet d'un art plus spécialement gracieux. On sent là un moment de transformation de la société à l'une de ses époques intermédiaires, et l'on saisit, pour ainsi dire, la nature sur le fait. Ce fut, au reste, une conséquence des idées de ces terribles batailleurs, préludant ou s'essayant à faire du faste, du luxe ainsi que de la galanterie. Telle était, à cette époque, l'aspect du logis de la noblesse dans quelques lieux de la France, et plusieurs de ces châteaux, encore conservés, nous offriront, sur cette matière, une série d'observations et de renseignements, fort curieux au point de vue de l'étude de la condition ou de l'état de la haute société française. — En attendant la publication d'autres spécimens de fortifications castrales du XVI° siècle, qui nous permettront de rédiger un travail d'ensemble sur les châteaux français de ce siècle, nous reproduisons la Porte de Courtanvaux comme l'un des plus remarquables et des plus complets exemples de construction élevée alors sur les principes et dans les traditions de l'époque antérieure. La date de cette porte s'établit à la vue des détails qui la décorent, et la présence des croissants enlacés caractérise l'époque de Henri II, assez accusée encore par la composition des niches, des lucarnes et des ornements que nous publierons, à grande échelle, dans un autre volume.

PETITE PORTE DU PREMIER ÉTAGE, AU CHATEAU DU PAILLY

Les besoins ou les nécessités de la vie ont maintes fois exigé qu'indépendamment d'une grande porte, donnant accès de l'extérieur à l'intérieur des habitations, on ouvrît encore des issues d'un ordre secondaire et plus particulièrement destinées à faciliter les communications ou le service sur les divers points et dans les différentes pièces de la demeure. Si haut qu'on remonte dans l'histoire de l'architecture domestique et dans l'examen des constructions privées, on voit cette coutume établie et se poursuivre à travers les siècles comme une de ces exigences dont la première condition est l'utilité. Telle fut l'origine de ces petites portes, distribuées et ouvertes sur tous les points intérieurs du logis dans le but unique d'abréger le parcours, de faciliter la circulation et de conduire plus aisément dans les salles, les escaliers, les galeries, les chambres, etc. De la part de l'architecte, c'était un talent de les savoir disposer d'une manière à la fois commode et symétrique par rapport à une composition ; et si, parfois, sous ce dernier point, on constate des situations peu convenables, il est juste au moins de reconnaître que, souvent, il sut tirer parti de ces petites portes en les faisant entrer, comme motif plus ou moins important, dans l'ensemble de son programme. On en plaça donc à rez-de-chaussée, aux étages supérieurs et jusque sur les balcons saillants, comme c'est en effet le cas pour notre exemple du Pailly. Cette petite porte fut ouverte, avec plusieurs autres, sur un balcon régnant au premier étage dans la cour et servant de galerie extérieure de communication. Le plus généralement, mais selon l'importance de la demeure, ces portes secondaires recevaient une part plus ou moins considérable de décor, presque toujours basée, calculée d'après leur situation ou leur destination. Ainsi, il est certain, notoire que de telles petites portes, établies sur les points les plus fréquentés et par conséquent exposés aux regards, durent, dans de riches châteaux ou demeures, recevoir une plus grande somme de luxe que toute autre ouverte en un endroit retiré. C'est précisément ce qui eut lieu au Pailly. La situation de cette petite porte, complètement en vue, engageait le constructeur à faire du faste, et ce faste devait, pour l'harmonie, répondre à la richesse qu'il avait répandue dans toutes les parties de ce magnifique château. Mais, en artiste intelligent, l'architecte comprit qu'il fallait agir avec sagesse ; aussi, proportionnant son décor à l'importance secondaire du membre d'architecture à orner, se contenta-t-il de l'établir dans la région supérieure, profitant encore d'une heureuse circonstance, celle d'un œil-de-bœuf ouvert au-dessus de la porte. Le motif de son ornementation prouve qu'il fut assez habile pour trouver un arrangement qui couronne à la fois la porte et sert aussi de couronnement à l'ensemble. — Nous publierons, dans notre deuxième volume, une monographie de ce château, l'un des plus remarquables de l'époque de la Renaissance. « Ce splendide édifice, dit M. Pistollet de Saint-Fergeux, est l'œuvre d'un architecte langrois, appelé Nicolas Ribonnier, grand artiste évidemment, et qui est loin d'avoir laissé une renommée égale à son mérite. Les artistes de cette époque, pleins de foi et de candeur, s'occupaient beaucoup plus de leurs travaux que de leur réputation. C'est le contraire aujourd'hui. Ne sait-on pas combien il a été difficile, dans ces derniers temps, de retrouver le nom de l'architecte qui a fait le merveilleux château de Chambord? Connaît-on l'auteur du pavillon carré de Chenonceaux? » — Nous nous proposons de faire connaître un grand nombre de ces artistes de province, et nous attachons un certain honneur à offrir, sans doute, le premier groupement de ces hommes d'élite, dont le talent est, à nos yeux, l'un des plus beaux fleurons de notre gloire nationale.

IMPOSTES A L'ÉGLISE DE Sᵀ-NICOLAS ET RUE SAINT PAUL, A PARIS

Ce serait, évidemment, présenter une étude incomplète de la *porte* et de ses *vantaux*, si l'on ne s'occupait encore d'un troisième membre, qui se rattache à la clôture des édifices religieux ou civils, et ce membre, également en bois ou en métal, semble, dans certains cas et pour certaines époques, faire corps ou partie intégrante avec elle ; nous voulons parler de l'*imposte*, le plus souvent fixe, qui surmonte toujours les vantaux. — Quelle fut son origine, dans quel but l'établit-on, et à quelle époque remontent les plus anciens exemples connus? Ce sont trois questions qu'on ne peut résoudre en l'absence des monuments que nous publierons dans nos prochains volumes. Pour le moment, il nous suffira de dire qu'au XVIᵉ siècle, l'usage de l'imposte à claire-voie en fer ou en bois paraît généralement établi ; le besoin de donner du jour et de l'air l'avait fait adopter et appliquer de plusieurs façons, soit comme partie fixe ou dormante, soit comme élément mobile à la partie supérieure d'un vantail. Vers le temps où furent exécutées les impostes de la rue Saint-Paul et de Saint-Nicolas des Champs (fin du XVIᵉ siècle, sans doute), c'était, plus particulièrement, le fer qu'on employait à leur confection. Sa force et sa durée l'avaient, vraisemblablement, fait préférer au bois ; aussi, s'en est-il conservé quelques exemples de cette date, et leur conservation nous procure ce précieux avantage de pouvoir apprécier quel fut l'esprit dans lequel l'architecte et les ferronniers entendaient alors la composition de ce membre, parfois important, des édifices religieux ou des constructions civiles. Ce n'est pas le lieu d'entrer, sur ce point, dans des développements qui accompagneront les spécimens de nos prochains volumes. Bornons-nous à établir que, dès la fin du XVIᵉ siècle, *l'imposte à claire-voie des vantaux* se présente à nous dans deux conditions ou sous deux aspects : *comme partie fixe et dormante*, ainsi qu'on le voit à la porte de la rue Saint-Paul, et *comme parties mobiles*, ainsi qu'on le remarque dans les panneaux de chaque vantail de Saint-Nicolas des Champs. — Sous le rapport du travail artistique du fer, ces deux impostes, les plus anciennes de Paris, ne sont pas sans quelque mérite, quoique leur exécution ne soit cependant plus à la hauteur des œuvres si remarquables qu'ont produit les artistes du Moyen Age et ceux des premiers temps de la Renaissance. On sent qu'on est là à la fin du XVIᵉ siècle, et que le ferronnier, dans son impuissance, ne sait plus créer ces travaux de plastique dans lesquels brillaient naguère ses devanciers. Leur composition semble procéder d'une même donnée radicale, mais avec des variétés ou des dissemblances, produites par le jeu des lignes dessinant des formes particulières et spécialement propres à chaque motif de claire-voie. Le fer y est employé dans ses conditions les plus rudimentaires, c'est-à-dire en barres carrées ou en tiges plates, forgées, contournées, enroulées, ondulées et tordues, avec quelques parties découpées à la lime et grossièrement estampées; puis, le tout est assemblé, ajusté à l'aide de liens plats, de rivets et de soudures ; c'est à peine si l'on remarque, comme modelé, quelques travaux d'estampe et de refoulement dans les feuilles, les rosaces, les espèces de tulipes et les fleurs de lis. — Les initiales S. N. et S. I, qui représentent le double vocable de *Sanctus Nicolaus* et *Sanctus Iohannes*, porté par l'église de Saint-Nicolas des Champs, accusent, ce nous semble, le lieu pour lequel ces deux panneaux furent exécutés. Des circonstances, que nous n'avons pu connaître, ont privé l'église de ce beau travail. Il se trouve actuellement encastré dans les vantaux d'une maison, située place Aumaire. Nous avons quelque raison pour croire qu'il faisait partie d'une porte ouverte sur le flanc méridional de l'église de Saint-Nicolas. Toutefois, l'un des plus anciens employés de cette église nous a affirmé qu'il décorait, en dernier lieu, la porte d'une de ses dépendances. Nous ne contestons pas ce renseignement, qui doit être certain; mais, il est fort vraisemblable que, déjà, à cette époque, ces panneaux avaient été enlevés de leur place primitive et qu'ils avaient reçu une destination nouvelle. Nous appelons, sur cet objet, les investigations de MM. les historiens, archéologues et topographes de la ville de Paris.

GRANDE SALLE, DANS LE CHATEAU, AU PAILLY

La disposition ainsi que le décor des salles ont été, de tout temps, un des programmes artistiques que se sont posés les architectes; et, depuis les Égyptiens ou les Assyriens jusques et y compris la fin du XVIIIe siècle, quelle n'a pas été la variété de leurs formes ou de leur ornementation! Grouper donc les principaux exemples pour en recueillir, par l'étude et l'analyse, les notions les plus intéressantes; classer et comparer ces spécimens afin d'en connaître les genres, d'apprécier leurs distributions, leur richesse ainsi que leurs particularités, telle est notre intention et tel sera aussi l'un des plus curieux chapitres que doit comprendre le présent ouvrage. — Déjà, dans la *Grande Salle de Karnak*, nous avons montré la grandeur et le décor de ces vastes lieux d'assemblées en Égypte, et nous en avons, pour ainsi dire, fait comprendre la colossalité. Ici, en raison même de l'endroit et de la destination, qui sont comparativement moins importants, puisqu'il ne s'agit que de la demeure d'un homme, mais cependant d'un grand seigneur ayant maison et personnel domestique, les proportions sont évidemment beaucoup plus restreintes; aussi, la salle se présente-t-elle à nous dans des conditions calculées d'après les besoins ou les exigences de la vie seigneuriale à cette époque. Cette salle fait partie du magnifique château, construit, vers 1563, au village du Pailly, par l'architecte langrois Nicolas Ribonnier, pour le maréchal Saulx de Tavannes. Elle se trouve établie à rez-de-chaussée, et la porte est ouverte sur la cour; mais, on ignore sa destination primitive [1]. Comme la plupart des salles basses d'habitations du Moyen Age, celle-ci a peu de hauteur; elle est couverte d'une voûte surbaissée [2]. Des pilastres, décorés de cannelures, sont répartis de distance en distance, et ils supportent des arcs doubleaux, enrichis d'ornements en usage à cette époque, mais d'un caractère mâle et vigoureux qui accusent la pensée d'un artiste à la recherche de quelque originalité. Au reste, l'examen des figures, représentées sur notre planche, complétera la série des observations que nous venons d'établir.

1 Cependant, on suppose que c'était *la Salle des Gardes*.

2. La salle, dite *des Cariatides*, au Louvre, est aussi en voûte surbaissée; mais, au lieu de pilastres, ce sont des colonnes qui supportent les arcs doubleaux.

PLAFOND D'ESCALIER, DANS LE CHATEAU, AU PAILLY

Les proportions peu étendues de cet escalier ont permis de disposer transversalement les pierres de ce plafond, c'est-à-dire de les faire porter par les murs latéraux. Ce premier point établi, voyons la composition architecturale. De sages combinaisons dans les dimensions données aux pierres correspondent avec les principales divisions de l'ensemble et ne contrarient pas les motifs du décor. Celui-ci fut composé d'une alternance de grands et de petits compartiments, de forme géométrique rectangulaire, appelés caissons, dont les parties, plus ou moins saillantes, offrent ainsi des plans divers, ou des saillies et des retraites. Tel est l'arrangement de cette conception; mais, l'architecte voulut l'orner; et, ici, se présentèrent d'autres questions : la volonté ainsi que les ressources de l'ordonnateur, la somme de talent des artistes, et, enfin, la variété des matériaux à mettre en œuvre. L'examen prouve qu'on s'en tint à la simplicité, qu'on y employa des artistes locaux, et qu'on choisit la pierre et le marbre. Restait à savoir combiner ces éléments. Nicolas Ribonnier semble y avoir réussi. Voulant ou devant faire prévaloir l'architecture, il se garda bien d'introduire une surcharge d'ornement, et, en cela, il resta fidèle à son programme. Ce fut une composition de lignes. Toutefois, son intelligence comprit l'écueil de la nudité; et, usant avec sagesse des éléments à sa disposition, il les répartit, non sans goût, sur quelques points. C'est ainsi qu'on voit des chapelets de perles encadrer les ressauts des caissons, des rosaces de dessins divers se détacher en saillie, et, enfin, des fragments ou des bandes de rustication jeter de la variété, c'est-à-dire animer l'ensemble, sur lequel tranche et ressort la nuance colorée des marbres. — Comme donnée générale de composition architectonique et décorative, à part l'ornementation qui est ici modeste et ne peut entrer en parallèle, notre plafond offre une grande similitude avec celui qui couvre l'un des paliers de l'escalier du Louvre, dont on attribue la sculpture au célèbre Jean Goujon. Ils furent construits à très-peu de distance l'un de l'autre, mais, dans des conditions qui tinrent exclusivement à la situation respective de chacun des personnages : l'un, le roi, pouvant, avec ses ressources et le concours des grands talents, faire du luxe; l'autre, un maréchal de France, restreint dans ses projets par les limites de sa fortune et la seule coopération des artistes locaux. En effet, si le premier de ces plafonds fut établi dans la capitale et pour un palais, avec ce faste, cette splendeur et cette élégance de sculpture, dus surtout au mérite de composition et de faire qui distinguent l'œuvre de l'éminent ornemaniste; le second se trouve, au contraire, en province, chez un simple seigneur, se contentant d'artistes de la localité, des matériaux du pays et d'une ornementation mathématiquement en rapport avec le chiffre de sa fortune. Dans ce dernier cas, le problème était, certes, assez difficile; néanmoins, l'architecte sut réussir. Calculant l'œuvre d'après la mesure de ses moyens, il reconnut qu'il devait sacrifier le faste au simple, et, dès ce moment, il arrêta son projet. Sa composition fut architecturale, c'est-à-dire qu'il créa son ornementation du jeu particulier des lignes, heureusement combinées à l'effet des marbres, auxquels il joignit quelques rares sculptures. Malgré cette absence de luxe, malgré quelques bizarreries, qui tiennent sans doute à l'audace d'un novateur ou d'un homme de progrès, ce plafond n'est cependant pas sans quelque mérite; on y remarque le parti que l'architecte a su tirer de faibles ressources, l'heureuse opposition des marbres, de la pierre et de la rustication, enfin, cette riche variété dans le dessin des rosaces, variété qui témoigne la fécondité d'un artiste repoussant le servilisme et pour qui l'exécution d'un détail est une naturelle occasion pour chercher du nouveau ou sortir de la copie. Ribonnier et ses collaborateurs nous paraissent s'être imposé ce programme. Telles furent les idées de quelques écoles artistiques de province en France, au milieu du XVI° siècle. Tout en étudiant les édifices romains et l'enseignement de Vitruve, vulgarisé par les livres des architectes de l'époque, on voulait, cependant, faire acte d'originalité, et, sur ce point, nous pensons que Ribonnier y parvint quelquefois.

CHEMINÉE, DANS L'HOTEL DE CLARY, A TOULOUSE

Vers le commencement du XVII° siècle, en 1612, François de Clary, premier président au parlement de Toulouse, chargea l'architecte Bachelier, fils du grand artiste toulousain de ce nom, de diriger les travaux d'un hôtel qu'il faisait construire sur un terrain situé rue de la Dalbade. Par un motif qui nous échappe, Bachelier s'associa l'un de ses collègues, nommé Souffron, ainsi que les sculpteurs Artus et Guépin, élèves de Nicolas Bachelier, son père. On observera qu'à cette date (1612), la construction de l'hôtel était déjà commencée, puisque les historiens locaux disent que Bachelier fils fut mandé pour *diriger les travaux d'un hôtel que le président faisait construire*. Or, en examinant le caractère de l'art de certaines parties de l'édifice, et, malgré cette date de l'inscription (1612), on est réellement surpris; car, tout porterait à croire que, par leur style qui accuse une influence et un cachet tout antique, celles-ci sont plutôt des œuvres de la Renaissance que le produit de l'art au commencement du XVII° siècle. Cette opinion, ce sentiment se reproduit surtout à la vue de la cheminée d'une salle, située, dans la cour, à rez-de-chaussée. Comme composition architecturale et comme choix des éléments, elle semble appartenir au XVI° siècle; et, n'étaient quelques bizarreries ou excentricités de construction, on assignerait volontiers une date antérieure. Faut-il admettre que les traditions et les règles furent respectées très-tard par les artistes de l'école de Toulouse, ou bien doit-on supposer que quelques parties de l'hôtel étaient déjà construites avant cette époque, 1612? C'est là, évidemment, une question fort difficile à résoudre, surtout en face de la composition architecturale et décorative de cette cheminée; car, la frise, dans ses détails composés de figures fantastiques, de bucrânes, de rinceaux, etc., paraît complétement conçue dans l'esprit du XVI° siècle, et, parmi les éléments de la partie supérieure, ces représentations de Termes[1] semblent des réminiscences d'analogues que les sculpteurs toulousains avaient pu voir dans les monuments antiques et modernes de Rome[2], ou bien encore dans les ouvrages à planches des commentateurs de Vitruve, dans ceux de De l'Orme, de Diéterlin, d'Hugues Sambin et des ornemanistes de la fin du XVI° siècle; la grâce même de certaines poses d'enfants viendrait presque confirmer notre opinion. Quoi qu'il en soit de cette question

---

1. Les artistes de l'école de Toulouse semblent avoir eu quelque prédilection pour cet élément décoratif; car, on en remarque l'emploi, dans cette cité, sur plusieurs édifices religieux et civils.
2. Nicolas Bachelier, qui fut, dit-on, élève de Michel-Ange, s'est peut-être passionné pour les figures de Termes qui ornent le tombeau du pape Jules II, composé par le grand artiste italien, et, revenu en son pays, il a pu en répandre le goût et l'insinuer même à ses élèves, qui l'introduisirent dans les monuments de Toulouse.

de date, qu'un archéologue local peut seul déterminer à l'aide de documents et de l'étude de l'œuvre, nous ne persistons pas moins, malgré la lourdeur de certaines parties, à signaler ce monument comme une composition qui doit prendre sa place dans l'histoire des phases ou des transformations que subit la cheminée en France et sur le point particulier du midi de la France, à la fin du XVIe ou au commencement du XVIIe siècle.

PUITS A DOUBLE PRISE D'EAU, RUE DU MUSÉE, A TOULOUSE[1]

L'histoire archéologique du réceptacle contenant l'eau employée ou nécessaire pour les besoins de la vie n'a pas encore été faite à l'aide des monuments de l'art; et, cependant, depuis le réservoir à ciel ouvert des Égyptiens jusqu'au puits avec sa margelle, son édicule ainsi que ses systèmes d'armature pour la descente et la montée du seau, quels n'ont pas été les dispositions, les formes ou le décor de ces petits édifices! Nous avons réuni, sur ce sujet, des matériaux nombreux, qui vont successivement prendre place dans le présent ouvrage; et, pour offrir, dès ce moment, une idée de nos richesses ou de l'intérêt même que présentent les monuments de cette famille, nous commencerons la série par la production d'une des singularités dans l'espèce. — Depuis une époque fort ancienne, qui remonte à l'Égypte, chaque habitation semble avoir eu son réservoir ou son puits, et, quelquefois même, mais à une date très-postérieure, elle en contint deux. — En général, le puits était isolé, mais établi sur un point accessible à tous. Ici, au contraire, sa situation a reçu un changement notable. Déjà, pour les commodités du service, on avait, durant le moyen âge, placé le puits non loin des cuisines, et quelques-uns même avaient été construits d'une manière telle qu'on pût, à la fois, prendre l'eau par la cour et dans l'intérieur du logis. Fort vraisemblablement, ce mode de puisage dut, sur beaucoup de points, être mis en pratique; car, on en connaît un certain nombre d'exemples, et, à la fin du XVIe siècle, nous le remarquons à Toulouse, où se trouve encore un de ces puits domestiques à double prise d'eau. Mais, ses dispositions architecturales avaient subi des modifications. Au lieu d'avoir, comme à Sens, l'ouverture de la margelle complétement libre, l'architecte voulut établir, du côté de la cour, une décoration, formant niche, au haut de laquelle il disposa la poulie de descente ou de montée du seau, et cette idée le conduisit à une conséquence : elle le força d'élever, un peu au-dessous du niveau de l'eau, un mur qui sépara la margelle en deux parties, mais dont le principe n'eut d'autre but que de fermer la cuisine et de permettre l'établissement de cette décoration en niche. Cette séparation de la margelle donna donc lieu à un double système de prise d'eau dans le puits; car, il est fort vraisemblable qu'on la prenait à la corde ou à la main, du côté de la cuisine. Nous reviendrons sur l'étude de cette classe de monuments dans nos autres volumes. — Ceci posé, il y a peu à dire sur la composition ainsi que sur le décor de cet édicule. Le style de cette architecture caractérise la pensée ou l'action d'un artiste en quête ou à la recherche de l'original; les formes dites classiques, sont, là, dissimulées et confondues au milieu d'une série d'éléments d'un ordre particulier, qui accusent un moment déjà de décadence; enfin, il n'est pas jusqu'à ce genre de couronnement, formé de deux cornes d'abondance, qui ne soit un caprice, rendu

---

1. C'est par erreur que quelques épreuves portent pour titre : Puits mitoyen de deux habitations, rue du Musée, a Toulouse.

avec plus ou moins de bonheur. Malgré ses défauts, on ne peut se dissimuler que l'œuvre, prise en elle-même, n'ait un certain mérite de composition; elle charme sans cependant satisfaire les lois de la logique et les règles de la grammaire de l'Art; mais, il faut se rappeler que nous sommes ici sur un terrain provincial et à une époque où, déjà, l'on s'écartait, et avec intention, des principes de Vitruve et de la leçon donnée par les monuments romains. L'individualité, l'originalité cherchait à se faire jour. Or, tous les moyens semblaient bons pour y parvenir; et, alors, se lançant dans l'inconnu, l'esprit des artistes devait produire, un jour, ces créations fantastiques et bizarres que réalisèrent les Dietterlin, les Vriese, etc., mais que les Jésuites et le Borromini voulurent encore surpasser!

PAVILLON, DANS LE JARDIN D'UN HOTEL, AUX BAUX

Voici l'un des plus curieux exemples de ce genre d'édicules, qui nous restent du XVIe siècle. Sa construction remonte, fort vraisemblablement, au règne de Henri II; du moins, il en accuse le style d'art, assez visiblement exprimé, au reste, dans l'introduction de ces croissants de Diane, mis au front des têtes ornant les clefs des archivoltes des baies ou des ouvertures. — Les renseignements qu'on nous avait promis sur cette petite construction ne nous étant pas encore parvenus, nous reportons cette notice à la deuxième partie, qui renfermera un second monument de cette famille. Elle trouvera donc beaucoup mieux sa place dans le volume suivant, et nous profiterons, alors, de plusieurs rapprochements pour parler des *Pavillons de Jardin*, construits, en France, pendant le XVIe siècle.

PANNEAU DÉCORATIF, AU CHATEAU DU PAILLY

Ce motif d'ornementation extérieure, qui, sur la façade du pavillon des Tavannes, occupe la place des niches, si fréquemment adoptées par les architectes du XVIe siècle, fait le plus grand honneur, comme composition décorative, au talent et au goût de Ribonnier et de ses collaborateurs. On y trouve une sage pondération dans les parties ornées, une heureuse inspiration dans la combinaison du marbre à la pierre, et, enfin, une extrême richesse de formes dans la variété des rosaces, dont le dessin ne reproduit pas cet éternel type des monuments de Rome. Signalons encore la disposition réussie du couronnement ainsi que l'opposition, bien entendue, du ton des marbres et de la rustication, et le lecteur aura analysé l'un des plus curieux spécimens de cette classe ou famille. Au reste, nous considérerons toutes ces parties dans une notice générale sur le château, construit, pour le maréchal de Tavannes, au village de Pailly, et nous aurons encore l'occasion de les étudier dans notre chapitre sur la *Décoration architecturale en France au XVIe siècle*, où, tout naturellement, une division sera consacrée à l'examen des panneaux avec ou sans ornements.

FONTAINE DES NYMPHES, DITE DES INNOCENTS, A PARIS

Des œuvres ainsi que des documents, connus de tous les artistes et de tous les bibliophiles, établissent que Jean Goujon exerça la double profession de sculpteur et d'architecte; c'est, du moins, un renseignement qu'il nous donne lui-même quant à l'architecture, et que confirment plusieurs de ses contemporains. A la suite d'une traduction du Livre de Vitruve, publiée, à Paris, en 1547, par Jean Martin, secrétaire du cardinal de Lennoncourt, est une petite dissertation de cet artiste, précédée de ce titre : « JAN GOVION STVDIEVX D'ARCHITECTURE AVX LECTEVRS, SALVT. » De son côté, ce Jean Martin, l'éditeur du précédent ouvrage, déclare, dans son Epître au roi Henri II, qu'il a enrichi sa traduction « *de figures nouvelles concernantes l'art de la massonnerie, par maistre Jehan Goujon, naguères architecte de Monseigneur le Connestable, et maintenant l'un des vostres,* » — et il ajoute, dans l'Avertissement aux Lecteurs de ce même livre, en parlant de la valeur de quelques artistes contemporains parmi lesquels il cite Jean Goujon : « *excellents personnages dignes de l'immortalité.* » Au reste, cette opinion était déjà répandue et consacrée; puisque, Gardet et Bertin, dans leur *Epitome ou Extrait..... de Vitruve*, publié à Toulouse, en 1556, désignent Jean Goujon comme « *sculpteur et architecte de grand bruit.* » — Or, il résulte de ces documents que Goujon fut, sans aucun doute, architecte, et, même, architecte du roi; mais, tout porte à croire qu'il faut entendre, par cette qualification, un architecte décorateur, habile dans la partie de l'ornementation monumentale, et, par suite, de la sculpture décorative, qui exigeait une certaine connaissance de l'architecture, ce que possédait Goujon, comme Martin le dit au roi Henri II en l'informant que son livre est enrichi de figures dues à maistre Goujon. On a fait, sur ces dessins, une fort judicieuse remarque[1] : « La traduction de Vitruve par Jean Martin est ornée de deux sortes de figures d'un mérite fort différent et très-facile à distinguer. Celles de Jean Goujon se rapportent uniquement aux ordres de colonnes et aux détails de leurs parties comme au profil des ordonnances. On y reconnaît une bonne manière de dessin et un goût d'antique que ne présente pas le reste des planches. » Or, si, comme on le suppose, puisque les notions manquent, Goujon n'est pas allé en Italie, et si les dessins du livre de Martin ont un goût antique, comment concilier ces deux faits opposés? Pour se rendre compte de cette apparente contradiction, il suffira de se rappeler que, dès 1542, Goujon travaillait avec Pierre Lescot, qu'en 1544 il collaborait avec Bullant, et qu'il dut connaître dès lors De l'Orme et Serlio, dont il parle avec éloges; il faut se souvenir aussi que ces trois derniers architectes possédaient, en portefeuille, des études faites d'après l'antique, et que les commentateurs de Vitruve avaient publié, dans leurs ouvrages, un grand nombre de figures d'après les monuments romains. En possession de tels matériaux, Goujon, qui n'apprit sans doute l'architecture que pour faire de l'art décoratif ou des monuments à décoration[2], était donc très-convenablement pourvu et fort à même, à défaut de la vue

---

1. QUATREMÈRE DE QUINCY, *Dictionnaire d'Architecture*, etc., au nom de Jean GOUJON.

2. Voici ce qu'il dit, à ce sujet, dans sa dissertation du Vitruve de Jean Martin : « Vitruve dict, Messeigneurs, et plusieurs autheurs antiques et modernes le conferment, qu'outre les autres sciences requises à décorer l'architecture, ou art de bien bastir, géométrie et perspective sont les deux principales : et n'est aucun digne d'estre estimé architecte, s'il n'est préalablement bien instruict en ces

ou de l'examen des monuments originaux, mais grâce, vraisemblablement, à la communication des dessins de Bullant, de De l'Orme, et de Serlio peut-être, d'étudier l'architecture antique, d'en parler et même d'en dessiner des figures pour les praticiens ou pour le public. Mais, ici, se présente une question curieuse : Pourquoi Jean Martin demande-t-il à Goujon une dissertation et des figures sur l'architecture romaine, lorsqu'il aurait pu s'adresser à des architectes renommés comme ceux que notre grand sculpteur qualifie : « Et encores pour ce jourd'huy avons nous en ce royaume de France un messire Sebastian Serlio, lequel a assez diligemment escrit et figuré beaucoup de choses selon les règles de Vitruve, et a esté le commencement de mettre teles doctrines en lumière au royaume. Toutesfois j'en congnois plusieurs autres qui sont capables de ce faire, néantmoins ilz ne s'en sont encores mis en peine : et pourtant ne sont dignes de petite louenge. Entre ceux-là ce peut compter le seigneur de Clagny, Parisien, si fait aussi maistre Philibert de l'Orme, lequel assez suffisamment a conduict un édifice que monseigneur le cardinal du Bellay a faict faire en son lieu de Sainct Mor des Fossez lez Paris. Et combien que pour le présent je ne m'amuse à en nommer d'avantage, si est-ce que je le pourroye bien faire ; mais, je m'en désiste tout à propos pour éviter prolixité.... » Nous nous sommes étendus sur ce point, parce qu'il nous a semblé utile de justifier la qualité d'architecte donnée à Goujon, et, pour ce, nous avons cru qu'en l'absence des monuments détruits ou à défaut de leur mention, rien ne pourrait mieux l'établir que de faire parler ses contemporains et de le montrer à la fois comme auteur et comme dessinateur d'un ouvrage d'architecture à une date bien antérieure (1547) à la publication des Traités de Philibert De l'Orme (1567) et de Jean Bullant (1568).

Cependant, tout porte à croire qu'il s'adonna beaucoup plus à la sculpture ; car, les ouvrages qui lui sont authentiquement attribués viennent, presque tous, prendre leur place dans cette branche particulière de l'art. Quoi qu'il en soit, et malgré le silence de l'histoire ou celui de ses contemporains, il y a lieu de penser que Goujon pratiqua l'architecture, mais, très-vraisemblablement et plus spécialement, l'architecture que nous nommerions décorative, où, tout naturellement, il établissait des dispositions pour se créer une large part de travaux d'ornements, et, par suite, de figures [1]. Au reste, ce genre, dans lequel il exerça une incontestable supériorité sur ses collègues, le fit rechercher et le mit souvent en rapport avec les principaux architectes ; aussi, cette spécialité explique-t-elle le fait d'une large collaboration avec eux pour tout ce qui tenait à la sculpture monumentale [2]. En présence d'une certitude, qui établit si catégoriquement la double profession de cet artiste, il est fâcheux d'apprendre que la mobilité du goût, le triste jeu des révolutions ainsi

deux...... Et à la vérité la congnoissance que Dieu m'en a donnée, me faict enhardir de dire que tous les hommes qui ne les ont point estudiées, ne peuvent faire œuvres dont ilz puissent acquérir guères grande louenge, si ce n'est par quelque ignorant, ou personnage trop facile à contenter. A ceste cause, j'ay tousjours désiré faire veoir au monde le proffit qui en peut succéder, et rens graces infinyes à la bonté divine qui m'a donné l'accomplissement de ceste mienne volonté, l'effect de laquelle pourra faire entendre aux studieux si par le passé il y a eu quelzques faultes en l'intelligence du texte d'icelluy Vitruve, par espécial en la formation d'aucuns membres de massonnerie, chose qui est procédée par la mauvaise congnoissance qu'en ont eu nos maistres modernes, laquelle est manifestement approuvée par les œuvres qu'ilz ont cy devant faictes, d'autant qu'elles sont demesurées et hors de toute symmétrie ; mais pour couvrir leur ignorance, ilz se veulent armer de Vitruve, qu'ilz n'ont jamais bien entendu. Pour rendre donc bonne déclaration de mes figures, je me suis délibéré d'en faire ce petit discours, et en spécifier les particularitez assez au long, et par le menu. »

1. Nous citerons la fontaine des Nymphes et l'hôtel Carnavalet, à Paris.

2. Il travailla avec Pierre Lescot à Saint Germain l'Auxerrois et au Louvre ; — avec Jean Bullant, au château d'Écouen ; — et avec Philibert De l'Orme, au château d'Anet.

que l'ignorance ou le dédain des hommes aient détruit ou laissé détruire quelques-unes de ses œuvres, et ces pertes sont d'autant plus regrettables qu'on voit combien est restreint le nombre de celles que l'on a conservées; car, le caractère des travaux détruits aurait, peut-être, montré Goujon sous un autre jour, comme il aurait encore permis de mieux saisir les phases ou la complexité de ce talent si fin, si délicat, si élégant, si exquis, que l'on pourrait presque appeler le Raphaël de la sculpture française, mais dont la source, le départ, l'élément originel est encore un mystère, bien qu'on y entrevoie une certaine influence, une certaine affinité avec l'école de Fontainebleau.

Pour essayer d'éclaircir cette question, il convient de rappeler ici le concours des circonstances politiques et artistiques qui se produisirent vers cette époque, et dont les détails peuvent porter la lumière sur l'objet de nos recherches. — Les artistes de l'école française, qui, sous les règnes de Charles VIII et de Louis XII, créèrent des œuvres déjà si remarquables, devaient donner naissance à une génération d'élèves, qui, maîtres à leur tour, porteraient plus haut encore le génie ainsi que la gloire de notre art national. Des événements, il faut le dire, avaient et allaient puissamment aider, contribuer à ce résultat. La venue des peintres italiens à Avignon, dans cette partie du midi de la France où s'étaient conservés de nombreux monuments romains; les guerres de Charles VIII et de Louis XII, qui transportèrent les Français en Italie au moment où se développait la Renaissance; l'impression que reçurent nos princes et leur noblesse à la vue d'un art nouveau et d'édifices coquets, si différents de leurs vieux manoirs; les achats d'œuvres antiques et modernes rapportées en notre pays; les excentricités de l'art gothique; les tendances des artistes à se frayer une voie nouvelle; enfin, l'avénement de François Ier, qui gagna, en Italie, ce goût et cette passion des arts, portée, là, à son comble, par les papes et les seigneurs, tout concourut à faire de cette période une de ces époques solennelles, de renouvellement complet, et qu'on désigne par le mot de *Renaissance*. Le mouvement littéraire et artistique justifiait bien cette qualification. En effet, la lente, mais plus sérieuse action de l'étude avait poussé certains esprits dans la recherche du vrai ou de la nature; et, un jour vint où le hasard exhuma quelques-unes des plus belles statues que le christianisme avait voulu proscrire. Ce jour-là fut un des plus beaux pour l'histoire de l'art. A partir de ce moment, comme il était arrivé naguères pour Nicolas de Pise, l'opinion avait trouvé son guide. Désormais, la leçon sera demandée et prise à ces antiques œuvres, et les artistes en feront tout autant de sujets d'études. L'enthousiasme gagne les hautes régions de la société. Les princes de l'Église se mettent à la tête d'une nouvelle croisade, celle des ouvrages de l'art; enfin, partout, commencent les explorations monumentales. Des trésors de sculptures sortent de ce grand travail de fouilles! Le déblaiement conduit les architectes à étudier et à mesurer les édifices; les bains et les colombaires révèlent des éléments qui inspirent Raphaël; Vitruve, oublié, est remis en honneur; un luxe ravissant préside aux constructions civiles; des honneurs sont décernés aux écrivains et aux artistes; le pape et la noblesse ne s'occupent que d'art; en peu de mots, telle était la situation de l'Italie à l'époque où François Ier mit le pied sur son sol. Nature d'élite, cœur noble et facilement accessible aux grandes choses, ce monarque subit, comme par enchantement, une condition dont tout était saturé. L'amour des arts s'empara, dès lors, de cette royale intelligence, et, bientôt, l'intrépide vainqueur de Marignan devint un de ces paisibles et fastueux Mécènes, dont toutes les pensées ne respirent qu'œuvres et monuments!

De ses guerres en Italie, François Ier rapporta donc cet enthousiasme, qui devait développer les germes implantés par

Ire PARTIE.

Charles VIII et Louis XII. Amboise, Blois, Gaillon, Tours et d'autres points de la France étaient déjà des centres où travaillaient des colonies d'artistes ; mais, il leur manquait une circonstance qui pût galvaniser ces organisations, toutes prêtes à éclore. La passion de François Ier vint la leur fournir. Toutefois, ce mouvement ne reçut sa véritable impulsion qu'à l'arrivée des artistes italiens en France ; car, aussitôt leur venue, ces derniers entrent en rapport avec les hommes d'art de notre pays, et, de ce contact, découla, comme conséquence, des modifications dans les idées, assez naturellement portées déjà, par l'étude, la recherche du vrai et la lecture de Vitruve, à l'adoption de nouveautés que ces conditions ou ces précédents rendaient d'autant plus réalisables. Un nouvel incident devait y concourir. Vivement émus par la renommée, nos artistes voulurent voir, sur les lieux, ces œuvres antiques dont la réputation se répandait au loin ; aussi, dès leur jeunesse, De l'Orme et Bullant traversent-ils les monts pour étudier les monuments de l'ancienne Rome ; leurs études se complètent dans les palais ou les villas des papes et des seigneurs ; enfin, tout ce qui faisait partie du domaine de l'art, architecture, plastique, peinture, devint, de leur part, un égal sujet de sérieuses études et de graves méditations. — Si, maintenant, on jette un coup d'œil sur la marche et la condition des esprits, il est facile de comprendre qu'au milieu de ce mouvement universel, tous les rangs de la société, mais surtout les régions supérieures, éprouvèrent des modifications profondes ; et ces changements devinrent tels, sur certains points, que la haute bourgeoisie voulut même, dans ses habitations, lutter, par le luxe et par le faste, avec les puissants et la cour ! — Mais, reportons-nous, pour apprécier ces conséquences, sur le terrain de l'art français au XVIe siècle. A leur retour de l'Italie, des artistes supérieurs, comme De l'Orme et Bullant, se virent avidement recherchés et trouvèrent bientôt l'occasion d'appliquer leurs études à des édifices considérables qui, loin d'accuser leur servilisme, démontrent, au contraire, du goût et de l'originalité. Cette prédication publique et parlante répandit, on le pense bien, le goût des arts et celui de l'art antique ; mais, d'autres circonstances avaient encore contribué à l'extension de ce mouvement des esprits. — Parmi les nombreux palais et châteaux que François Ier fit construire, il faut surtout mentionner celui de Fontainebleau. Là, le prince y implante une colonie d'artistes italiens, avec ordre de créer un de ces monuments, qui deviendront l'une des plus curieuses pages de l'histoire de l'art. Dès ce moment, la France artistique se trouve partagée en deux écoles : celle de Fontainebleau et l'école nationale. La première applique un art exotique, que modifie à peine le contact français ; ses artistes se nomment : Primatice, Rosso, Cellini, Serlio, etc. La seconde, dont on parle moins, mais qui certes a sa valeur, exécute des œuvres d'un mérite incontestable, et les auteurs sont : Lescot, De l'Orme, Bullant, Goujon, Cousin et les Clouet. Pendant ce temps et à l'imitation du roi, les seigneurs abattent tout ou parties de leurs vieux manoirs. Quelques-uns les transforment ; d'autres leur font subir une reconstruction complète ; enfin, c'est une fièvre et un entraînement général ; car, chacun veut avoir une demeure à l'italienne, c'est-à-dire dans le genre de ces élégantes villas ou de ces gracieuses résidences. De cette époque date, en effet, un grand nombre de nos splendides châteaux, palais, maisons, hôtels de ville, etc., dont la composition et le faire proclament haut le talent ainsi que le génie des artistes de notre école nationale. Sur les divers points de la France, l'art reçut alors une grande activité, une vive impulsion. Mais, il est un fait absolument digne de remarque : tous ces édifices furent construits dans le nouveau style. C'était une conséquence logique. La décadence de l'art du Moyen Age, ses excentricités en architecture, l'exhumation des monuments romains, l'enthousiasme à leur vue, l'étude des œuvres antiques, la remise en honneur de Vitruve, les recherches des artistes, les guerres de France en Italie, plus, la passion soudaine dont s'éprirent les grands et la société, avaient produit ce résultat, et celui-ci se traduisait par un changement, né du courant des idées et surtout des tendances artistiques au moment où nous nous trouvons, c'est-à-dire vers le milieu du XVIe siècle. Trois causes, également importantes et qu'il faut redire, y avaient donné naissance : l'arrivée, chez nous, des œuvres d'art venues d'Italie, l'action du livre sur l'architecture romaine et l'effet des études faites par les artistes sur les monuments de l'ancienne et de la moderne Rome.

Entrons dans quelques détails sur chacune de ces trois causes, et cherchons quelle put être leur action en France, à cette époque.

Voici, sur le premier point, la judicieuse opinion de l'un de nos plus doctes historiens de l'art[1] : « Déjà, Charles VIII et Louis XII avaient amassé, dans leur cabinet de curiosités, nombre d'objets d'art, et il était réservé à François Ier de former la première collection des tableaux du roi, qui, après trois cents ans, est devenue le Musée du Louvre. Il ne fit pas autrement que Marguerite d'Autriche; seulement, il fit plus grandement. Léonard de Vinci lui apportait ses tableaux; Raphaël lui envoyait les siens de Rome; Andrea del Sarto, Rosso, le Primatice venaient peindre les leurs à Fontainebleau. Aux tableaux italiens s'ajoutaient les tableaux flamands, achetés par ordre du roi à Anvers et à Bruxelles, et une suite charmante de portraits peints par les artistes français; les belles tapisseries complétaient les tableaux, et les objets les plus distingués de l'art, appliqué à toutes choses, venaient, dans cette belle collection de chefs-d'œuvre, témoigner des ressources inépuisables du génie de l'homme. Nous n'avons pas tout vu : cent vingt-quatre statues antiques, des bustes sans nombre, représentèrent dignement la statuaire, et il faut parler d'une innovation qui permit d'enrichir cette magnifique collection d'une manière inusitée et toute favorable à l'étude des arts. Le Primatice avait demandé au roi l'autorisation et les moyens d'aller à Rome prendre les moules des plus belles statues antiques. Il voulait les rapporter à Fontainebleau, et couler en bronze ces chefs-d'œuvre qui devaient servir de modèles aux artistes et de diapason à l'admiration royale pour tout ce qui se produisait d'œuvres modernes autour d'elle. François Ier, avec cette belle intelligence des arts dont il donna tant de preuves, comprit l'utilité de ce projet, et, bientôt, les plus remarquables créations de la statuaire antique peuplèrent Fontainebleau [2]..... Ce goût des collections envahit toute l'aristocratie. Le connétable de Montmorency plaçait les esclaves de Michel-Ange sur la façade et à l'entrée de son château d'Écouen; il répandait les objets d'art et les tableaux dans ses appartements. Mais, n'entrons pas dans la description des détails. Qu'il nous suffise de dire qu'à la fin du XVIe siècle, on n'aurait pas trouvé un hôtel de seigneur qui n'offrît quelque tableau précieux et une suite remarquable de portraits de famille, et qu'on voyait, dans le seul hôtel de Beaumont, appartenant à un particulier, le duc Charles de Croy, deux cent trente-quatre tableaux, dont onze de Paul Véronèse, six de Roger Vander Weyden, et des ouvrages des plus fameux peintres. — Je me serais

---

1. M. le comte Léon de la Borde, *Rapport sur l'Application des Arts à l'Industrie, fait à la Commission française du Jury international de l'Exposition universelle de Londres;* Paris, 1856, in-8° (pag. 85-86).

2. Nous reconnaissons, encore aujourd'hui, ces magnifiques bronzes à la rare perfection de leur fonte et à la délicieuse patine dont le temps les a revêtus.

reproché de n'avoir pas compté cet esprit collectionneur au nombre des ressources offertes à l'étude des artistes et à leur activité productive.... »

A cette première cause, avons-nous dit, s'en joint une seconde, qui ne fut pas moins puissante sur l'esprit de nos artistes. Nous voulons parler du livre de Vitruve, dont l'étude se vit reprise, à Rome, lors de l'exhumation ou de l'exploration des monuments de l'architecture antique. Pour répondre aux besoins ainsi qu'aux désirs des personnes qui s'occupaient alors de ce genre de recherches, Sulpice, dès 1486, en publiait le texte latin dans le format in-folio : c'est l'édition *princeps*. Dix ans plus tard, en 1496, il paraissait, à Florence, une seconde édition latine, et l'année suivante, en 1497, une troisième fut mise au jour à Venise. Par ces réimpressions, on voit le mouvement s'étendre et se vulgariser sur divers points. En 1511, Fra Giovanni Giocondo, qui avait étudié et mesuré naguère les vieux monuments de Rome, édite, de nouveau à Venise, le Traité de Vitruve, dont il corrige le texte et qu'il enrichit de cent trente-huit figures. Cette publication fut un grand bienfait ; car, à partir de ce moment, tous les architectes se virent dotés d'un livre qui, à défaut et en l'absence de la vue des constructions elles-mêmes, leur offrait, au moins, des exemples, plus ou moins bien choisis, plus ou moins fidèlement représentés, mais littéralement à l'appui du texte de l'auteur ; enfin, Cesariano, à Côme, en 1521, et Durantino, à Venise, en 1524, surenchérirent encore par leurs commentaires et le nombre des figures. Telle était, avant la publication du Vitruve de Jean Martin, faite à Paris en 1547, la nature des principales éditions de cet ouvrage que les savants, les architectes et les bibliophiles avaient entre leurs mains. Mais, aucune traduction n'avait encore été faite en France[2]. Ce fut, donc, dans le but d'élucider et dy répandre les préceptes de cet auteur que Jean Martin pria Goujon de vouloir bien illustrer partie de son volume. Pour qu'on fît appel à la science et au talent de cet artiste, il fallait qu'il se fût déjà distingué par une ou plusieurs œuvres, plus ou moins remarquables, en architecture[2], et nous ne connaissons que des travaux de sculpture monumentale et décorative : en 1543, au jubé de Saint-Germain l'Auxerrois ; en 1544, au château d'Ecouen, et, avant 1547, au château du Louvre. En présence de cette constatation, il est permis de se demander la cause qui le recommanda pour écrire sur l'architecture antique et pour lui faire dessiner des exemples reproduisant un certain nombre de ses parties. Un tel choix provoque, sans doute, quelque surprise ; car, l'histoire et les documents, muets sur les événements de sa vie, nous laissent, de même, dans une obscurité complète au sujet de ses études, et l'on ignore, conséquemment, la source de ces dessins. Ses connaissances en architecture romaine s'expliqueraient, à la rigueur, par de profondes recherches sur le texte de Vitruve ; mais, comment justifier les dessins ? Une hypothèse, assez simple en elle-même, qu'on peut presque admettre, concilierait, ce nous

---

1. Cependant, Goujon, dans son Épître du Vitruve, porterait à croire que déjà Serlio avait produit quelque ouvrage sur la matière : « Et encore pour ce jourd'huy avons-nous en ce royaume de France un messire Sébastian Serlio, lequel a assez diligemment escrit et figuré beaucoup de choses selon les règles de Vitruve, et a esté le commencement de mettre teles doctrines en lumière au royaume... » — Voyez ce que nous disons plus loin à ce sujet, page 57, note 2.

2. Ce serait, peut-être, ici le lieu de placer des interprétations assez vagues, tirées des termes mêmes d'une Ordonnance, qui dépouillerait Lescot au profit de Goujon, à propos des projets du Louvre, et dont on impute le silence de l'histoire et des documents à l'opinion religieuse de ce dernier, qui était protestant. — Voyez encore ce que dit le même auteur au sujet de l'hôtel Dejacet, qu'il avait vu avant sa destruction ; il en avait recueilli des fragments qui furent dispersés, il y a une dizaine d'années, à l'époque de la vente de sa collection. CALLET, *Notice historique sur la vie artistique et les ouvrages de quelques architectes français du XVIe siècle*; Paris, 1843, grand in-8°, planches.

semble, les choses, et donnerait une plus ou moins satisfaisante explication. A l'époque où Jean Martin publia son Vitruve, Goujon était, depuis plusieurs années, en rapport avec Lescot, Bullant et De l'Orme, dont les deux derniers firent des études à Rome et rapportèrent d'Italie de nombreux dessins. Il est assez naturel de penser que ces dessins ont dû être montrés à Goujon, soit pour leurs travaux communs, soit comme objet de communes études, et il est même présumable qu'il a pu les emprunter à ses collaborateurs et amis; d'où l'on serait porté à croire que ce fut, peut-être, d'après ces dessins et d'après ces études qu'il fit en partie les siennes. Or, si l'on admet cette hypothèse, le fait de l'origine des figures, placées dans le livre de Jean Martin, s'explique, et l'on comprend que Goujon les eût alors, soit à titre de gracieuse obligeance, soit comme marque d'estime, ou bien encore en retour d'une collaboration appréciée, — à moins, toutefois, que Goujon n'ait obtenu de Serlio, alors à Fontainebleau, la permission de copier quelques-unes des gravures[1], qu'il venait de publier[2]. Ce Vitruve de Martin, à part les *escrits* de Serlio, était donc, à cette époque, le seul livre français sur la théorie de l'architecture romaine qui fût entre les mains des artistes; car, ce fut seulement, en 1561, qu'on publia l'ouvrage posthume de De l'Orme, et, en 1564, que Bullant fit paraître le sien. Il eut surtout pour résultat de répondre à des besoins, qui réclamaient la connaissance des principes ou des règles antiques[3], et son action devint telle alors sur l'art et sur la société qu'elle se traduisit, évidente et manifeste, sur tous les édifices qui ont été construits à cette époque.

Comme conséquence de ces deux premières causes: la vue des œuvres de plastique, de peinture, etc., et la possession d'ouvrages traçant les anciennes règles de l'art, devait naturellement s'en engendrer une troisième : le désir, de la part des artistes, d'aller faire, sur les monuments de l'Italie, de Rome, du midi de la France, etc., une suite d'études et de dessins, qu'ils entendaient consulter, prendre pour guide et appliquer, sans trop de servilisme, dans les édifices ou les œuvres qu'ils pouvaient être appelés à produire. Nous ne nous étendrons point ici sur l'histoire des particularités relatives à ces artistes dessinateurs, lors de leur séjour dans les lieux où ils travaillèrent; ce chapitre a sa place marquée ailleurs. Bornons-nous à dire qu'on ne peut se faire une idée, tant était grande la passion, du nombre des dessins qui furent exécutés alors. Les Italiens, les Allemands, les Français, les Flamands, etc., rivalisèrent d'enthousiasme et d'art dans ce tournois de l'intelligence[4]. De nombreux matériaux furent recueillis ; les plus grands artistes y prirent part, et

---

1. Vasari ne nous a rien appris de Serlio, sinon qu'il fut l'élève du célèbre Balthazar Peruzzi, et qu'il hérita de lui beaucoup de dessins des antiquités de Rome, dont il fit usage dans les IIIe et IVe Livres de son Traité d'Architecture. — QUATREMÈRE DE QUINCY, *Dictionnaire d'Architecture;* article : SERLIO.

2. ... « Et encore pour ce jourd'huy avons-nous en ce royaume de France un messire Sebastian Serlio, lequel a assez diligemment escrit et figuré beaucoup de choses selon les règles de Vitruve, et a esté le commencement de mettre teles doctrines en lumière au royaume... » *Epître de Jean Goujon*, à la suite du Vitruve de Martin. — En 1545, Jean Martin avait publié une traduction française des deux premiers livres de Serlio; ils contiennent les Traités de Géométrie et de Perspective. Voici comment Philibert De l'Orme parle de cet architecte : « C'est luy qui a donné le premier aux François, par ses liures et desseins, la cognoissance des édifices antiques et de plusieurs fort belles inuentions, estant homme de bien, ainsi que je l'ay cogneu, et de fort bonne ame, pour auoir donné et publié de bon cœur, ce qu'il auoit mesuré, veu et retiré des antiquitez. » (*Architecture de Philibert De l'Orme*, etc., pag. 202, verso).

3. Ce livre eut un très-grand succès en France pour la vulgarisation des études de l'architecture romaine; car, il en a été fait, en peu de temps, plusieurs éditions, et leur nombre démontre le courant des idées à cette date. La première édition est de 1547; la deuxième, de 1552, et la troisième, de 1572.

4. Qu'on nous permette de signaler un détail, tout de circonstance, en cet endroit. Les Recueils de Lafréri, de Du Pérac, de Sadler, etc.,

ces travaux, conservés avec soin, reçurent d'eux bien des fois la demande d'un conseil, presque toujours obtenu. Traités, le plus souvent, avec amour, ces dessins accusent la conscience, la satisfaction de ceux qui les exécutaient, comme ils dénotent aussi l'artiste travaillant dans le but d'une sérieuse étude. Or, on comprend que de semblables copies, reproduisant les constructions de la Rome antique, les magnificences de la Rome moderne, les chefs-d'œuvre de la plastique, les ornements des bains et des colombaires, les compositions de Michel Ange, de Raphaël, de Bramante, etc., que ces copies, déjà si intéressantes par elles-mêmes, durent agir avec plus de puissance encore dans les lieux éloignés des originaux, et l'on peut se rendre compte, ainsi, de l'effet qu'elles produisirent lorsque, à leur retour, des architectes ou des artistes étalaient, aux yeux des personnes sédentaires, ces reproductions des trésors ou des chefs-d'œuvre de l'art. Pour les uns, ce fut une révélation immense; pour les autres, de graves ou de sérieux sujets de méditations et d'études ! Tels furent, sans doute, l'étonnement et l'action que provoqua la vue de ces dessins sur les artistes restés en leur pays, et, peut-être, sur Goujon lui-même, à la communication des travaux faits par Bullant et De l'Orme! Si, comme on le pense, Goujon n'alla point en Italie, sa grande nature dut ressentir, à leur aspect, une de ces commotions, une de ces impressions profondes, qui décident ou transforment; aussi, tout porte à croire que l'intérêt, le mérite et la valeur de ces dessins, expliqués, commentés, éclaircis, élucidés à l'aide du texte, plus ou moins bien compris, de Vitruve et des œuvres acquises par nos princes, conservèrent longtemps, à ses yeux, cette importance, ce prestige qu'un *auxiliaire seul* aurait pu diminuer, sans cependant le détruire ; nous voulons parler de la gravure ou des recueils de planches, reproduisant les plus belles de ces œuvres antiques et modernes, qu'accueillirent aussitôt les artistes et la haute société. Grâce à ces nouveaux éléments d'étude, grâce à ce puissant et salutaire concours, l'art put marcher sans crainte dans une voie où abondaient les modèles, et, désormais, les écarts ne furent plus possibles. On étudia les exemples; on possédait aussi des règles; enfin, viennent les commandes, et chaque artiste sembla instruit et en état de produire les plus grandes choses! Ce fait important n'avait pas échappé à la haute sagacité de l'un de nos historiens de l'art[1] : « Je ne dois pas omettre non plus une influence qui tendit à effacer le caractère national et tranché que d'autres circonstances contribuaient à maintenir dans les arts et l'industrie de chaque pays : je ne veux pas parler de la facilité des communications; j'en reconnais la portée; mais, j'entends signaler l'influence des estampes qui circulèrent dans les ateliers pendant tout le XVIe siècle. Il ne s'agit pas des progrès de la gravure elle-même. Notre art trouva, à chaque époque, ses fidèles et éloquents traducteurs : l'école de Fontainebleau a été gravée avec les qualités qui conviennent à son style, à son abondance, à sa facilité. Je ne veux parler que des estampes étrangères. La France subit, moins que les pays voisins, l'Allemagne et l'Angleterre, l'espèce de nivellement opéré par l'étude de ces reproductions fidèles; elle le subit cependant, et la collection des Marc-Antoine et des Albert Durer, celle des petits maîtres allemands, les gravures ainsi que les vieilles gravures, représentent parfois, sur l'un des points de leurs estampes, quelques artistes de l'époque, architectes ou autres, occupés à mesurer et étudier les édifices ou à dessiner quelque œuvre de sculpture. C'est là un trait de mœurs pris, pour ainsi dire, sur le fait et à une date qui correspond presque, pour Lafréri du moins, à celle qui nous occupe. On y peut suivre tous les incidents des travaux des artistes à Rome vers le milieu du XVIe siècle, et ce renseignement, selon nous, jette un certain jour, qui nous permet de les suivre, à tant de siècles de distance, en face de ces œuvres qui les passionnaient tant!

1. M. le comte LÉON DE LA BORDE, *Rapport sur l'application des Arts à l'Industrie*, etc., pag. 87-88.

spéciales d'ornements pour la bijouterie, l'orfévrerie, la damasquinerie, la broderie et les dentelles[1], qu'elles vinssent de l'Allemagne ou de l'Italie, pénétrèrent, avec les compositions de l'école de Fontainebleau, dans l'immense domaine de l'industrie: faïences, émaux, sculpture d'ornementation dans l'architecture et dans les meubles, damasquinerie et gravure dans le métal, sont les imitations, plus ou moins fidèles, plus ou moins habilement déguisées, de ces modèles. » — Ces divers recueils, joints au traité de Vitruve et aux dessins faits en voyage, constituaient, pour la plupart des artistes, le matériel ordinaire d'étude et de travail, à l'exception, toutefois, de ceux qui, dans la capitale ou dans les lieux à monuments antiques et riches de collections, pouvaient y ajouter ces précieux avantages. Tels étaient donc, vers le milieu du XVI° siècle en France, les divers moyens d'étude ainsi que les principaux éléments à l'aide desquels les artistes s'instruisaient dans la connaissance et la pratique de leur art.

Ces différentes causes indiquées, connues et analysées, si, maintenant, on généralise les résultats de leur action ou de leur puissant ensemble, et si l'on cherche à en déduire les conséquences sur la marche de la civilisation française à cette époque, on est contraint de reconnaître qu'elles accrurent naturellement le cercle des connaissances, quelles développèrent le goût des arts, qu'elles formèrent le jugement ou l'appréciation et qu'elles vulgarisèrent, enfin, des idées, nouvelles encore, pour le pays ; nous dirons plus : elles durent exercer une influence profonde et salutaire sur les artistes, alors sous le charme et sous l'impression des œuvres venues de l'Italie. Or, au milieu d'un tel concours de circonstances, toutes si favorables au développement de l'art, comment ne pas admettre, pour en revenir à Goujon ou à ce qui le concerne, que la vraisemblance de la communication des dessins de Bullant et de

---

[1]. Qu'il nous soit permis, au seul point de vue de l'étude de l'architecture et de la plastique, d'ajouter la mention de quelques *ouvrages à estampes*, dont la publication eut alors une grande influence. D'abord, les *Monuments de Vérone* (1540), par Torelli, la *Topographie de Rome*, par Marliani (1530 et 1544), et les *Édifices de Nîmes*, par Poldo d'Albenas (1557), tous ornés de gravures sur bois; puis, le Recueil, composé de planches sur métal, de l'éditeur français établi à Rome et nommé Lafréri. Les gravures de ce dernier livre, reproduisant les *Édifices de Rome, ainsi que les plus remarquables statues, groupes, bas-reliefs*, etc., parurent isolément avant d'être réunies en un volume. Mais, il en est, parmi elles, un certain nombre, les plus anciennes comme faire, qui manquent de dates et dont l'exécution semble remonter à la fin du premier tiers du XVI° siècle, tandis que d'autres portent des légendes, des noms de graveurs et des années de publication. Ces dates partent de l'an 1546 pour descendre jusque vers la fin de ce siècle, époque où l'éditeur réunit les planches, au nombre de cent dix-huit, dont plusieurs doubles, en un volume de format grand in-folio auquel il donna le titre de : SPECVLVM ROMANAE MAGNIFICENTIAE. OMNIA FERE QVAECVNQ. IN VRBE MONVMENTA EXTANT. PARTIM IVXTA ANTIQVAM. PARTIM IVXTA HODIERNAM FORMAM ACCVRATISS. DELINEATA REPRAESENTANS. *Accesserunt non paucœ, tum antiquarum, tum modernarum rerum vrbis figurœ nunquam antehac œditœ*; Sans lieu, ni année. Les plus récentes planches portent les dates de 1579 et 1584. — Dès le premier tiers du XVI° siècle, on avait compris l'utilité, la nécessité, réclamée peut-être, de reproduire par la gravure, alors dans l'enfance, les plus belles œuvres de l'art antique, et des artistes, pour satisfaire cette passion dominante, entreprirent de les répandre dans le public. Cependant, un Français, un Bourguignon, un habitant de Salins, le nommé Antoine Lafréri, voulut centraliser l'œuvre, et, dès ce moment, presque toutes les planches portèrent son nom. Elles se vendaient dès lors à Rome, où tous les artistes étrangers ou italiens pouvaient les acquérir; enfin, des envois purent en être faits en Allemagne, en France, en Flandre, etc., où elles se répandirent et passèrent, avec la circulation, dans les mains de la société et dans l'atelier des artistes. Ces gravures reproduisaient l'aspect général des édifices. Leur rapprochement des dessins de détails cotés, pris par les architectes, leur donnaient un grand et double intérêt, comme étude architecturale et comme travail de gravure monumentale à cette époque; aussi, soit isolées, soit réunies en corps d'ouvrage, ces planches eurent-elles la plus grande vogue. Une telle faveur s'explique. C'était un Recueil d'une valeur capitale, comme ce fut aussi la première grande publication, réellement artistique, sur les monuments et les œuvres de l'art antique, nouvellement découverts ou explorés; et cette publication, produite au moment de l'enthousiasme, répondit, par sa nature, au goût, aux besoins ainsi qu'aux désirs de la société. Elle eut donc une immense action. Longtemps, ce magnifique Recueil conserva sa faveur, et, aujourd'hui encore, après trois siècles de distance et malgré la publication des travaux d'un autre ordre, il est encore apprécié ou consulté avec fruit, intérêt et recueillement, par les hommes sérieux; car, indépendamment du mérite qu'on lui reconnaît pour les notions qu'il donne sur des choses qui ont changé, on l'estime encore comme un de ces livres qui font époque et dont la destinée ou le sort est de ne pas périr. Nous reviendrons sur ce recueil.

De l'Orme ; que la vue des bas-reliefs, des statues ou des camées antiques; que celle des tableaux de Vinci, de Raphaël, de Del Sarte, du Primatice ou d'autres; que la fréquentation de la colonie de Fontainebleau ; enfin, que des rapports, assez présumables, avec l'architecte Serlio; comment, disons-nous, ne pas admettre qu'une nature d'élite, qu'une organisation du genre de celle de cet artiste restât indifférente ou muette et ne fût pas vivement impressionnée, modifiée, inspirée ; et comment encore se refuser à croire que de tels monuments, joints à ses relations avec les artistes des deux écoles contemporaines d'art en France, n'aient pas eu, sur lui, ce résultat, cette influence, lorsqu'au contraire tout semblerait dire que ses prédispositions naturelles n'attendaient, peut-être, que ces révélations, que ce contact pour développer les qualités, en partie latentes, de cet éminent artiste ! Ainsi que beaucoup d'autres et plus que tout autre, Goujon sut comprendre et l'art antique, et le texte de Vitruve, et les dessins de ses collègues, et les travaux des maîtres italiens. Sans aucun doute, il dut les apprécier. Tout fait même sentir qu'il y trouva des modèles ou des leçons, et que celles-ci devinrent alors comme autant d'initiations capables de lui révéler des choses, qu'il ne copia point, mais dont il sut tirer, avec bonheur, un fort heureux parti [1].

Le terrain étant donc préparé et bien préparé, Goujon semble avoir subi la conséquence des choses, c'est-à-dire la marche naturelle du développement de la civilisation et de l'art en France. — Émule de François Ier, sur ce point, Goujon aspira l'art antique, qui lui parut la vérité suprême; mais, à l'influence de ce courant, à cet amour, à cette passion, il combina, il joignit quelque chose : sa nature, ses idées, son goût, son âme, ses qualités enfin, qui produisirent son originalité propre ou son style. C'est ici qu'il conviendrait, peut-être, de déterminer ce style, et de chercher à découvrir comment Goujon acquit ce cachet qui le distingue entre tous les maîtres de la Renaissance. Pour cela, il faut, d'abord, définir le caractère de ses œuvres (nous parlons de ses sculptures), et arriver, ensuite, par des rapprochements, à connaître les points d'influence, de contact ou de similitude, qui accuseront le novateur ou le copiste. Réduit aux seuls travaux connus, c'est-à-dire à ceux qui nous restent, peut-on juger, approfondir complètement cette importante question? C'est là un point fort difficile à résoudre, et nous le prouverons bientôt. Mais, en se restreignant avec des réserves, peut-être, et contrairement à l'opinion générale, arriverait-on, dans quelques-unes de ses œuvres, à constater, ce qui révèle des phases ou des transformations chez l'artiste, le résultat des influences romaines et l'action indirecte mais encore appréciable de l'école de Fontainebleau, l'une et l'autre, également modifiées, sans nul doute, par ses études de l'antique, son exquise finesse, et, surtout, par ses idées particulières [2]. En effet, lors-

---

1. Faut-il rappeler ici, comme seule preuve, ces ravissantes figures, qu'il plaçait dans les tympans, et dont il vit sans doute le type sur les dessins ou les gravures reproduisant ces *Renommées* qui décorent les arcs de triomphe, à Rome ?

2. Voici ce que pense, à ce sujet, M. Émeric David : « ... Ce qui est très-vraisemblable, c'est qu'il ne reçut pas son instruction à Fontainebleau; car, ni Vasari, ni Felibien ne l'ont compris parmi les élèves de cette école, et, à coup sûr, Felibien surtout n'eût point oublié un nom aussi célèbre. On le voit, au contraire, lié avec l'abbé de Clany (sic), qui ne dut avoir rien de commun avec le Primatice. Il appartenait, par conséquent, par sa première éducation, et peut-être par sa naissance, à quelqu'une des écoles indigènes, ou, dans un sens plus général, à l'ancienne école française qui florissait avant François Ier. — Soit toutefois, qu'à son insu, la mode exerça sur lui quelque empire, soit que son goût le portât naturellement vers cette grâce un peu recherchée dont François Ier établit le règne parmi nous, il nous semble avoir dérobé, pour composer son style, au Parmesan l'élégance de ses formes, au Corrège la coquetterie de ses attitudes, à l'antique l'esprit de ses bas-reliefs et le caractère de ses draperies; mais, la nature, seule, lui a donné la précision de ses contours et l'âme de ses personnages. Quand il jetait, sur ses renommées et sur ses cariatides, ces abondantes étoffes, dont les plis moel-

qu'on se trouve en présence des œuvres de Goujon, leur caractère se distingue aussitôt des sculptures de Cousin et de Pilon, ses contemporains. On y remarque une élégance dont la nature est due à l'élancement ou à la sveltesse des proportions; des poses naturelles et réussies, c'est-à-dire un heureux mouvement dans les lignes; on y trouve une grâce parfaite dans la composition des figures ou des types; des contours harmonieux; une certaine vérité d'agencement dans le jet des draperies; enfin, un ensemble qui séduit et qui charme, parce que l'auteur, s'il fait des concessions pour plaire, les rachète amplement par des qualités précieuses et aussi incontestables qu'incontestées. Ajoutons encore que tout cela est rendu, avec un rare bonheur, en un genre de sculpture qui lui est propre et dans lequel il règne sans égal. C'est comme une espèce de bas-relief méplat[1], ayant cependant assez de saillie pour établir des plans et produire certains effets, dus exclusivement aux idées, au goût, aux études ainsi qu'au talent de notre grand artiste. Telles sont, en quelques mots, les qualités brillantes qui recommandent les sculptures de Jean Goujon, et telles sont aussi les conditions qui lui assignent une place si éminente dans les rangs de l'école française. Or, ces qualités ont un fond, une origine, et ceux-ci, tout le fait croire, il les doit, vraisemblablement, aux causes que nous avons indiquées, mais, plus spécialement, à sa profonde étude des œuvres de la plastique et de l'architecture romaines. Sur ce dernier point, qu'on veuille bien nous permettre de placer ici une hypothèse ainsi qu'un rapprochement. Sa collaboration avec Bullant et De l'Orme lui a été sans doute d'un grand secours, comme elle a dû, très-certainement aussi, lui être fort utile; car, ces deux architectes, étant allés en Italie pour y étudier les œuvres de l'art, furent naturellement portés à en faire des dessins, qu'ils rapportèrent en France. Or, ces dessins, selon nous, durent être souvent consultés et montrés; il nous semble même que, grâce à leurs bons rapports, à leur coopération, à leur confraternité, non-seulement Goujon put les voir, mais qu'ils lui furent prêtés ou communiqués; et, alors, quoi de plus naturel d'admettre qu'agissant sur cette nature d'élite et si bien disposée, leur action exerçât, conjointement avec la vue des œuvres exposées à Fontainebleau, où cet artiste put les voir, une influence plus ou moins considérable, qui dut modifier son style et lui inspirer le gracieux type de ses figures. De sa part, ce put être le fruit d'une des plus heureuses assimilations! Tous ces faits semblent donc avoir profondément agi sur l'esprit de cet artiste; mais, s'ils lui fournirent des enseignements, il n'en profita que pour se créer une originalité qui le rendit maître sans rival, ce que comprirent Bullant et De l'Orme, en se l'associant à leurs travaux.

Ainsi, malgré les recherches des historiens de l'art, plusieurs questions capitales restent encore à résoudre au sujet de notre grand sculpteur. Comment s'est créé son style, quelles furent ses études et subit-il des influences; ce qui,

---

leux enrichissent avec tant de magnificence ses compositions, connaissait-il les frontons du Parthénon ? Le fait est peu vraisemblable. Les draperies de la statue, dite *Cléopâtre mourante*, qui est une de celles dont François Ier orna Fontainebleau, quelques pierres gravées, quelques vases antiques purent l'inspirer; mais, son beau génie n'avait pas besoin de modèles; il en créa lui-même d'inimitables à ses successeurs. Ce qui doit le plus étonner dans un maître qui s'est prêté avec tant d'esprit au goût dominant de ses contemporains, c'est la variété de ses productions... » *Histoire de la Sculpture Française*; publiée par M. Paul Lacroix; Paris, 1853, 1 vol. in-18 (pag. 168-169).

1. « C'est surtout dans le bas-relief composé, genre qui participe à la fois de la peinture et de la sculpture, quant au calcul des plans et de l'effet et à l'agencement des groupes, que Goujon excelle au point de surpasser tous ses rivaux, de désespérer à jamais ses imitateurs; et, cependant, ses contours sont à peine saillants, comme pour laisser à la construction, que la sculpture décore, tout l'aspect de solidité matérielle qui doit distinguer le principal de l'accessoire. » Dusommerard, *Les Arts au Moyen Age*, etc.; Tome 1, page 262.

naturellement, en amène une suite d'autres, encore plus insolubles : Où est né cet artiste, quel fut son maître et eût-il des transformations? — Avant tout, nous devons reconnaître qu'il s'agit ici d'une de ces organisations d'élite, d'une de ces vocations hors ligne, d'une de ces prédestinations artistiques, que la seule vue d'un objet révèle et pousse en avant dans sa voie. A ce point de vue et sous ce rapport, Goujon offrirait une certaine similitude avec le grand sculpteur Nicolas, de Pise. Mais, essayons, s'il se peut, de découvrir comment a pu se développer le talent de cet artiste, et voyons si l'ordre chronologique de ses œuvres ne pourrait pas fournir quelque lumière ou donner quelque renseignement sur ce point. — A la première mention qui est faite de Goujon, on le voit travaillant, à Rouen, dans l'église de Saint-Maclou. Les archives de la fabrique de cette paroisse relatent ainsi les travaux qu'il y exécuta en 1540 et en 1541 : ... « ung pied d'estalle pour servir aux orgues de Saint-Maclou, moyennant 57 sols 6 deniers; — le payement de 35 escus sols (valant 78 livres 15 sols), pour un autre marché; — de 5 sols pour son vin; — de 30 sols tournois pour avoir faict le devis de peindre les orgues. » — On lui attribue encore l'exécution des remarquables vantaux, dont le prix lui aurait été payé, dit-on, à raison de 12 sols par jour [1]. — Peu après cette époque, Goujon est appelé à l'église cathédrale de cette ville, et un compte de ses archives, où il est désigné comme *tailleur de pierre* et *masson*, fait connaître le nombre ainsi que la nature des ouvrages dont on le chargea. Il s'agit d'abord de la tête sculptée de Georges d'Amboise II, que celui-ci avait commandée avant son élévation au cardinalat : « Année 1541-1542, Jean Goujon, tailleur de pierre et masson, pour faire la teste du prians [2] et sépulture [3] de monseigneur, et parfaire et asseoir icelle en sa place où elle doibt demourer, par le marché du vi° avril et par ses quittances, xxx l[t]. » — Puis, le même compte renferme encore la mention des « pourtraits du portail et de la fontaine, pour 6 livres 15 sols [4]. » — Cette mention des premiers travaux connus de Goujon en constate de deux espèces ou de deux ordres ; mais, leur nature offre certains points de contact où ils viennent presque se confondre. Nous voulons parler d'*architecture ornée, sculpturée*, et de *sculpture* ou de *statuaire* proprement dite ; et c'est, peut-être, le cas de reparler de cette qualification d'archi-

---

1. Malgré son extrême modicité, en raison du talent de l'homme et du mérite de l'œuvre, ce salaire paraîtra encore exorbitant, si l'on compare le prix de ces journées avec celles des maîtres tailleurs de pierres du siècle précédent, si curieusement constatées surtout aux précieux *Mémoires de la Commission des Antiquités de la Côte-d'Or* (Voir au chapitre V), et qui, selon Poncet de la Grave (*Mémoire intéressant sur les Maisons Royales*; Tome Ier), ne gagnaient, en 1362, que 4 sous par jour, les maçons 3 sous, les compagnons 2 sous, les valets ou manœuvres 8 deniers; mais, il faut considérer que d'après la progression du taux du marc d'argent, qui était de 5 fr. 13 sols, à cette époque, et de plus de 15 fr., en 1550, les 12 sous, payés à Jean Goujon, représentaient exactement les 4 sous que touchait, par exemple, Jean de Saint-Romain, à qui la statue en pierre, haute de quatre pieds, de Charles V, tenant son sceptre, placée au pignon de la porte du Louvre, fut payée 6 livres 8 sous, équivalant, comme l'observe M. de Clarac (Tome I, page 288), à 62 fr. 32 c., somme dont ne se contenterait pas aujourd'hui le plus obscur tailleur de pierres pour un travail analogue. » DUSOMMERARD, *Les Arts au Moyen Age*, etc.; Paris; Tome I, page 263.

2. « ... Cette figure, taillée dans le marbre par Jean Goujon, représentait le second Georges d'Amboise, en costume d'archevêque. Trois ans après, ayant été nommé cardinal, il ordonna par son testament, fait le 24 août, veille de sa mort, que l'on substituât à sa statue une autre figure revêtue des insignes de sa nouvelle dignité. Cet ordre, malheureusement, fut exécuté, et une statue, de peu de mérite, remplaça celle de Goujon, qui a disparu. » DEVILLE, *Tombeaux de la cathédrale de Rouen*.

3. Il semblerait, d'après ces mots : *et sépulture*, que le concours de Goujon ne se borna point à la seule exécution de la tête de Georges d'Amboise.

4. DEVILLE, *Tombeaux de la cathédrale de Rouen*.

tecte, donnée à cet artiste, qualification réduite par le compte des archives de la cathédrale au titre de *masson*[1], dont le rôle doit avoir eu une portée restreinte; car, la part de l'architecture, dans ce support d'orgues, est peu importante, et son établissement servit sans doute de thème ou de cadre au sculpteur, qui voulut, plus ou moins, y introduire des ornements, des bas-reliefs et des figures. Toutefois, s'il ne nous est pas permis de reconnaître, dans ces œuvres, une grande somme de science architecturale, nous ne pouvons nous dissimuler que, plus tard, cette partie des études de Goujon ne s'étendit, ne se développa, et, à ce point même, qu'il saura en parler magistralement et l'appliquer à de petits édifices. Le caractère ou le style particulier de Goujon, à cette époque, dut vraisemblablement se ressentir de la nature ou des conditions de l'art sous le règne de François Ier, et, comme la plupart des artistes de ce temps, il connaissait à la fois le dessin, la plastique et l'architecture, mais dans une mesure, peut-être encore secondaire, relativement. Ici, vient se placer la mystérieuse question d'origine : Fut-il Normand ou Parisien? on ne le sait; puis, s'en présentent d'autres non moins obscures : où fit-il ses études et dans quelle voie les diririgea-t-on? Deux nouveaux points, qui restent également sans réponse. Mais, quittons ce terrain du vague et de l'hypothèse pour celui des faits connus, et transportons-nous dans la capitale, où les œuvres et les documents pourront, peut-être, jeter plus de lumière.

En 1541, Goujon avait quitté Rouen ; nous le voyons à Paris. Il travaille, comme *tailleur d'ymages*, sous la direction de Pierre Lescot, au jubé de l'église de Saint-Germain l'Auxerrois[2], et, le 18 mai 1542, il reçoit « la somme de dix escus d'or soleil[3], » à valoir sur les sculptures qu'il faisait pour son décor[4]. Le temps nécessaire à leur exécution s'étendit de 1541 à 1544. — A peine arrivé dans la capitale, Goujon entre en rapport avec Pierre Lescot, et ils collaborent ensemble. Les ouvrages qu'il exécute ont déjà une certaine valeur, un certain mérite. Nous les pouvons apprécier. Ils lui ont acquis l'estime de Lescot, et cette collaboration produisit, sans doute, ses conséquences. Très-vraisembla-

---

1. « L'emploi alternatif, dans les actes, des désignations de *maître sculpteur* ou de *tailleur de pierres*, même de *maçon*, n'impliquait pas de distinction de rang dans le même art. Jean Goujon aussi est traité de *tailleur de pierres* et *maçon*, dans les titres extraits des Archives de la cathédrale de Rouen, où l'on voit qu'en 1520 et 1521, ces artistes recevaient, en général, 5 sols par jour; les ymaginiers, de 6 sols et demi à 7 et demi, et un seul, sans doute le chef ou le plus habile, nommé Pierre Desaubeaulx, 20 sols, équivalant à 3 fr. 60 c. de notre monnaie (DEVILLE, *Tombeaux de la cathédrale de Rouen;* pag. 96 et 100). — Cette dénomination de *masson* ne comportait d'ailleurs pas alors l'espèce de ravalement sous-entendu dans l'application qu'en fit Boileau à l'architecte Perrault, soit quelle fût inhérente à l'état de sculpteur, ou que l'artiste, chargé de la taille du marbre, le fût en même temps des travaux de maçonnerie nécessaires pour la mise en place. » (*Mémoires de la Commission des Antiquités de la Côte-d'Or;* page 33 à 37.)

2. « Ce jubé étoit porté sur trois arcades, dont celle du milieu formoit la principale porte du chœur, et dans la baye de chacune des deux autres, étoit un petit autel enfermé par un balustre. Aux extrêmités de ce jubé étoient deux autels saillants, sur lesquels on voyait les statues en pierre de la Vierge et de saint Louis, assez mal sculptées. Les jambages de ces arcades étoient revêtu chacun de deux colonnes corinthiennes, et leurs cintres étoient ornés de figures d'anges en bas-reliefs, qui tenoient à la main les instruments de la Passion. Sur l'appui du jubé, on voyait les quatres Evangélistes posés au-dessus des colonnes. Au milieu étoit un grand bas-relief qui représentait Nicodème ensevelissant Jésus-Christ en présence de la Vierge, de saint Jean et des Maries. L'ordonnance, la conduite et l'éxécution formoient de ce bas-relief un morceau admirable, et qui l'étoit encore davantage avant que les marguillers se fussent avisés de le faire dorer, sans prévoir que la dorure ne pourrait qu'en diminuer la beauté. » PIGANIOL, *Description de Paris;* édition de 1765; Tome II, page 194.

3. M. le comte LÉON DE LA BORDE ; article inséré dans le *Journal des Débats*, du 12 mars 1850.

4. En 1743, lorsque ce jubé fut supprimé, on comprit heureusement la valeur des sculptures de Jean Goujon, et des ordres furent donnés pour qu'on les conservât à l'admiration des siècles. Les plus remarquables morceaux font maintenant partie de la division de la *Sculpture de la Renaissance* au Musée du Louvre, et elles représentent « une Nostre-Dame-de-Pitié et quatre Evangélistes a demye taille. »

blement, des rapports d'amitié s'établissent entre ces deux intelligences. On parle d'art. Lescot, avec ses idées classiques, entraîne Goujon dans l'étude approfondie des monuments romains et dans celle du livre de Vitruve. Naturellement préparé, Goujon profite de ses avis et acquiert bientôt une science telle qu'un peu plus tard il sera choisi pour écrire sur l'architecture antique, et que, dans son travail, il parlera de son maître, collaborateur et ami, en des termes qui prouvent à la fois et le talent de l'architecte du Louvre et la sagacité de l'élève, devenu maître, à son tour. Voici comment il s'exprime : « Toutesfois, j'en congnois plusieurs autres qui sont capables de ce faire (escrire et figurer beaucoup de choses selon les règles de Vitruve), néantmoins ilz ne s'en sont encores mis en peine : et pourtant ne sont dignes de petite louenge. Entre ceux-là ce peut compter le seigneur de Clagny, Parisien [1]. » Ainsi, on le voit par ces quelques phrases, Goujon exalte ceux qui suivent les préceptes de Vitruve, et cette opinion accuse, dénote un esprit fortement pénétré des principes de l'art gréco-romain. Ce goût et cette passion devaient se développer encore au contact de deux autres artistes. L'événement ne se fit pas attendre. Bullant est chargé par le connétable Anne de Montmorency, retiré à Ecouen, de reconstruire son château. Pour l'exécution des sculptures, cet architecte s'empresse de faire des démarches près de Goujon, dont la renommée s'étendait au loin. Bullant était allé faire des études en Italie, et il en avait rapporté des dessins, exécutés d'après les plus belles œuvres antiques et celles des grands artistes modernes. Pendant leurs entrevues, ces dessins furent sans doute communiqués à Goujon, qui s'en enflamma. Lescot aimait aussi l'art antique ; mais, il n'avait pas vu les monuments de Rome. Bullant, au contraire, y moissonna dès son jeune âge ; et, comme c'était, à cette époque, une passion, un enthousiasme dans la haute classe et chez la plupart des artistes, Goujon, tout en conservant ses idées propres, son individualité, prit, avec plaisir et bonheur, conseil à cette source qu'il estimait suprême ; aussi, nos deux artistes, à Ecouen, se donnent-ils carrière sur ce terrain ; car, si d'un côté, Bullant agence des parties d'anciens édifices, Goujon, de l'autre, s'inspire des renommées des arcs de triomphe, et distribue, dans son ornementation, certains détails pris aux sculptures de la colonne trajane et ailleurs. L'art romain triomphe, là, sur toute la ligne et sur une large échelle. La collaboration ainsi que les rapports de Bullant eurent donc de grands résultats pour Goujon, et la condition ainsi que le caractère des travaux qu'il répandit dans cet édifice donnent une connaissance, déjà complète, du courant de ses idées, à cette époque. Mais, revenons à Paris. — Une autre circonstance, tout aussi favorable au développement de sa belle nature et de son beau talent, vint, de nouveau, s'offrir à lui. Il s'agissait du décor extérieur et intérieur du Louvre. Goujon se mit aussitôt à l'œuvre, et personne n'ignore qu'il fut chargé seul de cette ornementation [2]. Il fit notamment les dessins ainsi que les sculptures des demi-reliefs de l'attique [3]. Mais, engagé dans une si vaste entreprise, Goujon dut s'associer des collaborateurs [4] ; on dit même

---

1. Pierre Lescot était, par sa mère, seigneur de Clagny.

2. SAUVAL, *Histoire de Paris*; Tome II, page 29. — On sait que cet écrivain puisait ses documents aux Archives de la Cour des Comptes, et il répète plusieurs fois la même assertion ; Tome III, page 15.

3. SAUVAL, *Histoire de Paris*; Tome II, page 26.

4. GERMAIN BRICE dit qu'il y a, dans l'attique, quelque chose de Paul Ponce, sculpteur renommé, qui a beaucoup travaillé à Fontainebleau. *Histoire de Paris*; Tome I, page 51.

que la célèbre tribune, dite des Cariatides, aurait été dessinée par Lescot[1]. Cependant, l'exécution, si splendide et si magistrale, de cette œuvre n'en reste pas moins acquise à Goujon, qui mit, là, le sceau à sa réputation[2], et ce fut, vraisemblablement, à cette époque qu'il reçut ce titre d'Architecte du Roi, comme nous l'apprend Martin, son collaborateur littéraire. Dès ce moment, Goujon semble avoir acquis toute la plénitude de son talent, c'est-à-dire avoir atteint l'apogée, le *summum* ou le point culminant de sa puissance dans l'art de la sculpture. A partir de ce jour, il marche, seul et sans rival, dans une voie où il règne en maître ; aussi, ses travaux successifs, à Anet, à la fontaine des Nymphes, à l'hôtel Carnavalet, etc., n'offriront-ils plus que des multiples, où se retrouveront, avec des variantes, les mêmes qualités précieuses de grandeur, de finesse, d'élégance et d'exécution, qui, prises dans leur ordre, resteront, pour le monde, des sujets d'une admiration éternelle !

Ces notions produites, il faut, pour quelques instants, revenir sur nos pas. Essayons de nous rendre compte de ces rapports, déjà indiqués, entre Goujon, Bullant et De l'Orme, et voyons aussi quels purent en être les résultats ou les conséquences, surtout dans leur combinaison à la vraisemblable fréquentation des artistes italiens à Fontainebleau ainsi qu'à la vue des anciennes et modernes œuvres, rapportées d'Italie ; ce sera comme une revue à grands traits des événements ou des faits relatifs à la personne de cet artiste. — Dès son arrivée à Paris, Goujon a le bonheur d'entrer en rapport avec les hommes marquants de l'art. C'est, à cette époque, qu'il lui est donné de connaître Lescot. Ici, commencent, sans doute, des études communes, nécessaires aux besoins de leur mutuelle collaboration. On y parle d'art et de nouveautés ; on approfondit Vitruve ; on discute les œuvres antiques, et celles-ci frappent l'intelligence de Goujon, qui, bientôt, se révèle. Un changement s'opère dans les idées de cet artiste. Il entre dans sa voie ; on l'apprécie, et, dès lors, il appelle sur lui l'attention ; aussi, les circonstances le favorisent-elles et sa renommée le porte au loin. C'est, là, sa première étape. Mais, il ne lui fut réellement donné d'acquérir son talent et son originalité que, plus tard, lorsqu'il eut l'occasion de connaître Bullant et De l'Orme. On voit, là, on sent, là, deux pages considérables de la vie de Goujon ; car, elles marquent une transformation nouvelle. Des études qu'ils firent en Italie, Bullant et De l'Orme avaient rapporté des dessins d'espèces diverses. Ceux d'architecture comportaient, sans doute, des aspects d'ensemble et des détails, relevés et mesurés avec cotes ; ceux de plastique reproduisaient des compositions en bas-reliefs ainsi que l'élite des plus belles statues, récemment découvertes ; enfin, les copies d'œuvres de peinture retraçaient les ornements des bains de Titus, etc. Toutefois, ces monuments n'absorbèrent pas, seuls, la pensée de Bullant et de De l'Orme. Les édifices civils de la Renaissance les avaient encore vivement impressionnés ; ils éprouvèrent une émotion profonde à l'aspect de la splendeur, ainsi que de la magnificence des palais et des villas pontificales ou autres. Partout et de toutes parts, apparaissaient des trésors de peinture et de plastique modernes, dont les éléments accusaient des emprunts

---

1. « Sur le crayon de la main dudit sieur de Clany, si fort estoit, pour ce regard, le naturel en ce personnage de bonne maison. » PHILOSTRATE, *Tableaux de Plate Peinture*; trad. par Blaise de Vigenère ; Note de l'édition de 1614 et suiv.

2. « Et voilà, dit un de nos archéologues, l'homme qui, vers ce temps même, recevait, pour salaire de ses beaux travaux, ce que, toute conversion de valeur faite, nous n'oserions pas offrir au dernier de nos manœuvres ! Comment concevoir, par exemple, qu'il ait exécuté, comme nous l'apprend Sauval, pour 80 écus sous (moins de 600 fr., aujourd'hui), chacune des admirables cariatides en pierre qui soutiennent la belle tribune du Louvre? DUSOMMERARD, *Les Arts au Moyen Age*, etc.; Tome I, page 262.

faits à l'antique. En présence de ces grandes œuvres d'un art, dit renouvelé, nos deux artistes ne durent rester insensibles; et, prenant, dès lors sans doute, la résolution d'appliquer, à leur retour en France, les leçons qu'ils recevaient de leur examen, ils ouvrirent une nouvelle série d'études d'après les travaux créés par Bramante, Michel-Ange, Raphaël, etc., c'est-à-dire par cette phalange de génies illustres que la papauté eut la gloire de réunir autour d'elle, et qui, dans ses grands jours d'apparat, de pompes et de fêtes, au milieu du faste des princes et de la noblesse, rehaussait l'éclat de sa cour et lui faisait un si brillant et si splendide cortége. Cette nouvelle suite de dessins, tout porte à le croire, dut encore être examinée, consultée, à titre d'enseignements, dans ces entretiens, dans ces conférences familières d'une mutuelle et amicale collaboration. A cette époque, ils formaient, avec le livre de Vitruve et la visite des collections, l'arsenal ordinaire de travail, ou, si l'on peut dire, l'outillage particulier des architectes et des artistes; aussi, la vue de ces trésors dut-elle produire son effet sur Goujon et changer sans doute quelques-unes de ses idées d'art. Sous leur action, son esprit se passionne; ses études prennent une direction nouvelle, et il est même permis de penser que, s'assimilant, mais sans servilisme, certaines parties de ces œuvres, il créa ce gracieux style qui constitue son admirable originalité. Cependant, il ne faut pas oublier que, là, ne se bornèrent point les influences qui purent agir sur Goujon. L'analyse des anciennes et modernes œuvres, venues d'Italie, jointe au contact, surtout, avec les artistes de l'école de Fontainebleau, durent encore apporter leur part de modification, de transformation dans l'essence de son dessin et de son faire. Quoi qu'il en soit, Goujon, à partir de ce moment, devint le roi de la sculpture, et il conquit, au dire de ses contemporains[1], une réputation justement méritée. Ainsi, il lui suffit, peut-être, de la vue des grandes œuvres de l'art, soit en originaux, soit d'après des copies, qu'il s'assimila suivant son goût, ses idées ou sa nature, pour produire ces compositions charmantes mais d'un caractère si élevé, qui font et feront toujours sa gloire et celle aussi de l'école française, au XVIe siècle. Parvenu à ce point, poursuivrons-nous cette étude? Elle ne nous apprendrait rien de plus. En effet, l'artiste a formé son style; il marche dans sa splendeur, et il est apprécié de tous : de Lescot, de Bullant, de De l'Orme, du roi, des grands et de la société! Que pouvait-il désirer davantage?

Disons, toutefois, que, pour apprécier complétement Goujon et l'étudier d'une manière sérieuse, il faudrait posséder la série intégrale de ses œuvres; il faudrait pouvoir les classer selon l'ordre chronologique de leur exécution, ou en rapprocher, en l'absence des originaux, les meilleures reproductions graphiques. De cette manière et grâce à ce classement, on pourrait, pour ainsi dire, suivre pas à pas les essais, les tentatives de l'artiste; on y constaterait les transformations de son style; on y saisirait les causes qui les produisirent; on y dégagerait, enfin, les parts d'influences ou d'emprunts, comme celle aussi de ses assimilations jusqu'au jour où il acquit son originalité, son complet développement; car Goujon, pas plus qu'un autre, ne s'est produit ou manifesté tout d'un coup, et il a dû, comme la plupart, subir des phases de progression, qu'il est, plus ou moins, facile de saisir. Or, un tel travail d'investigation serait, sans nul doute,

---

1. En 1547, Jean Martin, son collaborateur littéraire, dans l'Avertissement de sa traduction de Vitruve, le reconnaît déjà, avec d'autres artistes, comme un « Excellent personnage, digne de l'immortalité; » — et, plus tard, en 1556, J. Gardet et D. Bertin, dans leur *Epitome* ou *Extrait des dix livres d'Architecture de Vitruve*, lui décernent, à leur tour, le titre de « Sculpteur et Architecte de grand bruit. »

de nature à porter la lumière; mais, il faut malheureusement le dire à l'égard de Goujon : la perte d'un certain nombre d'œuvres, la difficulté de connaître toutes celles qu'il exécuta, enfin l'impossibilité d'établir cette chronologie palpable, qui, seule, équivaudrait presque au manque de documents biographiques, puisqu'elle révélerait des particularités, rendent, sur ce point, toute espérance vaine, et laisseront, à tout jamais peut-être, de nombreuses lacunes qui ne seront pas facilement remplies. En effet, avec la pénurie de documents historiques, il n'y a guère lieu, à moins de découvertes imprévues, que d'en appeler aux œuvres pour obtenir quelques éclaircissements. Du reste, ce silence des écrivains ne doit point nous étonner, surtout à propos des artistes du XVIe siècle. Le goût des arts, dit un critique[1], n'était point assez répandu en France pour que les contemporains se fissent un devoir ou un plaisir d'en décrire les ouvrages et de recueillir des notions sur leurs auteurs. Ce n'est guère que dans les archives, dans les comptes et même dans les pièces ou les papiers domestiques, d'une nature généralement fragile, qu'on peut espérer quelques renseignements; mais, jusqu'à ce jour, aucune de ces sources n'a encore rien ou presque rien donné[2]; aussi, en est-on réduit, pour Goujon comme pour beaucoup d'autres artistes, au seul examen des ouvrages. En l'absence des documents, l'étude, l'analyse ou l'investigation parviendraient-elles à faire parler ces œuvres, et à leur arracher quelques révélations précieuses? C'est là un travail qu'il faut entreprendre, même avec ou sans l'espoir de réussir, et telle est notre volonté. En conséquence, nous nous proposons de publier successivement les œuvres de Goujon, et de les classer suivant leur ordre chronologique, afin de pouvoir saisir ses transformations diverses; nous y chercherons plus spécialement les parts d'influence, d'emprunt ou d'originalité qui peuvent s'y trouver, et, en agissant ainsi, peut-être y aura-t-il lieu de découvrir et de déterminer le caractère ou la nature de ses phases.

Dans ces quelques notes préliminaires, nous nous sommes efforcé de dégager le terrain, d'y mettre de l'ordre, de tirer quelques faits de minimes éléments, enfin d'éclaircir, s'il était possible, l'espèce d'obscurité qui plane sur les événements de la vie de Goujon et sur l'histoire de ses œuvres. Tout d'abord, nous avons dû constater l'absence de documents historiques, et, pour nous rendre compte de plusieurs points, il nous a fallu, à l'aide seulement de quelques lignes de lui et de ses contemporains, il nous a fallu procéder, mais avec la plus grande réserve, par induction ou par hypothèse. Or, il est résulté, comme déduction de ces conjectures, un fait à peu près admissible : la vraisemblance d'action de plusieurs causes qui ont dû influer sur la nature de cet artiste et lui faire acquérir ce degré de valeur et de supériorité sur ses rivaux. Mais, là, doivent s'arrêter nos présentes études. Il nous reste, maintenant, pour compléter notre travail, à examiner minutieusement ses œuvres pour voir si, en effet, elles renferment des traces, plus ou moins manifestes, de ces différentes causes d'action ou d'influence. Ce sera l'objet des diverses monographies et notices qui vont suivre. Nous nous en tenons donc à ces quelques vues sur Goujon, et, dans nos prochains volumes, nous le considérerons, exclusivement ou tour à tour, sous le double point de vue de sculpteur et d'architecte.

---

1. QUATREMÈRE DE QUINCY, *Dictionnaire d'Architecture*, etc., au nom de SERLIO.
2. Voyez cependant l'article de M. le comte LÉON DE LA BORDE, publié dans le *Journal des Débats*, du 12 mars 1850.

— XVIIᵉ SIÈCLE — FRANCE — HENRI IV — LOUIS XIII —

PORTE D'ENTRÉE D'UN HOTEL, RUE DES FRANCS-BOURGEOIS, A PARIS

Le XVIIᵉ siècle continua, même en l'outre-passant, cette manie du bizarre et du fantasque, créée en Italie à l'époque précédente. Les excentricités de Michel Ange, aux portes Pie et Sermonete de Rome, avaient donné naissance à une série de compositions, d'un dessin plus ou moins capricieux, mais dont le principe ne fut, de la part des artistes, qu'une recherche de dispositions, prétendues nouvelles, conçues dans le seul but de faire preuve d'imagination. En effet, cette espèce de débauche artistique porterait à croire que les architectes n'eurent, vraisemblablement, en vue que de créer un moyen pour fixer l'attention, captiver le public et tâcher de parvenir. Telle semble avoir été, du moins, la pensée ou le courant des idées architecturales, en Europe et en France, au moment où l'on construisit cette grande porte d'entrée d'hôtel, à Paris, c'est-à-dire dans les premières années du XVIIᵉ siècle. — A cette date, tous les grands artistes de la Renaissance étaient morts; les troubles civils avaient fait négliger les questions d'art; presque partout, les monuments entrepris avaient été suspendus; enfin, il ne fallut rien moins que la pacification et l'avénement du roi Henri IV pour donner aux œuvres de l'intelligence une impulsion nouvelle. Aussi, ce ne fut guère qu'à partir de cette époque que recommencent les travaux en architecture, en plastique, en peinture, etc. Mais, l'art n'avait plus d'éminents guides. Du Cerceau, Du Pérac ainsi que les autres architectes qui étaient allés en Italie, ne vivaient plus; en quelques mots, on manquait d'hommes de talent. Il survint, alors, ce qui se produit en pareil cas. On fit de l'art lourd et de l'architecture bizarre, remplaçant la belle simplicité des œuvres conçues d'après les règles antiques par des compositions pesantes et surchargées, qui plurent malheureusement au siècle et qui le caractérisent. Le spécimen que nous publions fait connaître la pensée des architectes de cette époque en matière de composition des grandes portes d'entrée d'hôtels, et il nous offre un des plus curieux exemples de la transformation qu'elle subit alors en France, c'est-à-dire au moment où la vieille société du XVIᵉ siècle se voyait remplacée par cette autre société, qui devait introniser tant de réformes et de nouveautés dans la vie civile, les rapports sociaux, les manières, le langage, la distribution des demeures, etc.; toutes choses de nature, par elles-mêmes, à modifier, changer et renouveler l'esprit français et le monde! — Comme date, cette porte semble avoir été construite vers la fin du règne de Henri IV ou dans les premiers temps de la minorité de Louis XIII. Mais, nous avons dit qu'elle fait surtout connaître la composition des grandes portes d'hôtels. On y peut apprécier, par la comparaison ou par la pensée, le notable changement que les architectes y ont introduit, et ces modifications accusent l'inconstante mobilité du goût et de l'art à travers les siècles. Considérée au point de vue dit classique, on voit que les règles vitruviennes y sont faussées ou méconnues, et l'on y remarque un dévergondage qui doit mener, un jour, à l'oubli et à l'abandon des principes. Déjà, le fronton est coupé, ouvert ou éventré, afin d'en mo-

difier la forme et de produire de l'effet ou du pittoresque. Mais, une telle innovation, de la part de l'architecte, eut, sans doute, une cause pour raison d'être, et, cette cause, on pourrait, à la rigueur, l'attribuer à la volonté d'un ordonnateur, qui entendit placer, sur la façade de son hôtel, et, encore, dans le milieu du fronton de sa porte, soit des armoiries, soit un buste ou quelque autre objet, dont la nature nous est inconnue. Pour résoudre ce problème, l'architecte s'inspira vraisemblablement d'un ancien mode, usité pour le décor des parois extérieures de palais, d'hôtels ou de villas, et consistant en des niches de forme circulaire, destinées à recevoir des bustes, comme on en connaît quelques exemples; mais, ici, l'on fit la niche ovale, à cause de la forme ou des dispositions de l'objet à introduire. Ainsi, cette forme résulta donc, on peut le croire, d'une condition qui fut prescrite à l'architecte et dont celui-ci ne trouva d'autre moyen de sortir qu'en apportant cette modification forcée à la figure ordinaire du fronton curviligne. Du reste, l'excessive rareté de ce genre d'arrangement [1] méritait certes d'être signalée comme l'une des plus intéressantes particularités en matière d'ornementation des frontons de portes et comme l'une des plus curieuses transformations qu'on lui fit subir. Le dessin de toute cette composition de couronnement découlant, sans doute, d'une cause ou d'un motif imposé à l'architecte, il nous semble qu'on doit lui tenir compte du résultat obtenu, et reconnaître qu'en raison même des difficultés inhérentes à l'introduction de ce motif, il fut assez habile pour savoir en triompher avec bonheur; car, à l'exception de l'agencement malheureux de quelques éléments, l'ensemble présente une suite de dispositions qui se pondèrent et pyramident assez bien [2]. Dans ce programme, l'emploi du fronton continue toujours; mais, on remarque dans quelles conditions. L'ordre est supprimé; un système de consoles prend la place des supports; on emploie les porte-à-faux; enfin, une série de modifications notables, fruit du goût et des idées de l'époque, mais que le rapprochement avec d'autres exemples fera mieux ressortir, est introduite dès lors et apparaît déjà dans cette composition. Au reste, lorsqu'on compare la donnée de cette porte avec celles qui la précèdent, on saisit immédiatement les transformations qu'elle a subies; on y observe la marche que l'art avait parcouru; on y constate la pente sur laquelle il était entraîné, et l'on entrevoit aussi les conséquences fâcheuses que ces écarts devaient inévitablement produire, en d'autres termes, les dernières modifications qu'il allait éprouver et qui devaient infailliblement le conduire à sa perte.
— L'ensemble architectural de cette porte est composé de pilastres ou piédroits en appareil à refends, formant jambages et constituant supports à un fronton de forme curviligne brisé, auquel servent d'intermédiaires des consoles, ornées de têtes de béliers. — Malgré la bizarrerie de ses conditions, cette œuvre n'en est pas moins fort intéressante à connaître comme l'un des plus curieux spécimens de transformation que subit la grande porte d'entrée des hôtels en France au commencement du XVIIe siècle, et sa place, sous ce point de vue, était naturellement marquée dans notre recueil qui doit réunir toutes les conceptions que les événements firent enfanter à l'art et à l'architecture de toutes les époques.

1. Le fronton de l'église de Saint-Laurent, à Paris, présente une disposition à peu près analogue.
2. Tout porte à croire qu'il manque encore deux petites boules ou vases d'amortissement destinés à compléter cette décoration.

PORTE ET VANTAUX D'UN HOTEL, RUE DU PLATRE, A PARIS

A l'étude des portes, qui ne concerne que la construction ou la bâtisse de la baie, de l'ouverture, s'en rattache naturellement une autre : celle des vantaux, servant de clôture pour protéger la ville, les monuments ou l'habitation pendant la nuit et durant les heures voulues. C'est encore là un bien long chapitre; car, il embrasse, à la fois et dans ses trois destinations, toute une série de phases se rapportant à chaque peuple depuis la plus haute antiquité, et son vaste cadre comprend l'ensemble des moyens divers qui ont été produits, dans chaque civilisation, par les artistes, afin de varier cette espèce particulière de clôture mobile. On comprend qu'il s'agit d'une des parties de l'architecture qui ont le plus fourni à l'art du décorateur et de l'ornemaniste, et, par conséquent, que c'est, ainsi, une étude fort importante, dont l'analyse ou l'examen doit produire les révélations les plus curieuses. — Leur emploi, leurs espèces, leur composition, leur nature, leur art, leur décor, etc., tel est le programme qu'il convient de remplir, tout en cherchant à pénétrer les causes et à se rendre compte des faits qui s'y rapportent ou qui y ont donné lieu. Cette histoire, nous l'entreprendrons, un jour, et au fur et à mesure; mais, alors seulement que nous en aurons publié les éléments graphiques, parce que nous voulons, comme en tout, éviter, à propos d'analogues ou de similaires, de fastidieuses et de continuelles redites. — Au reste, ce qui intéresse dans le monument que nous publions, ce sont plus les vantaux, considérés en eux-mêmes, que la porte, dont la construction n'offre, à l'observateur, qu'un très-minime intérêt d'étude; mais, cette pauvreté architecturale est amplement compensée par l'importance, la composition ainsi que le décor de ses vantaux, sans contredit l'un des plus curieux exemples des dernières années du règne de Henri IV ou du commencement de celui de Louis XIII. Sous le rapport de la forme générale, ils viennent prendre leur place dans la division des vantaux à sommet curviligne, épousant ainsi la configuration de la baie ou de la porte, qui est en arc, mais, ici, en arc surbaissé. Nous ne nous étendrons pas sur la composition ainsi que sur le système d'ornement parce que, dans nos deuxième et troisième parties, nous aurons à revenir sur d'autres ensembles de la même époque, et qu'il conviendra mieux de traiter alors des dispositions décoratives, des éléments, de la sculpture, des panneaux, du caractère des moulures, des pièces de rapport, etc.

IMPOSTE DE LA PORTE D'UN HOTEL, RUE ANTOINE DUBOIS, A PARIS

Ce remarquable travail de ferronnerie, où le métal est habilement combiné au bois afin de constituer une clôture à jour, avait pour but d'éclairer une assez longue allée, au commencement de laquelle se trouvait la grande porte de la demeure. L'exécution de cette imposte doit, fort vraisemblablement, avoir eu lieu pendant le règne de Louis XIII. — Comme nous devons en publier plusieurs autres de la même époque, qui offrent des variantes fort curieuses à connaître, nous renvoyons, pour ne pas faire redite, à la notice qui sera donnée sur les Impostes du XVII° siècle, en France.

L'UNE DES PETITES PORTES DE L'ÉGLISE DE SAINT-GERVAIS, A PARIS

Indépendamment de leur grande porte d'entrée, les monuments religieux, les palais, les châteaux, et, parfois même, les hôtels eurent encore des portes d'une destination secondaire, dont l'importance, comme proportions, composition et décor, était subordonnée et évidemment inférieure ; car, le luxe et les grandes dimensions furent, de droit, acquises à la porte principale, c'est-à-dire à celle où avaient lieu les cérémonies et par où entraient les papes, les rois, les princes et la noblesse. Mais, cette démonstration ainsi que cette étude ne pourront être faites qu'après dépôt de preuves de notre part, et, la meilleure, selon nous, c'est la publication des exemples, qui constatent et ne permettent le doute. On y verra qu'à presque toutes les époques, on établit des portes de grandeurs variées, répondant à des destinations et à des besoins divers; d'où, alors, leur répartition, dans les édifices, sur des points différents. C'est là, du reste, un examen qu'on ne peut faire qu'à l'aide des monuments eux-mêmes. Or, comme notre intention est encore d'approfondir en détail ce chapitre de l'architecture, qui est relatif aux portes en particulier dans toutes les espèces, mais surtout dans ses deux parties : la construction architecturale et la composition ainsi que le décor des vantaux, nous attendrons d'en avoir publié un certain nombre d'exemples avant de rédiger aucune autre notice. — L'exemple, par lequel nous ouvrons la série des vantaux de petites portes, est, sans conteste, l'un des plus remarquables du règne de Louis XIII. Il fait partie de la façade de l'église de Saint-Gervais, construite par Salomon de Brosse[1], l'architecte du palais du Luxembourg, de la grande salle du Palais de Justice, etc.

VANTAUX, DANS L'ÉGLISE DE SAINT-ÉTIENNE DU MONT, A PARIS

Il est rare de voir l'emploi de vantaux à panneaux pleins lorsqu'il s'agit de fermetures mobiles, appliquées à des clôtures à claire-voie ou à jour. C'est, précisément, le cas qui s'est présenté à Saint-Étienne-du-Mont à l'époque où l'on érigea le jubé, dont Biard, le père, fit les sculptures. Non-seulement, le clergé de cette paroisse entendit fermer le chœur et le séparer de la nef à l'aide d'un jubé comme à l'église de Saint-Germain-l'Auxerrois, mais il voulut clore aussi, à certains moments, le pourtour de ce même chœur, où se trouvaient l'entrée de la sacristie et du trésor; et, pour ce, il compléta la décoration du jubé, en élevant, sur la même ligne transversale, mais à droite et à gauche, c'est-à-dire dans l'axe même des collatéraux, des clôtures pourvues de portes, de dimensions secondaires et d'un aspect cependant monumental. L'architecte ornemaniste comprit qu'en raison même de la nature du jubé, il fallait établir un genre de clôture à jour, auquel on adapterait des vantaux à claire-voie, dont la composition ainsi que la richesse décorative répon-

---

1. Jusqu'en ces derniers temps, on avait, en l'absence de tout contrôle sans doute, donné à cet architecte le prénom de Jacques, par lequel il est désigné dans tous les ouvrages d'art et de biographie. Le hasard ayant fait tomber entre les mains de M. Ch. Read *les Registres du Temple de Charenton*, ce docte historien fut assez heureux pour découvrir une erreur dont il a fait la rectification. Nous nous faisons un devoir de déclarer que c'est à son extrême obligeance que nous devons ce renseignement.

draient à l'importance et au luxe de cette clôture, exécutée sous le règne de Henri IV et au commencement du XVII° siècle. Tel paraît être le programme qu'il s'est imposé, et voici l'analyse de l'œuvre. La partie inférieure de chaque vantail est pleine, afin de présenter plus de résistance, parce qu'elle est plus exposée aux chocs et aux atteintes. C'est, à la fois, une question de convenance, de solidité ou de prévoyance; le décor y est aussi peu important, et, par cela même, sagement entendu. L'artiste semble avoir réservé l'ornementation pour le haut. En effet, à l'exception du couronnement, qui est déjà lourd de composition, de forme et de travail, le reste accuse une certaine élégance, un certain parfum du XVI° siècle expirant. Les petites colonnes ont surtout d'heureuses proportions. Ainsi constitués, ces vantaux répondent, de tous points, aux portes et aux clôtures, qui, elles-mêmes, s'harmonisent, on ne peut mieux, à la magnificence du jubé. — Malgré la lourdeur de quelques parties, le bois de ces vantaux est travaillé avec délicatesse, avec un certain talent. On n'en connaît pas l'auteur. Faut-il en attribuer l'exécution à Biard, ou à l'un de ses élèves?

HOTEL SITUÉ SUR LE QUAI DES GRANDS-AUGUSTINS, A PARIS

ÉTAGES SUPÉRIEURS

Autant qu'on en peut juger, le dessin ou la composition architecturale des façades de demeures, palais, hôtels, maisons, etc., fut, comme système d'étagement et de décor, depuis que leur aspect extérieur a pris du développement, une des parties sur lesquelles se sont exercés, avec plus ou moins de bonheur, l'intelligence et le goût des architectes. Toujours conçues pour répondre aux besoins et sous l'action ou le courant des idées du siècle, elles offrent, à l'investigateur, une curieuse étude rétrospective et une série de remarques, embrassant des questions nombreuses, révélant à la fois l'état de la société, ses tendances, ses goûts, son art, enfin les qualités et les défauts de chaque période. C'est là, du reste, un de ces chapitres aux pages multiples, fécondes et instructives, qui renferment une multitude de faits et de points, mais dont le contenu donne : notions, science et profit. L'histoire de l'architecture domestique ou des habitations n'a point encore été faite dans son ensemble et dans ses transformations; et, cependant, cette étude est, sans contredit, l'une des plus attrayantes; car, indépendamment de la question d'art, qui s'y trouve sous tant de faces, quelle somme de renseignements et de détails ne fournirait-elle pas, pour l'examen, bien autrement vaste, de l'histoire de l'administration, de l'économie politique, de la législation, des mœurs, des coutumes, de l'industrie, des corporations, etc.! Un semblable sujet, par les développements qu'il comporte, nécessite, on le sait, bien des conditions préalables pour pouvoir être résolu. Mais, ces conditions semblent avoir effrayé jusqu'ici les publicateurs commerçants, qui, en fait d'ouvrages, ne comprennent qu'une chose, et ce n'est, souvent, ni celle du livre, ni celle du public, et, encore moins, celle de l'auteur. Cependant, pour réaliser de grandes et de profitables entreprises, il faut, à l'écrivain pénétré et faisant sacerdoce de sa profession, une entière liberté que le publicateur lui refuse presque toujours, ou par étroitesse d'intelligence, ou par quelque autre combinaison. Donc et jusqu'ici, trop fréquemment hélas! les grands et beaux livres d'architecture à planches n'ont pu être produits dans un état complet, dans une condition à pouvoir être utile au public; et, si quelques-uns satisfont sur plusieurs points, leur valeur scientifique est, maintes fois, diminuée par l'impondération des parties, résultant : soit d'exigences, soit de combinaisons postérieures, c'est-à-dire d'une déplorable modification de plan, imposée ou survenue durant le cours de la publication. Il en résulte alors que la condition incomplète de ces grands ouvrages à gravures ne répond pas aux besoins du public, et la rigoureuse logique conclut que ces maladroites, ou très-adroites, suppressions privent le livre d'une grande part de ses éléments d'intérêt et lui enlèvent aussi une valeur, une utilité que peut, seule, donner la pondération ou l'ensemble de tous les développements nécessaires. Ces quelques considérations, venues à la pensée de l'importance du chapitre relatif à l'architecture domestique de tous les peuples, démontrent au lecteur que, fermement résolu à l'approfondir, comme tous les autres chapitres de l'art, quelle qu'en soit l'étendue, on peut compter, grâce à notre position en dehors des entraves de la librairie spéculatrice, on peut compter, disons-nous, sur un livre-recueil, dont la partie graphique embrassera, au moins, tout ce qu'il doit comporter pour être réellement utile. Ceci posé et cet engagement pris, mais pour en finir, une fois, avec le sans-façon du publicateur à l'égard du public et de l'auteur; avec des exigences, toutes de combinaison; avec le seul et vrai motif de l'état incomplet de certains livres, etc.; ceci posé, et pour l'édification générale, nous ajouterons qu'après avoir fait connaître les inconvénients ou les causes de cette déplorable condition, on peut aussi n'y pas tomber, et telle est notre intention formelle. Nous reprenons donc le sujet de cette notice, et, pour attacher une date en attendant la publication d'autres exemples auxquels cette habitation se rattache, nous dirons que tout porte à croire qu'elle a, vraisemblablement, dû être construite vers la fin du règne de Louis XIII. Comme composition de façade d'hôtel, comme mode particulier de décor, comme application de travail de ferronnerie, enfin comme disposition d'étage de comble, c'est, sans contredit, un des plus curieux fragments qui nous restent de cette époque. Nous y reviendrons plus tard dans un article général sur les hôtels français au XVII° siècle.

COUR DU COLLÉGE DES JÉSUITES, A MOULINS

« L'époque exacte de la fondation d'un collége à Moulins ne nous a pas été conservée d'une manière bien certaine. Il en existait déjà certainement un quand François de Beaucaire, alors abbé de Saint-Germain, d'Auxerre (le même qui fut évêque de Metz et mourut en 1591), le dota d'une rente de cent livres. Cette rente fut attribuée aux Jésuites, auxquels fut confié le collége, en 1605, par ordonnance d'Henri IV, qui répandit de grands bienfaits sur la ville de Moulins, séjour de prédilection de ses ancêtres, et où s'était consommé le mariage de son père, Antoine de Bourbon, et de sa mère, Jeanne d'Albret. Henri IV concéda aux Jésuites l'hôtel et la chapelle de Saint-Julien, qu'ils démolirent, pour élever, à la place, de nouvelles constructions, dont on voit encore des restes dans les cours de plusieurs maisons de la rue de l'Horloge. Par bulle du pape Paul V, de 1616, le prieuré de Chantelle et ses revenus leur furent donnés. La reine mère,

Marie de Médicis, les gratifia d'une somme de mille livres. Le maire et les échevins leur firent présent de la terre de Poureux, qu'ils avaient achetée dans cette intention. — C'est, sans doute, en 1656, que les Jésuites transportèrent leur établissement dans la rue de Paris. Ils venaient de bâtir en partie leur collége. Les Jésuites ayant été expulsés de France, on leur substitua des professeurs séculiers. L'administration du collége fut confiée aux personnes les plus notables de la ville. Vingt ans après, les professeurs furent remplacés à leur tour par quelques membres de la congrégation des doctrinaires... — L'ancien collége, construit sur de vastes dimensions, présente un principal corps de bâtiment, accompagné de deux ailes... Son ensemble est plus important par sa masse qu'il n'est remarquable par sa décoration. La chapelle du collége devait être placée dans l'aile méridionale; mais, elle n'a jamais été achevée. L'aile opposée servit alors d'église. Elle ne renfermait aucun objet d'art bien digne d'attention, excepté cependant une statue en bronze de sainte Rosalie. On citait encore avec éloge un bas-relief d'une exécution remarquable, placé au-dessus du grand portail du collége ouvrant dans la cour. Il représentait les divers attributs des sciences et des arts [1]. »

Cet édifice, dont nous ne reproduisons que la principale des trois faces intérieures, se présente à l'architecte et à l'archéologue sous trois points de vue divers, mais également dignes d'intérêt et d'étude. D'abord, comme composition architecturale de cour de collége français au commencement du règne de Louis XIV (1656), avec sa distribution particulière de locaux pour les classes, établis à rez-de-chaussée; avec son premier étage, disposé vraisemblement pour les dortoirs, les chambres des maîtres, des supérieurs et administrateurs, la bibliothèque, la lingerie, l'infirmerie, etc.; avec son étage de comble ou galetas, garni de lucarnes et affecté sans doute à divers emplois d'un ordre secondaire. Déjà, et sous ce rapport, l'édifice de Moulins ne laisse pas que d'avoir son importance; car, il permet de constater, par la comparaison, les emprunts que l'architecte, jésuite sans doute, a pu faire, pour sa composition, à la famille particulière des monuments de cette espèce, construits en France et ailleurs pendant le cours des époques antérieures et que l'on désigne sous le nom de *colléges;* et il fournit les moyens de déterminer la part particulière d'innovations à laquelle il a droit de prétendre, soit pour l'arrangement des classes à rez-de-chaussée, soit pour la distribution des dortoirs et des divers autres locaux, dont les dispositions spéciales exigent évidemment la connaissance des besoins propres à ce genre d'édifices consacrés à l'éducation de la jeunesse. Toutefois, il est utile de faire observer qu'il s'agit ici d'un collége érigé dans une ville de province, et, peut-être, par un architecte ayant des idées arrêtées à l'avance, c'est-à-dire par un praticien en retard sur celles de la capitale; car tout, dans cette ordonnance et dans ce mode de décoration, participe encore de l'art sous Louis XIII, à l'époque précédente. Mais, en fait d'art, il est assez difficile de déterminer, d'une manière exacte, le moment précis où une phase finit et où l'autre commence, et c'est positivement le cas pour ce collége jésuitique de Moulins; aussi, le classons-nous, par son caractère, dans les édifices de la première partie du XVIIe siècle. — Plus tard, nous aurons l'occasion d'y revenir, et de signaler alors des rapprochements ou des divergences, lorsque nous publierons d'autres exemples construits, en France ou à l'étranger, à différentes époques. La publication de ces divers spécimens nous permettra d'entreprendre une histoire de la famille des édifices spécialement consacrés à l'éducation de

---

1. ALLIER, MICHEL et BATISSIER, *l'Ancien Bourbonnais; Histoire, Monuments et Mœurs;* Moulins, 2 vol. in-fol., planches.

la jeunesse, étude entièrement neuve, dont nous posons ici l'un des premiers jalons, et que sa nature rattache, d'une manière plus ou moins directe, à notre étude archéologique des mœurs et coutumes des peuples aux divers siècles.

Le second point de vue sous lequel apparaît cette cour du collége jésuitique de Moulins se rapporte exclusivement à l'architecture, c'est-à-dire à l'état de l'art dans certaines provinces de la France au milieu du XVIIe siècle. Nous avons vu plus haut, et nous le répétons ici, que tout, dans cette composition et ses éléments décoratifs, paraît une suite naturelle de la condition de l'architecture sous Louis XIII. On y constate, en effet, le même mode d'étagement, la continuité d'emploi des membres en saillie, l'alliance de certains matériaux; mode, continuité et alliance qui prouvent la transmission de pratiques antérieures ou d'emprunts faits à l'époque précédente, pendant laquelle on en fit un si grand usage; quant à l'examen ou à l'étude de la composition architecturale prise en elle-même, à son style, aux éléments ainsi qu'aux formes des divers membres, tels que portes, fenêtres, œils-de-bœuf, lucarnes, corniches, modillons, bossages, etc., ce sont autant des parties spéciales que nous nous bornons à mentionner ici comme plus ou moins caractéristiques de cette époque sur ce point particulier de la France, mais parmi lesquelles il faut signaler surtout le décor extérieur à l'aide de la combinaison ou de l'alliance des matériaux diversement colorés. Ce dernièr détail nous conduit à parler de la troisième cause qui recommande cette construction à l'examen.

Si haut qu'on remonte dans l'histoire de la civilisation et des arts, on constate, chez certains peuples, l'intention arrêtée, de la part des architectes et des artistes, de se servir, en l'absence du décor sculpté, de la couleur naturelle des matériaux pour la faire tourner à l'ornementation des édifices. On peut voir là un système décoratif à peu de frais. Ce n'est pas le lieu de présenter, en cet endroit, la nomenclature historique des exemples à l'appui de cette notion. Il nous suffit d'indiquer la continuité d'emploi, sous Louis XIII et au commencement du règne de Louis XIV, du mélange ou de l'alliance de la pierre avec la brique, afin d'obtenir une espèce de décor que l'architecte sut tirer ensuite de combinaisons empruntées à la géométrie. Le ton, plus ou moins coloré, de la brique constitue une opposition de nuance qui se détache d'autant plus facilement sur la pierre, dont la nature blanchâtre tranche, comme valeur chromique, à côté de la teinte sombre ou rougeâtre de la terre cuite. Ce système particulier d'ornementation en brique, à l'état naturel ou parfois à surface extérieure émaillée, repose exclusivement sur la variété des combinaisons ressortant des figures géométriques. Or, à ce double point de vue, il méritait de prendre place dans notre recueil, et d'être signalé comme l'un des modes de décor des parois, conçus par les architectes pour remplacer, soit par économie, soit en l'absence d'artistes, l'emploi ou le concours de la sculpture. Nous publierons de nombreux spécimens de ce genre.

CLOTURE DE FOSSÉ, AU CHATEAU DE FONTAINEBLEAU

On ne saurait s'imaginer tout ce qu'on créa, en travaux de ferronnerie, pour servir de clôture, le long des cours d'eau, soit dans l'intérieur des cités, soit à l'entrée des châteaux ou à celle des villes. Une mesure, toute de précaution, avait donné naissance à leur établissement. On voulait garantir, protéger contre les chutes qui pourraient être faites, comme on avait aussi pour but de tenir l'arrivant à distance; on établit même de ces clôtures métalliques à claire-voie jusque sur les ponts et sur les quais des canaux urbains. Nous en produirons quelques exemples dans nos divers volumes. Sous un certain point de vue, cette espèce de clôture répond, comme destination, à ce que l'on appelle un mur de quai ou un parapet, à la différence, toutefois, que l'un est de pierre et en construction pleine, tandis que l'autre est en métal et complétement à claire-voie. L'une et l'autre espèce ont été souvent établies, et l'on en connaît encore quelques curieux exemples. Mais, ici, à Fontainebleau, la clôture de fossé est un produit mixte, composé des deux natures ou espèces, c'est à-dire que l'ensemble est formé, ainsi qu'on le verra dans la monographie, d'un soubassement en pierres sur lequel est fixée ou encastrée la claire-voie, en surélévation. Ce mode de clôture, qui réunit la combinaison des deux systèmes : le plein, à la partie inférieure, qui demande de la solidité, et l'à-jour, dans le haut, qui exige de l'air, de la gaieté, nous semble fort bien conçu et de nature à pouvoir être signalé comme l'un des meilleurs spécimens du genre. — Dans un autre volume, nous publierons la monographie architecturale de cette clôture. En ce moment, nous nous bornons au travail du fer; c'est une des plus remarquables compositions de ferronnerie exécutées au commencement du règne de Louis XIII. L'idée principale est, comme on le voit, prise par le ferronnier dans les éléments de l'architecture en usage à son époque, et l'intention marquée, notoire, d'imiter un balustre, que l'on adaptait aux rampes d'escaliers et aux clôtures d'espèces diverses, paraît, là, évidente et accusée, dans la somme et sous la forme qu'il lui était donné de le traduire et de le produire avec le métal. Au reste, ce motif ou ce dessin fut, à ce qu'il semble, très-répandu à cette époque; car, on le retrouve introduit, avec des variantes plus ou moins prononcées, dans les clôtures de balcons, dans les compositions de rampes d'escaliers, etc. Quant à l'exécution ou au travail du fer, il y est fort simple, et tout l'art du ferronnier consiste presque dans son talent de savoir manier le marteau. En effet, le fer se trouve forgé en barres carrées que l'ouvrier contourne, modèle et ajuste, afin de produire la composition voulue. — Nous n'en dirons pas davantage, puisqu'il y aura lieu à y revenir lorsque nous publierons l'ensemble de la monographie.

VASE DÉCORATIF, SUR UNE CLÔTURE DE FOSSÉ, A FONTAINEBLEAU

La petite œuvre dont il s'agit se rattache à la partie purement ornementale et décorative de l'architecture, et, comme telle, doit prendre ici sa place, à côté d'un grand nombre d'autres que nous publierons, afin d'établir, par ses transformations, la série, aussi nombreuse que variée, des *Vases décoratifs*, adoptés par les architectes pour l'ornement des édifices. — Peu de temps après la découverte ou l'exhumation des œuvres de l'art antique, quelques-uns de ces seigneurs, épris d'une grande passion pour les monuments et les pièces de tout genre qu'on retirait des ruines romaines, voulurent en orner certains lieux de leurs villas ou de leurs jardins, et les y firent disposer avec plus ou moins de symétrie. Dans le nombre des objets, récemment découverts, se trouvaient de beaux vases qui, placés bientôt sur des points culminants, donnèrent, suscitèrent l'heureuse idée de les admettre désormais comme éléments décoratifs en architecture et de leur faire occuper, dans ce but, soit un sommet, soit des angles, mais en nombre correspondant; aussi, depuis lors, quels n'ont pas été l'emploi ainsi que la variété de ces vases, dont on a même parfois usé et abusé de toutes les façons! Les Anciens, les Romains, sans doute, avaient naguère introduit ces petits monuments de sculpture dans le décor des édifices et dans celui de leurs jardins. Quoi de plus rationnel de penser qu'à la vue de ces gracieuses œuvres, l'idée d'emplois et d'usages analogues soit venue à l'esprit des explorateurs italiens! Souvent même, dans la fièvre de l'enthousiasme, plusieurs de ces vases furent détournés de leur destination primitive, et quelques-uns, qui avaient rempli une intention pieuse ou funéraire, se virent changés alors en un objet de curiosité ou d'ornement. Mais, n'anticipons pas sur un sujet qui a sa place marquée dans un autre volume, et bornons-nous à dire que grande fut la variété de ces vases, comme nombreux furent leurs emplois. Nous le démontrerons. — L'exemple que l'on publie appartient à l'art français du commencement du XVII° siècle, c'est-à-dire aux dernières années du règne de Henri IV ou aux premières du règne de Louis XIII, dont il reproduit, au reste, le caractère particulier : la pesanteur des formes et la lourdeur des détails. Malgré ces petits défauts, qui sont inhérents au style de l'époque, ce ou ces vases, placés comme amortissements sur des piédestaux, ne manquent pas d'un certain effet; la silhouette même de leur configuration, un peu trapue, donne à l'ensemble, à la masse, un aspect de solidité qui convient fort bien à leur destination.

— XVII° ET XVIII° SIÈCLES — FRANCE — LOUIS XIV —

GRANDE PORTE D'UN HOTEL, DANS L'IMPASSE DES BOURDONNAIS, A PARIS

Pendant le règne de Louis XIV, toutes les constructions un peu importantes revêtent, dans notre pays, un air de grandeur qui accuse et caractérise cette période. Il semble que les artistes, s'inspirant de la majesté du maître, ont imprimé à leurs œuvres ce cachet d'ampleur qu'on ne retrouve plus, à un si haut degré, dans aucun autre siècle. Louis XIV a eu de grands moments; ce fut un grand roi; son règne vit briller de grands génies; il n'est donc pas étonnant d'y voir surgir alors de grands artistes, exécutant de grandes œuvres. Ce fut, là, le sceau et la marque de l'époque. Louis était fastueux dans ses actes; les princes et la noblesse prirent le roi pour modèle. On rivalisa, de part et d'autre, pour faire de grandes choses; aussi, appelle-t-on ce temps : le grand siècle; et, en effet, il y eut bien des raisons pour le qualifier ainsi; car, nous ne sommes pas de ceux qui, n'écoutant qu'un mauvais instinct et ne voulant pas faire la part du temps et des hommes, jettent lâchement une railleuse calomnie à un siècle illustre, quoi qu'on dise, mais, sans aucun doute, parce qu'ils n'ont, devant eux, ni le roi, ni son armée de génies, proclamant haut la France, qui fut grande toujours, même dans ses revers! Veut-on, au reste, une preuve de ce caractère de grandeur que le roi savait inspirer à tous et aux hommes de l'art? Que l'on jette, un instant, les yeux sur notre gravure représentant cette porte d'entrée d'un hôtel, dans l'impasse des Bourdonnais, à Paris. Il y a, là, pour qui sait voir et sentir, une ampleur, un air de faste et de luxe, qui dénotent à la fois et l'esprit de l'époque et le talent des artistes. C'est qu'en effet, toutes réserves faites quant à la composition architecturale de la porte, qui suit les phases de l'art ou ses transformations, c'est qu'en effet tout y respire ce cachet des grandes choses, qui semble venir, en ligne directe, de Versailles ou de Trianon! Tels étaient les grands seigneurs de ce temps. Le roi donnait le ton; la noblesse se modelait sur le monarque. Et cette remarque est si vraie que, de la demeure royale à l'habitation nobiliaire, souvent, il n'y avait pas de différence, quant à l'aspect. La seule variante consistait dans la somme, plus ou moins considérable, du décor, et, sur ce point même, quelques-uns voulurent presque rivaliser avec le roi; aussi, par bonheur et pour notre plus grande instruction, certains hôtels ou parties d'hôtels et de châteaux, bâtis à cette époque, sont encore là, qui nous offrent des ensembles ou des œuvres de la plus grande splendeur, et très-dignes, parfois, des plus complets éloges. — Mais, revenons à l'objet de cette notice. Comme nous l'avons déjà dit, cette grande porte, par où entraient et sortaient les équipages ainsi que les visiteurs titrés, fut, par la nature de sa destination, la plus importante de l'hôtel, et celle-ci servait de clôture principale à l'habitation de quelque grand seigneur ou de quelque riche financier du temps. Elle semble avoir été construite à la fin du XVIIe siècle ou vers le milieu du règne de Louis XIV. L'art y est également remarquable dans la construction et dans les détails. Sous le rapport de l'architecture, on y aperçoit ces idées de grandeur que surent trouver les artistes qui vécurent à cette époque. Plusieurs programmes de compositions étaient alors à la mode pour l'établissement de ces grandes portes d'hôtels; nous les ferons connaître, et nous les comparerons entre eux. Notre exemple appartient au genre ou à l'espèce, qui, écartant les ordres et s'en tenant au seul emploi de l'appareil à refends, n'y ajoute, à la partie supérieure, qu'une clef et des consoles ornées. Les vantaux présentent aussi, dans leur dessin et leurs dispositions, quelques particularités, dignes de remarque; car, ils ont été conçus à double fin ou à double usage, c'est-à-dire qu'on voulut y combiner à la fois et les battants de clôture et un étage d'entresol pour l'habitation. Toute cette œuvre est, avons-nous dit, fort remarquable. Mais, ce qui paraît, à nos yeux, avoir encore plus de mérite, c'est, incontestablement, la sculpture en bois, dont la composition, le dessin ainsi que le faire accusent le concours ou l'action d'un grand artiste et d'un véritable talent. On y trouve un goût, des finesses, un bonheur de rendu, qui égalent presque les plus beaux morceaux du château de Bercy; aussi, avons-nous l'intention, pour en démontrer la valeur, de faire reproduire les détails sur une planche double, qui paraîtra dans notre deuxième volume. En voyant de semblables travaux de sculpture prodigués à une porte d'habitation, malheureusement exposés aux injures de l'air, et soumis, par conséquent, à toutes les causes de ruine, nous avons blâmé l'abus de ce luxe extérieur ainsi que la fragilité de sa conservation; mais, tout aussitôt, une réflexion nous est venue à la pensée, et nous nous sommes dit que la sculpture architecturale devait, très-vraisemblablement, avoir alors de nombreux ateliers remplis de praticiens habiles, puisqu'on abandonnait de si délicates œuvres; et, comparant notre époque à ce temps, nous avons regretté celui où le grand seigneur, le riche bourgeois ou le financier avaient assez de goût pour commander et payer de semblables œuvres, comme aussi de dépenser, noblement et au profit de tous, les quelques parcelles, si bien employées, d'une immense fortune. De l'argent, de la richesse, il en est encore; mais, du talent et du goût, en avons-nous toujours!

VANTAUX ET IMPOSTE D'UNE PETITE PORTE, RUE DES MARMOUSETS, A PARIS

Clore l'habitation avec des vantaux, et faire pénétrer, à l'intérieur d'un passage, la quantité de jour suffisante pour l'éclairer, tel fut le programme que s'est proposé l'architecte ; du moins, telle paraît être la cause de l'établissement des vantaux et de l'imposte que nous reproduisons ici. Mais, sur cette donnée, le sculpteur ornemaniste se chargea de répandre les caprices de son imagination ; car, le propriétaire, qui était homme de goût sans doute, entendit, sur ce point, faire acte de luxe et de magnificence. C'était l'usage, à cette époque. Nous avions donc raison de dire que le goût de l'art était fort répandu durant le règne de Louis XIV, puisqu'on en trouve des preuves jusque dans la demeure de la bourgeoisie. Pour acquérir cette certitude, il suffit d'examiner notre petite porte. La richesse de sa composition démontre que non-seulement le faste du prince déteignit sur tous les rangs de la société, mais sa valeur artistique ou son exécution prouve aussi qu'il y avait, à cette époque, une grande école de sculpteurs en décor. Toutefois, à l'extrême coquetterie, qui règne dans la composition et le caractère des motifs d'ornements, on s'aperçoit que l'art est parvenu presque aux derniers termes de la logique. Un pas de plus, et des écarts vont le conduire aux extravagances, jusqu'au jour où l'exhumation des antiquités d'Herculanum, etc., le feront rentrer dans une voie meilleure.

ŒIL DE BŒUF D'UNE MAISON, RUE SAINT-GUILLAUME, A PARIS

La nécessité, le besoin d'éclairer certains lieux, qui ne comportent point le développement d'une grande ouverture, donna, sans doute, l'idée d'introduire ces petites baies, de forme ronde ou ovale, qu'on désigne sous la dénomination d'*œil-de-bœuf*. — Les anciens s'en servirent-ils ? On l'ignore. Le Moyen Age en fit emploi. Mais, ce fut, surtout, à dater du XVIe siècle qu'on en admit l'usage [1]. On le voit dès lors, sous ses deux formes, orné de différentes manières, et, parfois même, avec une très-grande richesse. Selon qu'il éclaire une pièce d'habitation ou qu'il donne du jour dans une allée ou un corridor, on le ferme ou on le laisse ouvert ; et, dans ce dernier cas, l'ouverture est ornée ou protégée par quelque œuvre de ferronnerie [2], dont plusieurs furent de véritables chefs-d'œuvre. — Ici, l'œil-de-bœuf occupe l'étage d'entre-sol, et partie de son décor est combinée de manière à se rattacher avec le sommet, qu'elle étreint, embrasse et enguirlande. Ce mode particulier d'ornementation est fort rare et presque unique dans Paris. La composition ornementale, qui relie la porte à l'œil-de-bœuf, est très-heureuse et présente un grand caractère ;

---

1. Voyez celui qui surmonte l'une des petites portes du château des Tavannes, au Pailly, — et ceux qui se trouvent sur la façade du collège des Jésuites, à Moulins.

2. Voyez l'imposte de la porte d'une maison, située rue des Marmousets, à Paris.

elle accuse l'art du règne de Louis XIV, mais à son déclin. Nous devons signaler surtout l'exécution de la sculpture ; on y remarque une ampleur de style, digne des plus grands éloges. Au reste, la beauté de ce travail démontre encore l'existence d'une école d'artistes habiles se mettant au service de l'architecture, et créant, en commun, des œuvres que l'on peut indiquer comme des modèles. Enfin, disons, en finissant, que la forme ainsi que la disposition de l'œil-de-bœuf varient selon l'endroit où il est ouvert, mais que son décor dépend exclusivement de la fortune de l'ordonnateur. Nous reviendrons sur ce sujet.

BALCON D'UN HOTEL, SUR LE QUAI DES GRANDS-AUGUSTINS, A PARIS

Nous n'avons pas la prétention, à l'aide d'un seul exemple, de vouloir rédiger une notice générale sur la classe ou la famille de ce membre d'architecture. Nous attendrons, pour entreprendre cette étude, la publication des divers spécimens que nous nous proposons de faire connaître. Il nous suffit, jusque-là, d'appeler l'attention sur la beauté de composition et d'exécution de cette œuvre de la ferronnerie au début du règne de Louis XIV. C'est, sans conteste, l'une des plus capitales pièces du genre; car, très-peu d'autres peuvent lui être comparées. On y sent l'action d'un habile artiste, et, vraisemblablement, le génie ainsi que la main d'un des émules ou des ouvriers de Fordrin, peut-être encore celle du maître lui-même, tant ce morceau nous semble un produit remarquable, aussi bien conçu qu'habilement exécuté. Au reste, le travail artistique du fer acquit, sous son influence, une impulsion toute particulière; on ne se contenta plus de contourner la barre carrée ou plate; on voulut du modelé. Fordrin produisit, en ce genre, des vantaux de porte, des clôtures de chœur, des lutrins, etc., qui accusent une puissance de composition, de dessin et de faire d'un mérite incontestable, et qui dénote l'artiste évidemment supérieur. Entré dans cette voie, il fit faire à son art un pas immense, et son action, on doit le reconnaître, devint très-grande sur ses contemporains; car, dès ce moment, cette influence se manifeste partout, et la pratique de la ferronnerie entre dans une phase nouvelle. Au contact de Fordrin et de ses œuvres, tout s'empreignit donc de ses idées, et une multitude de travaux en administrent de suffisantes preuves par la beauté de leur exécution.

SALLE, DIT GRAND CABINET, DANS LE CHATEAU, A BERCY

En attendant la publication des dernières planches relatives à la monographie de cette salle, et celle aussi des autres pièces de ce château, que nous donnons comme spécimen de décor architectural intérieur et de sculpture en bois à la fin du règne de Louis XIV, nous ne dirons que quelques mots de ces deux parties de l'édifice. Nous réservons donc ce qui concerne son histoire et l'art pour l'époque où tous les éléments de cette remarquable ornementation auront été publiés. Cette notice trouvera plus naturellement alors sa place, et le lecteur pourra d'autant mieux se rendre compte de ce décor qu'il aura ainsi, entre les mains, tous les matériaux à l'appui. Cependant, il faut, pour l'intelligence ou l'examen de nos premières planches, que nous signalions ici deux points, concernant les deux époques de créations artistiques de ce château. Ces deux époques eurent, chacune, leur physionomie aussi tranchée que caractéristique; elles comprennent, la première, tout ce qui embrasse la construction proprement dite, et, la seconde, qui est assez postérieure, le décor et l'ameublement. De ces deux époques ou parties, se rapportant, l'une et l'autre, à des phases particulières de l'histoire de l'art, nous ne nous occuperons, dans la notice générale, que de la deuxième, parce qu'elle tient une place importante et marquée dans cette même histoire, qui compte peu d'œuvres aussi complètes et aussi remarquables. Donc, et par ces deux motifs, nous n'étudierons le château de Bercy que sous le rapport de la valeur du décor, c'est-à-dire du mérite de composition et d'exécution de cette partie; car, après les châteaux du roi, il en était peu qui lui fussent comparables comme beauté de travail de la sculpture en bois. Nous nous bornons donc à ces quelques mots, destinés à accompagner nos planches, et, plus tard, nous parlerons longuement de toutes ces richesses. Nous entreprendrons alors un examen approfondi de ses admirables bas-reliefs ainsi que des artistes qui durent les avoir exécutés; nous examinerons aussi le complément de ce décor : les tentures d'appartement, les cuirs dorés, les tableaux historiques ou autres, qui ornaient les murs; nous décrirons encore les diverses pièces de l'ameublement, telles que : cheminées, glaces, cadres, tables, consoles, fauteuils, chaises, écrans, etc.; enfin, nous passerons littéralement en revue tous les mille détails intérieurs de cette grande et fastueuse résidence seigneuriale, l'une des plus splendides des règnes de Louis XIV et de Louis XV.

OFFICE OU BUFFET, DANS LE CHATEAU, A BERCY

La notice relative à cette pièce sera donnée dans le deuxième volume, avec les trois autres planches qui composent cette monographie. Disons, toutefois, qu'ici tout est marbre de couleur, fonte de plomb et boiseries de portes. Pour qui n'a pu voir les originaux, il sera difficile de se faire une idée du beau caractère des ornements en fonte, qui décoraient les niches et les pilastres de cette office. Le ton mat du métal, où l'on n'apercevait aucune trace de dorure, formait une opposition convenable avec la nuance verte du marbre; quant à la console, sur laquelle on déposait les objets du service de la table, tels que vaisselle, argenterie, pièces de dessert, sucreries, friandises, etc., chacun en appréciera la fermeté ainsi que la belle élégance. Nous n'anticiperons pas sur ce qu'il faut réserver pour l'époque de la publication des planches de détails; elles permettront d'estimer à sa juste valeur un des plus remarquables exemples d'office ou de buffet qui aient été construits et décorés sous le règne de Louis XIV, et tel même, ce nous semble, qu'on n'en pourrait guère citer de comparable, de cette époque.

ALCOVE D'UNE CHAMBRE. — COMPOSITION ATTRIBUÉE A D'AVILER

Vers la fin du règne de Louis XIV, et en passant par les mains ou par les idées des artistes, cette partie de la chambre subit, comme tout ce qui composait le domaine de l'art, les rigoureuses conséquences du goût de l'époque. Entraîné, dès lors, dans une voie toute de caprice, l'art s'altérait de plus en plus, et courait, d'une marche rapide, sur la voie du maniéré ou de l'afféterie, qui le conduisaient à sa perte. En présence de cet exemple d'alcôve, nous prenons connaissance d'une de ses dernières transformations; car, vienne le dévergondage de Louis XV, et tout sera fini. Sous cette influence, les dispositions architecturales de l'alcôve restèrent à peu près les mêmes; le décor et l'ornementation, qui devinrent ceux du temps, changèrent, seuls. Il en devait être ainsi; c'était une conséquence. — Nous n'avons pas l'intention d'entrer ici dans des détails sur l'alcôve, sur son origine, sa nature, sa destination ainsi que sur ses annexes adjacents : les cabinets; cette étude sera faite ailleurs. Il nous suffit de présenter ce type comme un exemple de la condition de cette partie de la chambre, en France, vers la fin du règne de Louis XIV. — On en attribue la composition, à Augustin Charles d'Aviler, l'un des plus habiles architectes de cette époque. Tout y dénote, en effet, le caractère ainsi que le style particuliers à l'art français vers la fin du XVIIe ou au commencement du XVIIIe siècle.

TABLE DES MATIÈRES

CONTENUES DANS LA PREMIÈRE PARTIE

DE

L'ART DANS SES DIVERSES BRANCHES, ETC.

1. TITRES DE L'OUVRAGE.
2. AVANT-PROPOS DE L'OUVRAGE.
3. NOTICES HISTORIQUES ET ARCHÉOLOGIQUES.
4. TABLE DES MATIÈRES ET DE CLASSEMENT DES GRAVURES.
5. PLANCHES DE LA PREMIÈRE PARTIE DE L'ART, ETC.

TABLE DE CLASSEMENT HISTORIQUE DES PLANCHES

— ÉGYPTIENS. —

ÉDIFICES RELIGIEUX.. Salle de cérémonies, à Thèbes. — *Vue générale*
.... — *Vue intérieure*.

— GRECS. —

ÉDIFICES RELIGIEUX.. L'Erechthéion, à Athènes. — *Porte*.
.... — *Détails, etc*.
DÉCORATION......... Motif de décor du Temple d'Esculape, à Épidaure.

— ÉTRUSQUES. —

ÉDIFICES MILITAIRES.. Porte d'enceinte, à Pérouse. — *Façade, élévation*.
.... — *Détails; Pl. 1*.
.... — *Détails; Pl. 2*.
ÉDIFICES FUNÈBRES... Tombeau, à Cerveteri. — *Plan et Coupe longitud.*
.... — *Coupe transversale et Détails*.
DÉCORATION......... Chapiteau provenant d'un tombeau, à Vulci.

— ROMAINS. —

ÉDIFICES RELIGIEUX... Temple, dit d'Hercule, à Cora. — *Façade, élévation*.
.... — *Façade, Ordre et Détails*.
.... — *Porte, Élévation*.
ÉDIFICES CIVILS...... Maison du Faune, à Pompéi. — *Portiq. d'ord. dor.*
Poignée de vantail et Timbre d'appel, à Pérouse, etc.
Basilique, à Prœneste. — *Coupe transversale*.
.... — *Soubassement intérieur*.
DÉCORATION......... Chapiteau d'un édifice circulaire, à Athènes.

— MOYEN AGE. —

ÉDIFICES RELIGIEUX .. Eglise de Sainte-Lucie, à Girone.
ÉDIFICES MONASTIQUES. Lavabo, dans le cloître de l'égl. de St-Alexis, à Rome.
ÉDIFICES FUNÈBRES... Chapelle sépulcrale des rois, à Léon. — *Coupes*.

— ARABES D'OCCIDENT. —

ÉDIFICES RELIGIEUX .. Synagogue, à Tolède. — *Plan et Coupe longitudinale*.
.... — *Coupe transversale et Détails*.

— XVIᵉ SIÈCLE. —

ÉDIFICES RELIGIEUX.. Chapelles de l'égl. de St-Laurent, à Nogent-s.-Seine.
.... — *Face extérieure*. — *Travée*.
.... — *Détails; Pl. 1*.
.... — *Détails; Pl. 2*.
Stalles sacerdotales, dans l'église cathéd., à Pise.

ÉDIFICES RELIGIEUX.. Clôture, dans l'église, à Villeneuve-sur-Yonne.
.... — *Détails d'un panneau*.
ÉDIFICES CIVILS...... Porte d'enc. du château, à Courtanvaux. — *Façade*.
.... — *Plan et Coupe*.
Porte du château du mar. de Tavannes, au Pailly.
Imposte, en fer, de la porte d'un hôtel, à Paris.
Panneaux, en fer, de l'église St-Nicolas, à Paris.
.... — *Détails*.
Salle, dans le chât. du mar. de Tavannes, au Pailly.
Plafond, dans le chât. du mar. de Tavannes, au Pailly.
Cheminée dans l'une des sall. d'un hôt., à Toulouse.
.... — *Partie inférieure*. — *Plan et Détails*.
Pavillon d'un jardin, aux Baux. — *Plan, élévation*.
Puits à double prise d'eau, à Toulouse.
.... — *Plan, Coupes, etc*.
DÉCORATION......... Panneau d'un pavillon du château, au Pailly.
Sculpt. de la font. des Nymphes (J. Goujon), à Paris

— XVIIᵉ SIÈCLE. HENRI IV ET LOUIS XIII. —

ÉDIFICES CIVILS...... Porte d'un hôtel, rue des Francs-Bourgeois, à Paris.
.... — *Détails*.
Porte et Vantaux d'un hôtel, r. du Plâtre, à Paris.
Imposte d'une porte, rue Antoine Dubois, à Paris.
Petite porte de l'église de St-Gervais, à Paris.
.... — *Détails*.
Vantail, dans l'église St-Etienne du Mont, à Paris.
.... — *Détails*.
Façade d'un hôtel, sur le q. des Gr.-August., à Paris.
Cour d'un collège, à Moulins. — *Élévation d'une face*
.... — *Détails*.
Clôture, en fer, dans le château, à Fontainebleau.
DÉCORATION......... Vase sculpté, dans le château, à Fontainebleau.

— XVIIᵉ ET XVIIIᵉ SIÈCLES. LOUIS XIV. —

ÉDIFICES CIVILS...... Porte d'un hôtel, impasse des Bourdonnais, à Paris.
Pet. porte d'une maison, r. des Marmousets, à Paris.
Œil-de-bœuf d'une maison, r. St-Guillaume, à Paris.
Balcon d'un hôtel, sur le q. des Gr.-August., à Paris.
Gr. salon du château, à Bercy. — *Coupe longitudinale*.
.... — *Coupe transversale*.
.... *Grands panneaux*. — *Bordure de cadre*.
.... — *Partie supérieure*.
.... — *Partie intermédiaire*
.... — *Partie inférieure*.
Office, dans le château, à Bercy. — *Plan et Coupes*.

ÉTAT ACTUEL DE LA GRANDE AILE DU VIIIe PYLÔNE A THÈBES (KARNAK).
Vue de l'ouest, prise à l'extérieur de l'enceinte.
d'après une photogravure de Félix Thonard.

PALAIS ÉGYPTIEN A THÈBES (KARNAK)

Grande Salle hypostyle – Intérieur

L'ÉRECHTHÉION, A ATHÈNES. PORTE DANS LE PORTIQUE DU PANDROSEION
Élévation géométrale

Dessin d'Alfred Normand

PORTE D'ENCEINTE DE LA VILLE À AOSTE
Façade — Élévation

L'ERECHTEION, A ATHÈNES — PORTE D[...]

Déta[...]

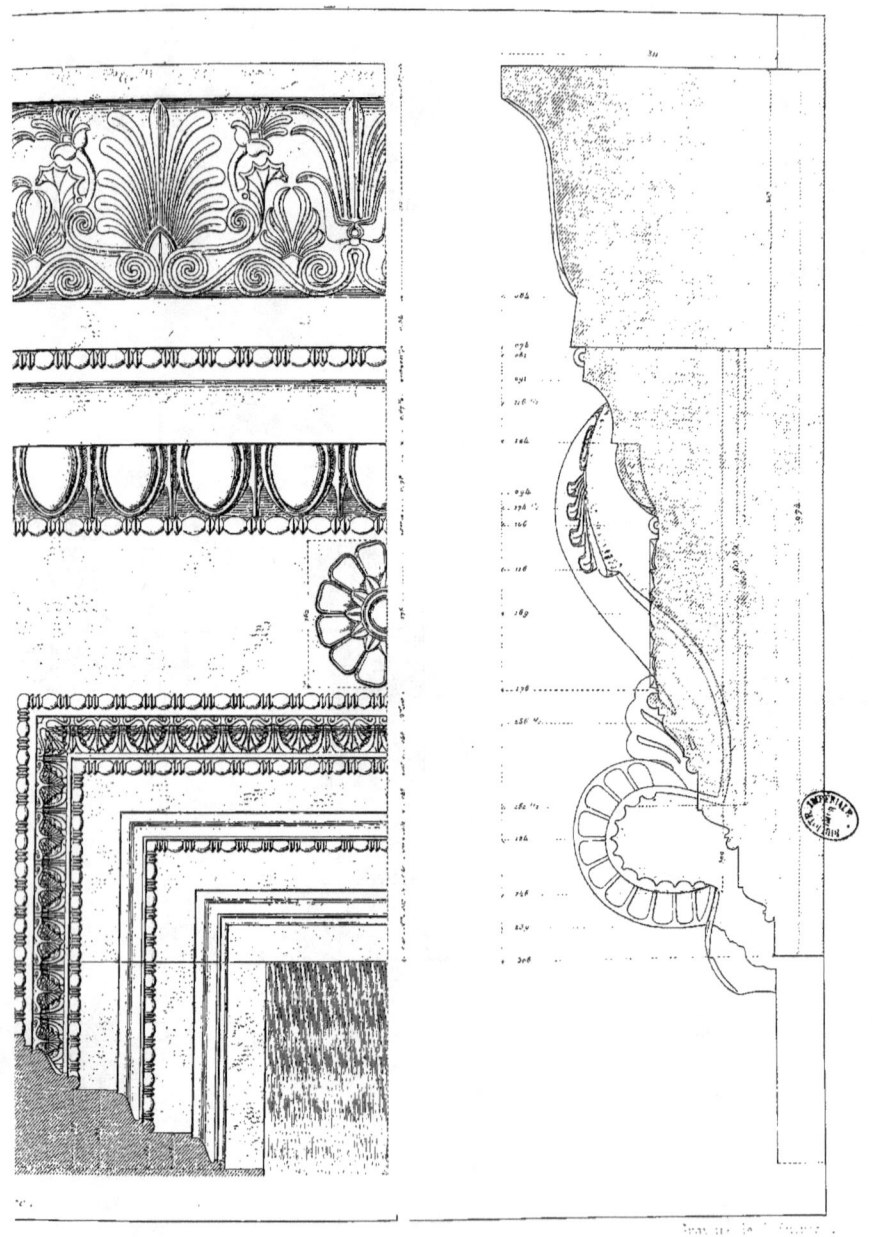

NS LE PORTIQUE DU PANDROSÉION.

PORTE DITE D'AUGUSTE A PEROUSE

PORTE DITE D'AUGUSTE, A PÉROUSE.

Détails. Pl. 2.

TOMBEAU A CERVETRI (L'ANCIENNE CÆRE OU AGILLA DES ÉTRUSQUES)

Plan et Coupe longitudinale

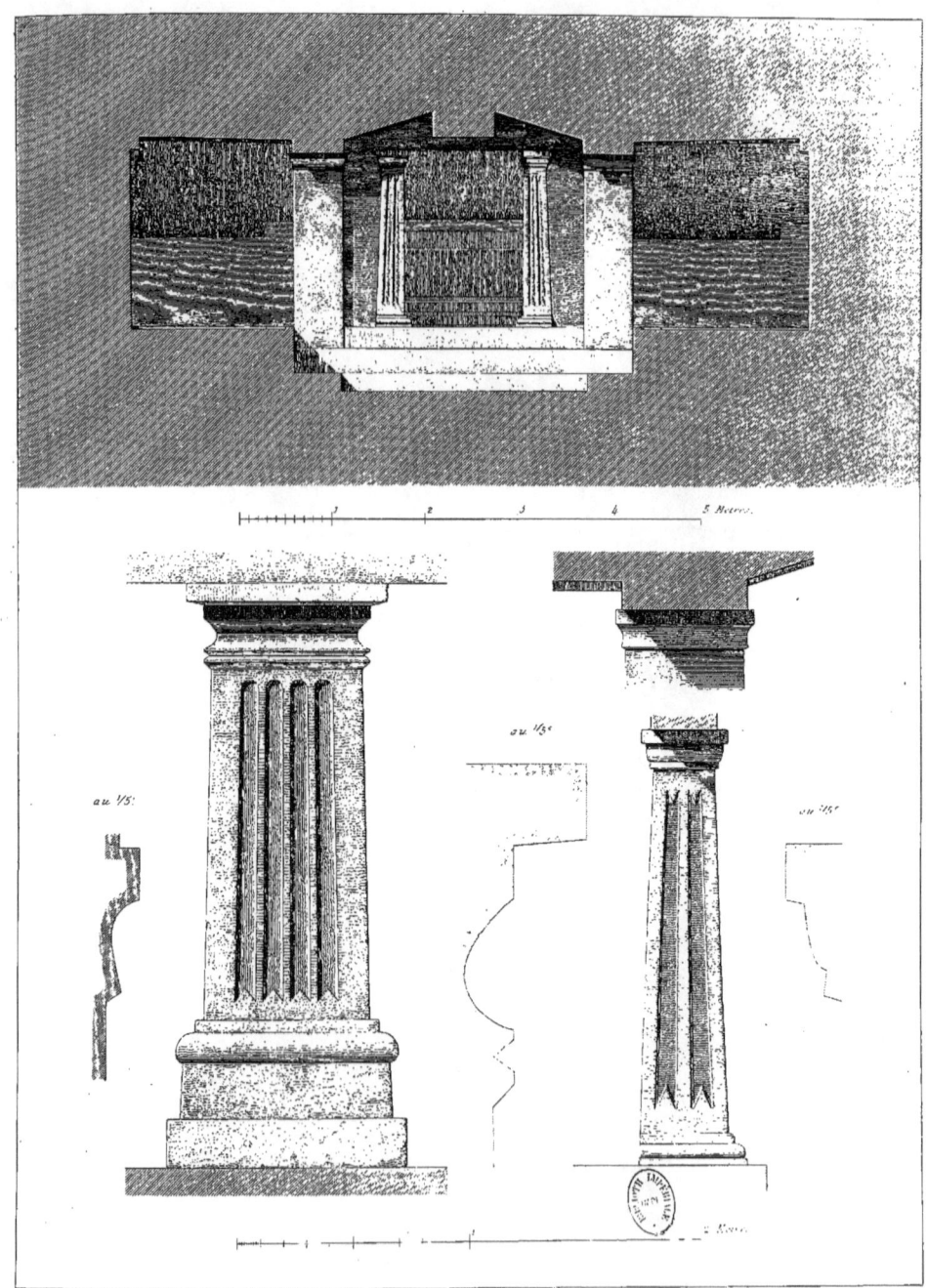

TOMBEAU, A CERVETRI (L'ANCIENNE CÆRE OU AGILLA DES ETRUSQUES)
Coupe transversale et Détails.

Dessin d'Alfred Chaudet.

CHAPITEAU D'UN TOMBEAU ETRUSQUE A VULCI.

Collection de M. Campana à Rome.

TEMPLE D'HERCULE, A CORA.

Façade — Ordre — Détails.

TEMPLE D'HERCULE, A CORA.

Porte. Élévation géométrale

MAISON, DITE, DU FAUNE, À POMPÉI.

Grand péristyle d'ordre dorique.

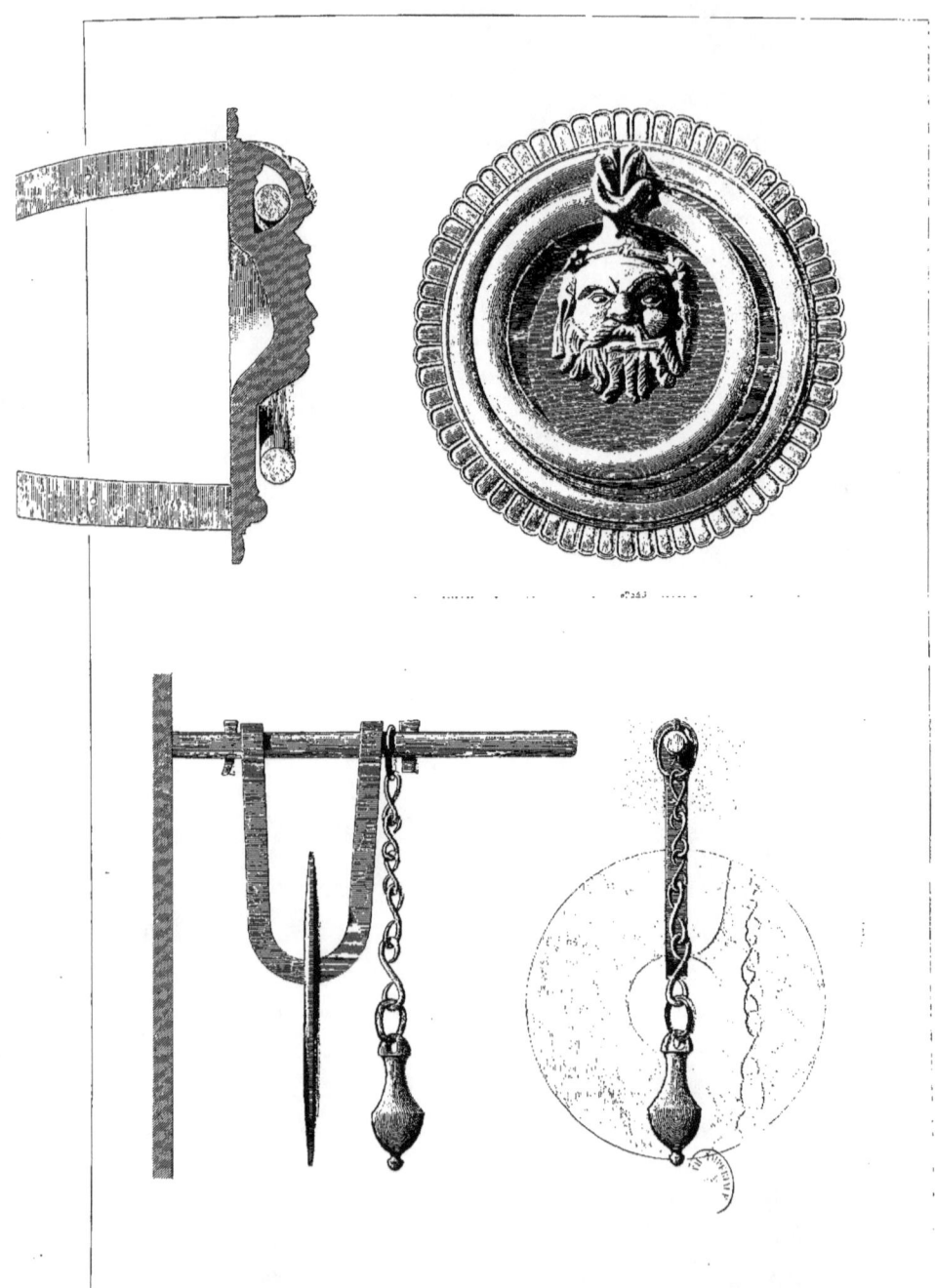

POIGNÉE DE VANTAIL EN BRONZE (MUSÉE DE PÉRUGIA). TIMBRE D'APPEL EN BRONZE DE POMPÉI.
Décor et Ustensiles des Portes chez les Romains.

ÉDIFICE VULGAIREMENT DIT BASILIQUE SUR LE FORUM A PRÆNESTE (PALESTRINA)

Coupe transversale

BALUSTRE DU FORUM DE L'ANCIENNE PRÆNESTE. (AUJOURD'HUI PALESTRINE).

Soubassement intérieur, au ⅓ de l'exécution.

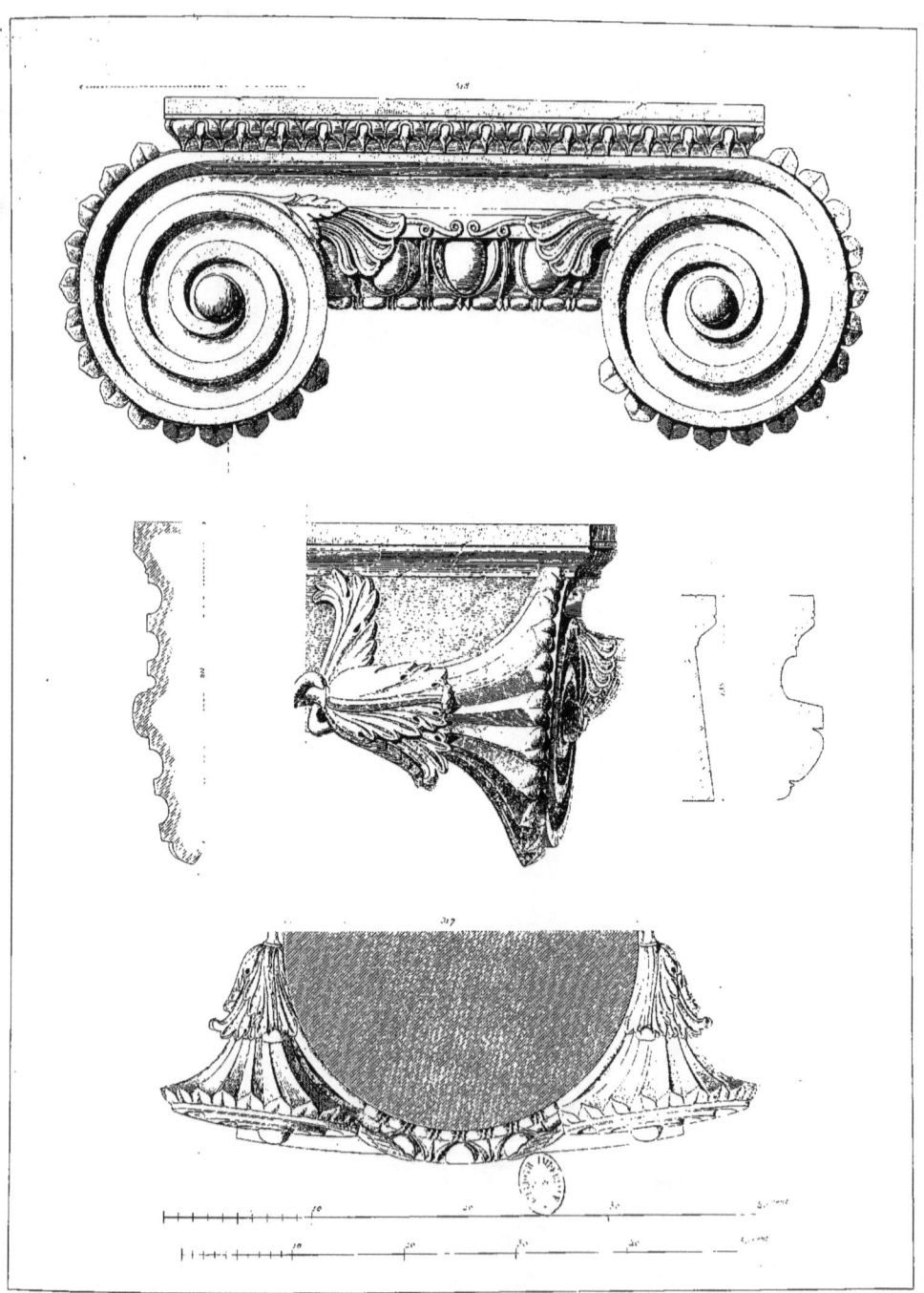

CHAPITEAU PROVENANT D'UN ÉDIFICE ÉLEVÉ DANS L'ACROPOLE A ATHÈNES.

Grèce.

Dessin de Henri Legrand.   Gravure de Bury et J. Sulpis.

ÉGLISE DE SAINTE LUCIE, A GIRONE.
Espagne.

Imp. de F. Chardon aîné, Paris.

LAVATORIUM DANS LE CLOITRE DE L'EGLISE DE ST ALEXIS A ROME

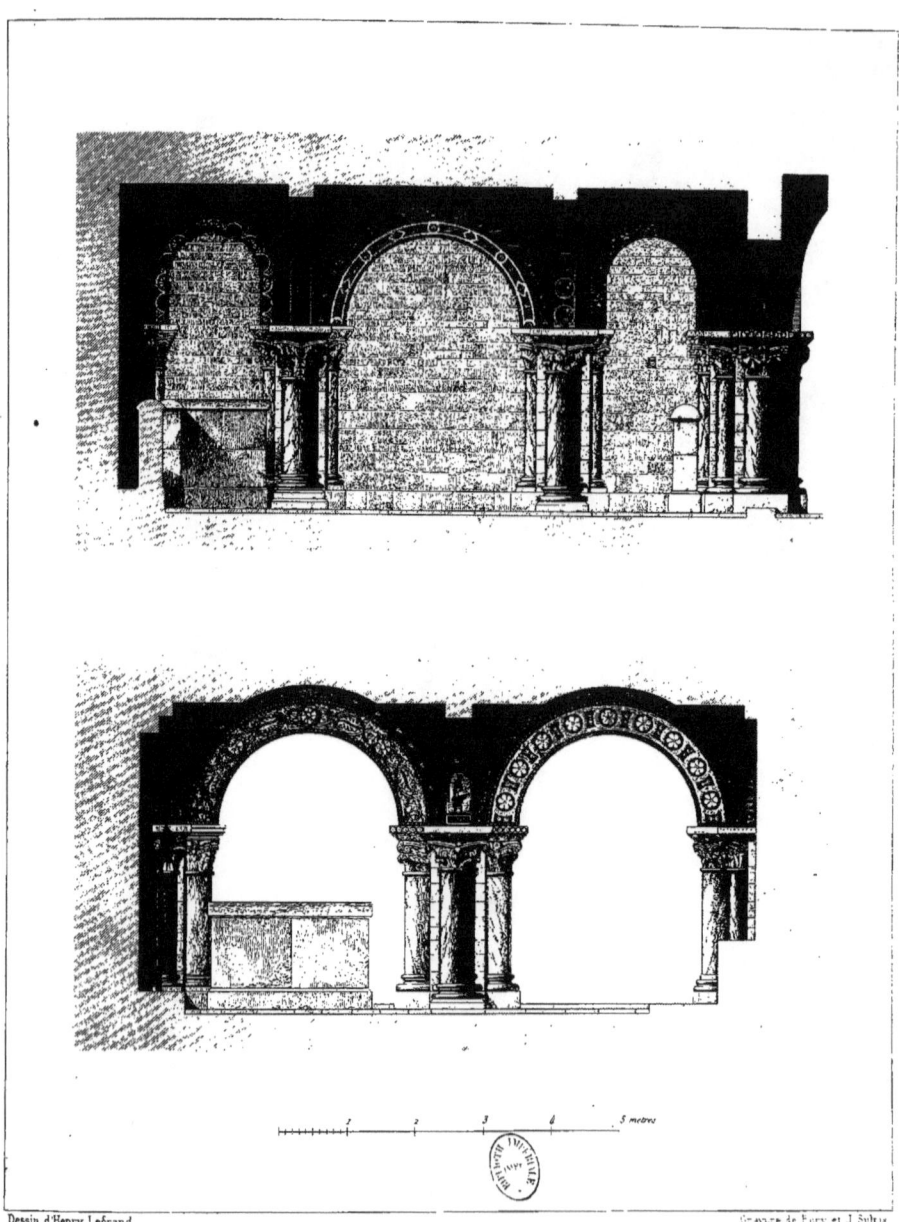

CHAPELLE SEPULCRALE DES ROIS A LEON (ESPAGNE)

Coupes longitudinale et transversale

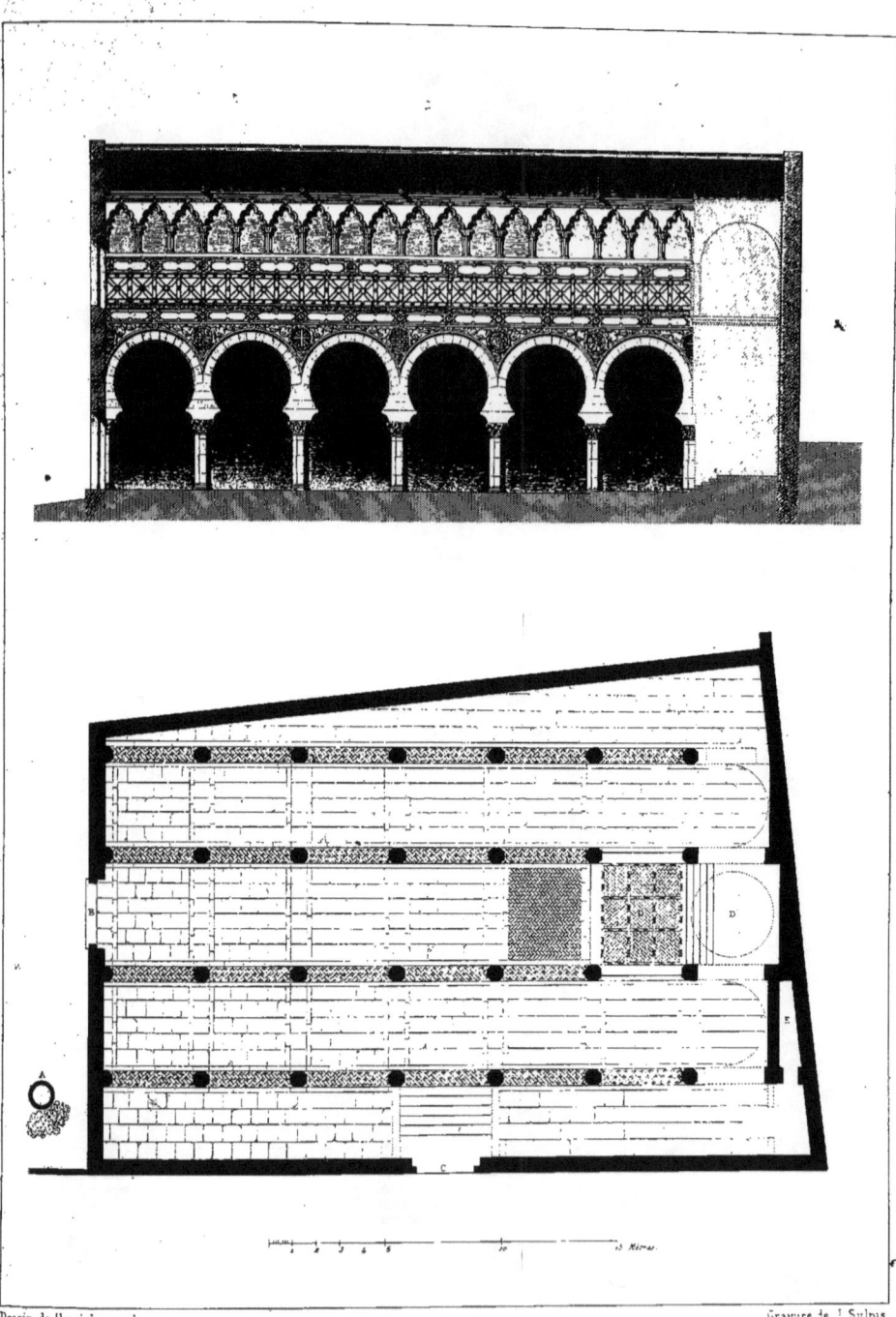

ANCIENNE SYNAGOGUE, AUJOURD'HUI ÉGLISE DE Sᵗᵃ MARIA-LA-BLANCA A TOLÈDE.
Plan et Coupe longitudinale.

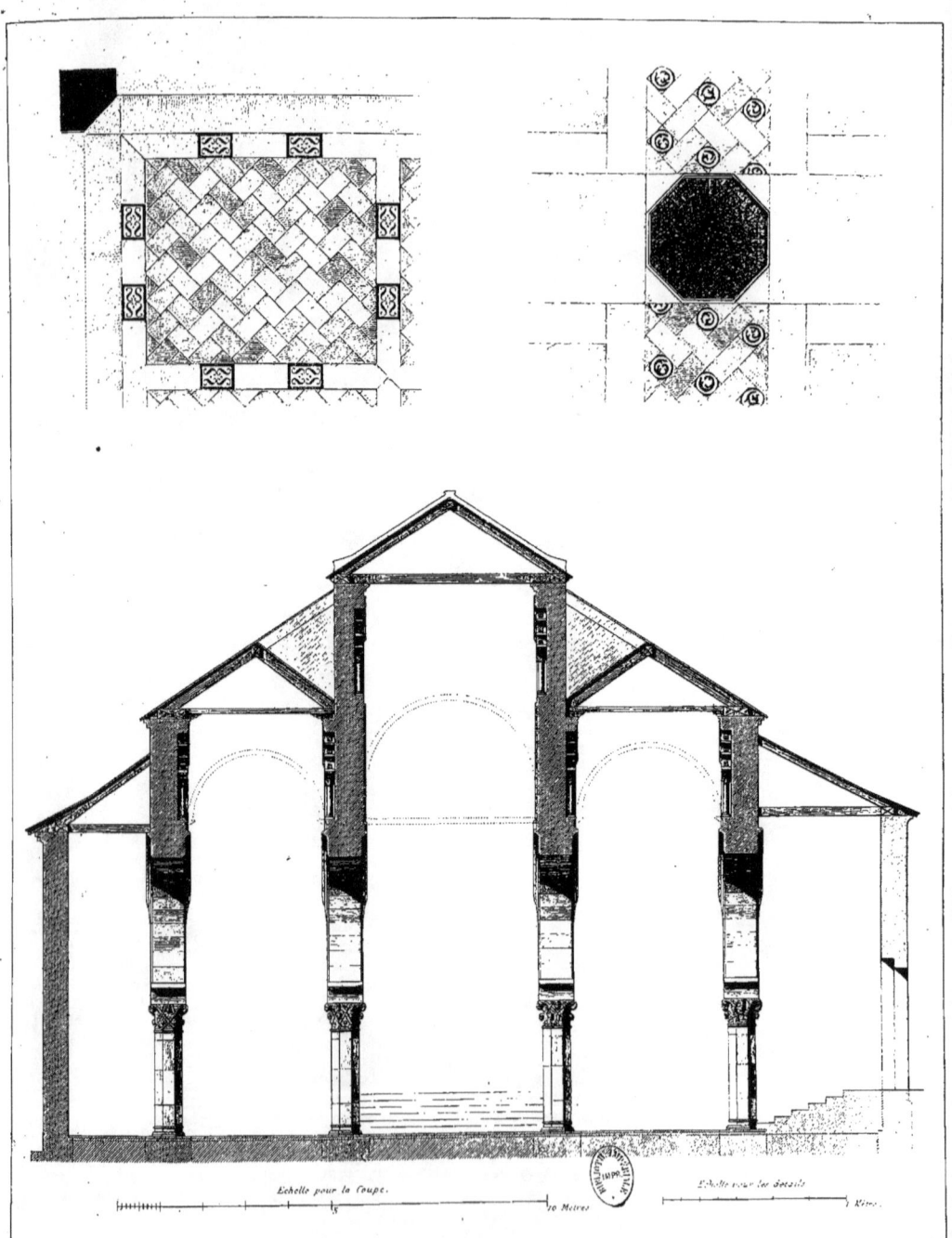

ANCIENNE SYNAGOGUE, AUJOURD'HUI ÉGLISE DE Sta MARIA LA BLANCA A TOLÈDE.
Coupe transversale, etc.

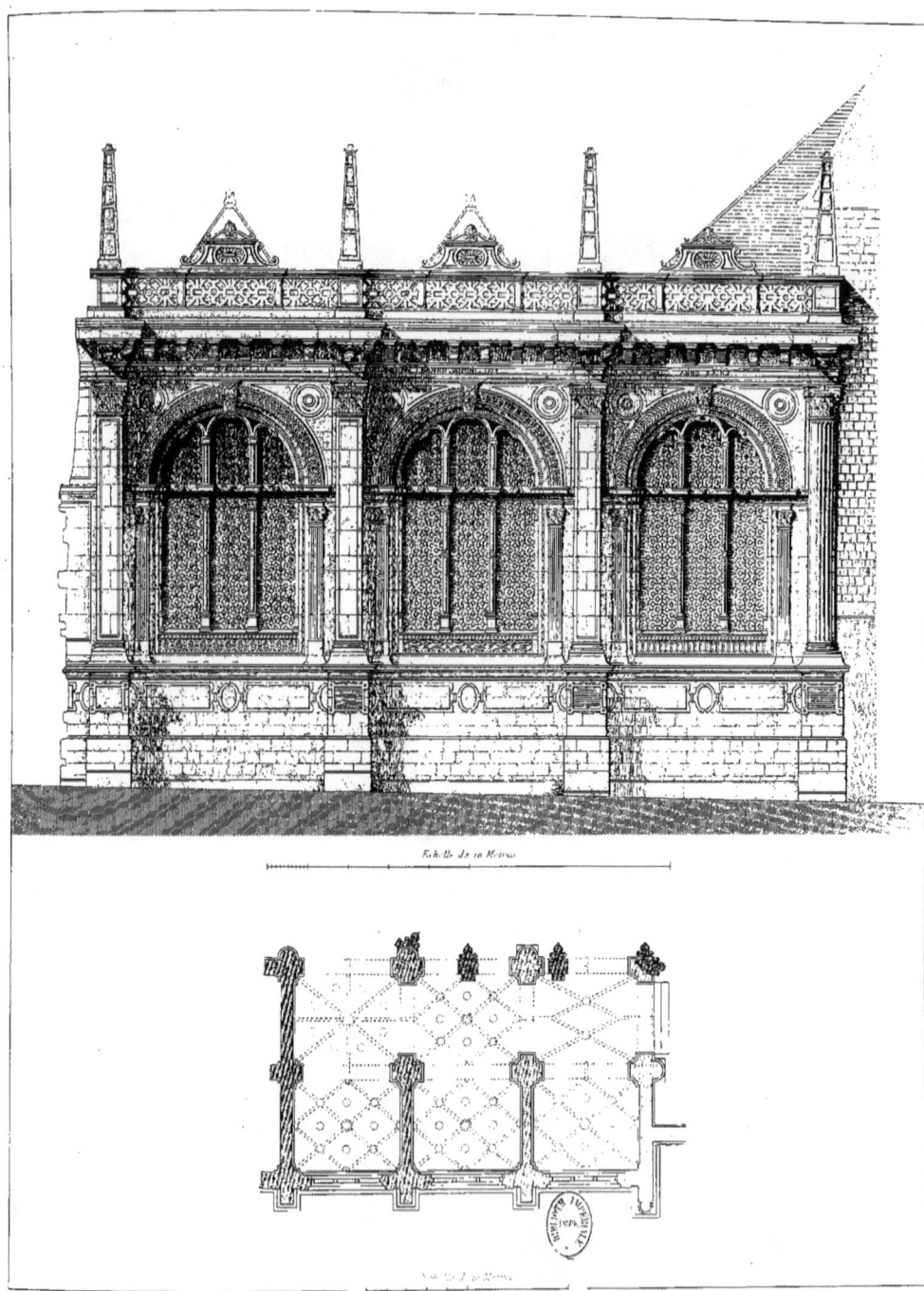

CHAPELLES APSIDALES DE L'ÉGLISE DE LA TRINITÉ DE VENDÔME

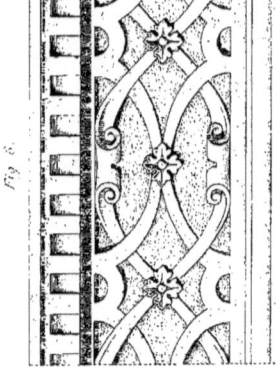
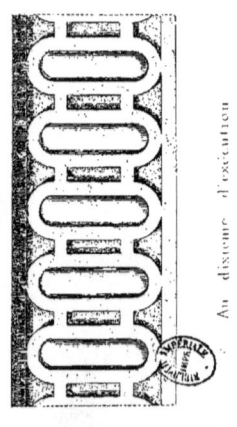
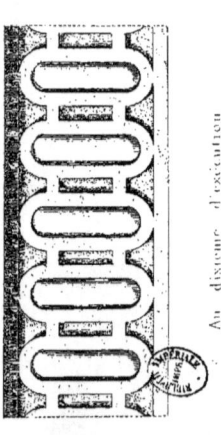

MONUMENTS DE L'ÉGLISE DE S.ᵗ LAURENT A NOGENT SUR SEINE

STALLES EN BOIS, DANS L'ÉGLISE CATHÉDRALE A PISE
Stalle supérieure

CLÔTURE D'UNE CHAPELLE, DANS L'ÉGLISE DE VILLENEUVE-SUR-YONNE.

Plan._Elévation._Détails.

CLÔTURE D'UNE CHAPELLE, DANS L'ÉGLISE DE VILLENEUVE-SUR-YONNE.

Détails.

CHATEAU DE COURTANVAUX — PORTE DE L'ENCEINTE.
Élévation géométrale.

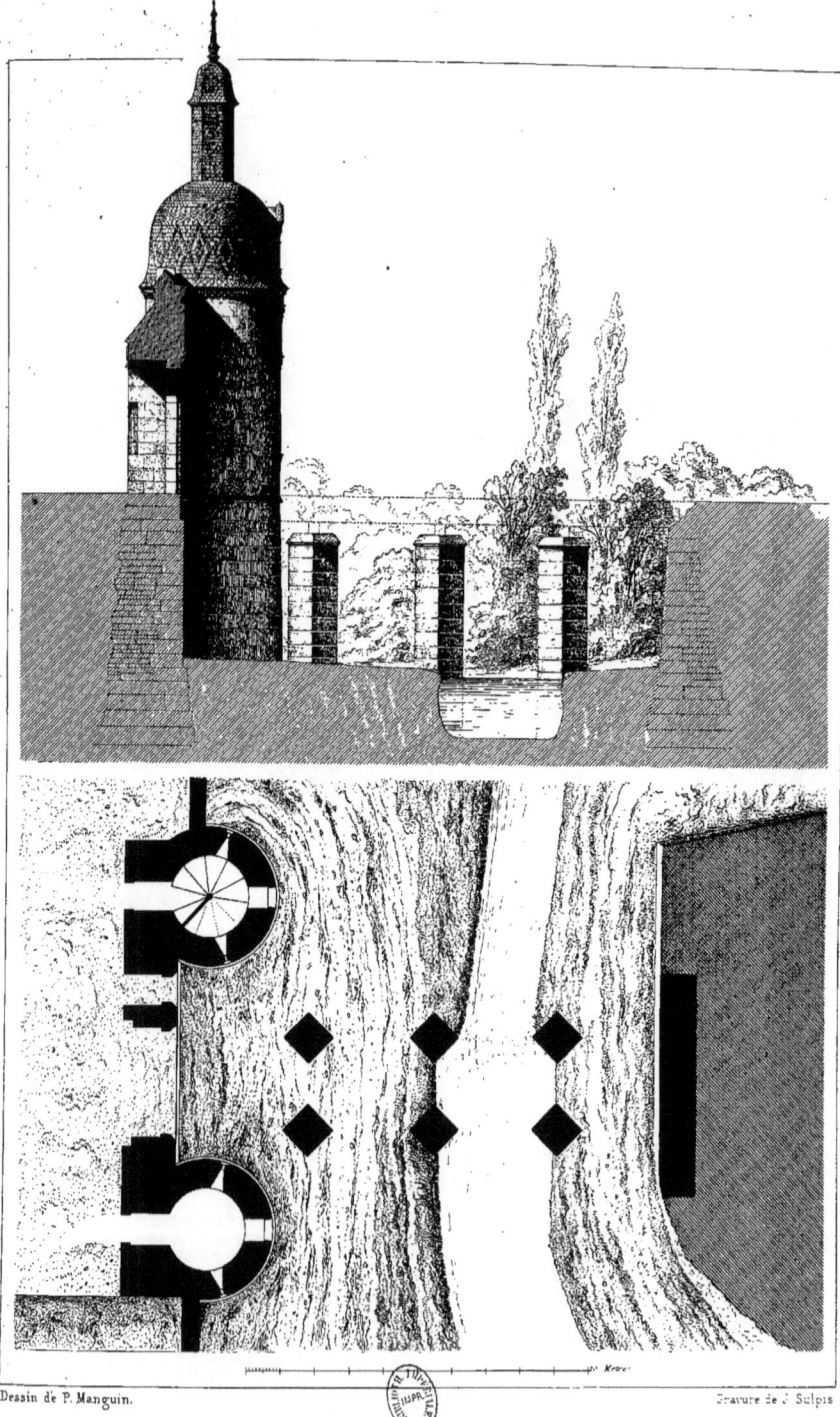

CHATEAU DE COURTANVAUX — PORTE DE L'ENCEINTE.

Plan et Coupe.

CHATEAU DU MARÉCHAL DE TAVANNES AU PAILLY.

Cour — Façade Orientale — L'une des Portes donnant sur le balcon desservant l'étage supérieur.

IMPOSTE DE LA PORTE D'UN HOTEL, SITUÉ RUE ST PAUL, A PARIS.

Fer et Bois

PANNEAUX EN FER DES VANTAUX D'UNE PORTE, A L'ÉGLISE DE St NICOLAS DES CHAMPS, A PARIS.

Ferronnerie

d'après une photographie.

Échelle d'un Mètre

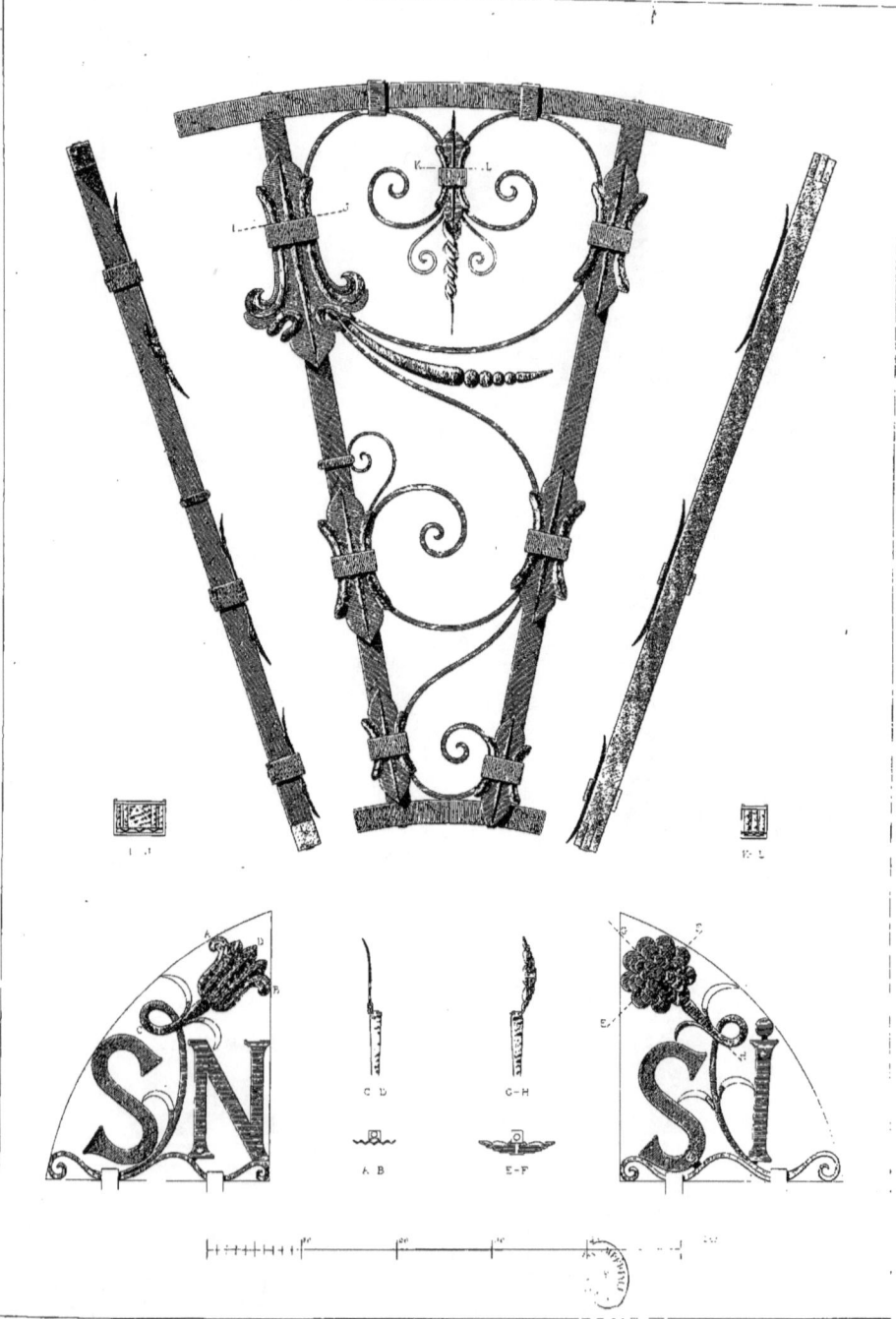

Dessin de Henri Sauvestre

PANNEAUX EN FER DES VANTAUX D'UNE PORTE A L'ÉGLISE

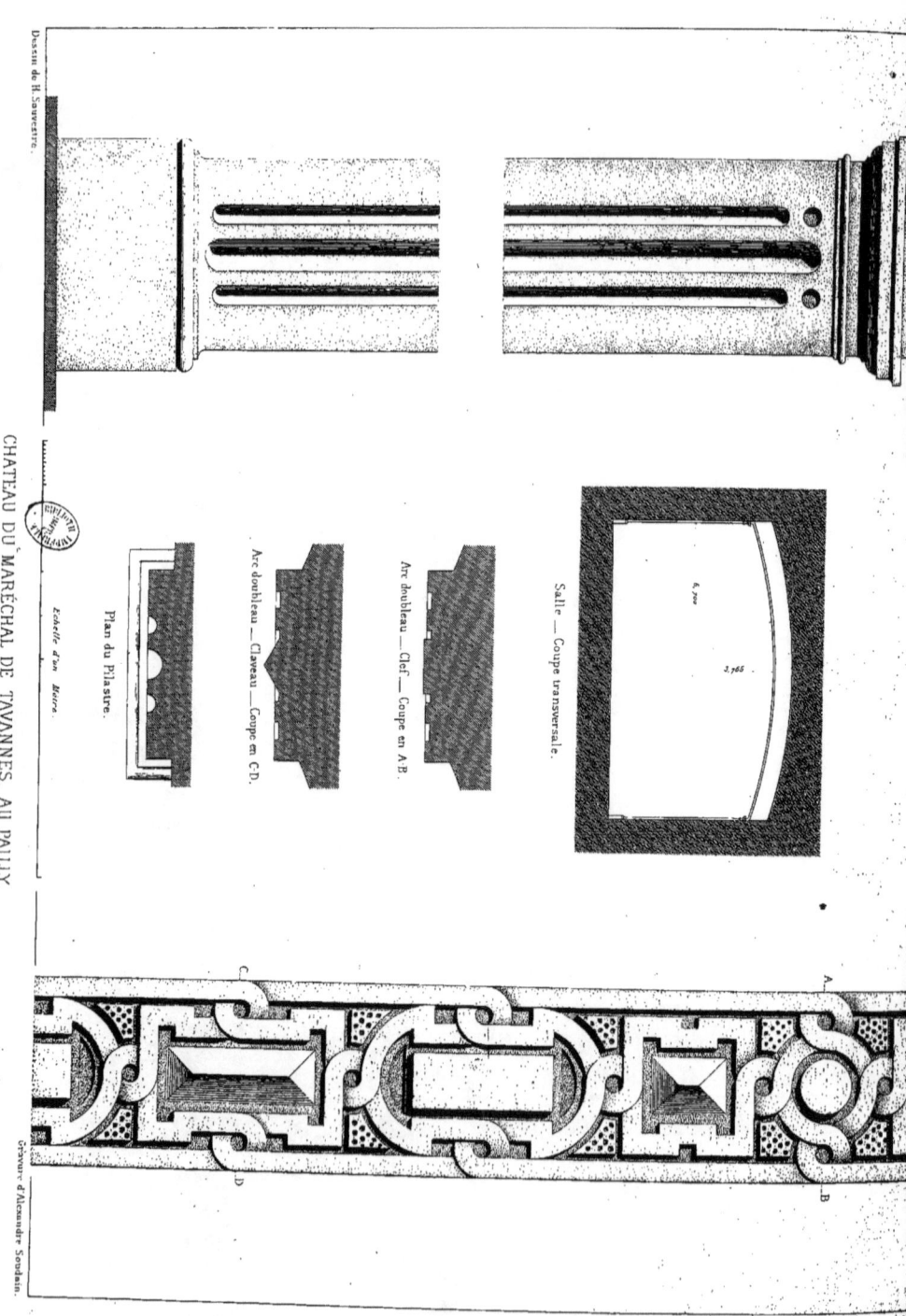

CHATEAU DU MARÉCHAL DE TAVANNES, AU PAILLY.
Grande Salle, à rez-de-chaussée, donnant sur la Cour.

Dessin de H. Sauvestre.
Gravure d'Alexandre Soudain.

CHÂTEAU DU MARÉCHAL DE TAVANNES, AU PAILLY. (HAUTE-MARNE)

Grand Escalier — Plafond — Détails.

CHEMINÉE DANS UN HÔTEL, SITUÉ RUE DALBADE, A TOULOUSE.
Partie inférieure. Détails.

Dessin de Charles Errard.

CHEMINÉE DANS L'HÔTEL DE CLARY RUE DE LA DALBADE A TOULOUSE
Élévation et Plan

Dessin de Ch. Errard.

PUITS MITOYEN DE DEUX HABITATIONS, SITUÉES RUE DU MUSÉE A TOULOUSE.

Élévation

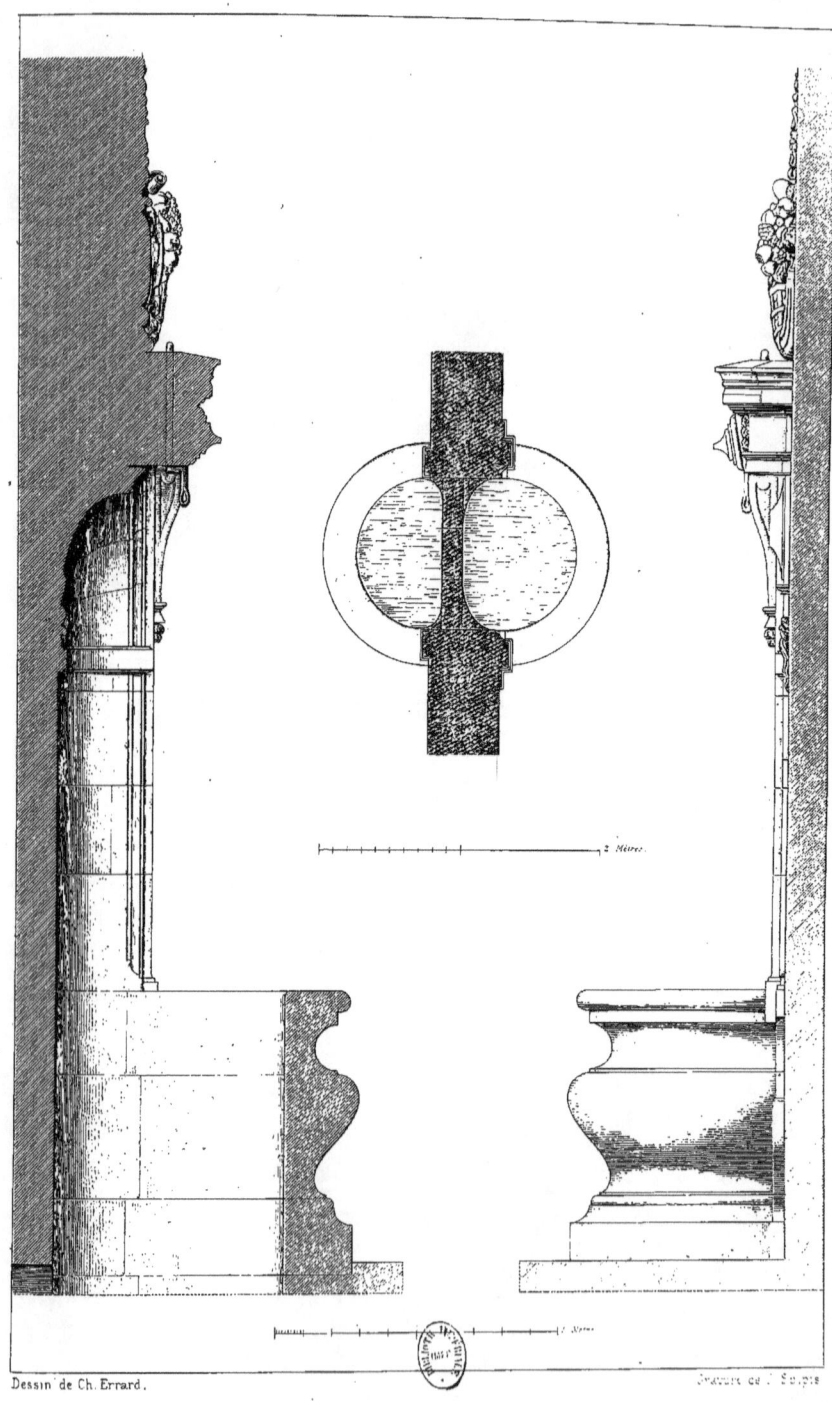

PUITS MITOYEN DE DEUX HABITATIONS, SITUÉES RUE DU MUSÉE A TOULOUSE
Plan, Coupe et Élévation latérale

CHATEAU DU MARÉCHAL DE TAVANNES, AU PAILLY.

Façade méridionale — Panneau décoratif du deuxième étage.

FONTAINE DES INNOCENTS, A PARIS.
Sculptures _ Jean Goujon.

PORTE D'UN HÔTEL, SITUÉ RUE DES FRANCS-BOURGEOIS A PARIS
élévation et coupe

Fig. 2.   Fig. 1.

Dessin de Ch. Errard,   d'après une photographie.

PORTE D'UN HÔTEL, SITUÉ RUE DES FRANCS BOURGEOIS, A PARIS.
Détails

PORTE ET VENTAUX D'UN HÔTEL SITUÉ RUE DU PLÂTRE, À PARIS.

Élévation et Détails.

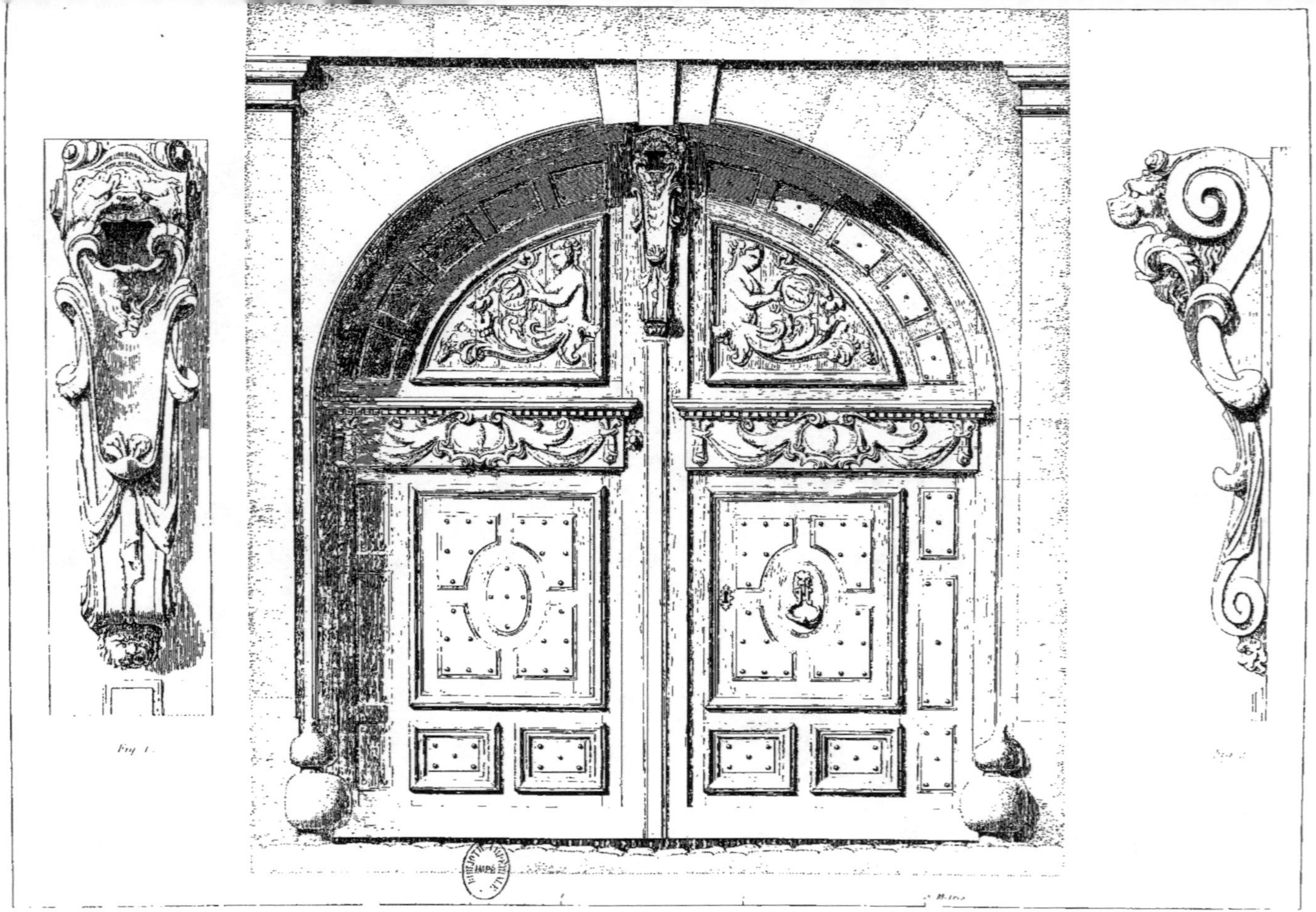

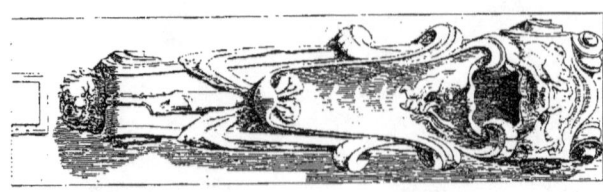

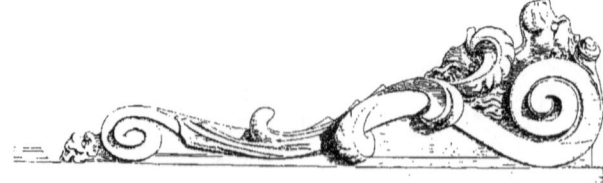

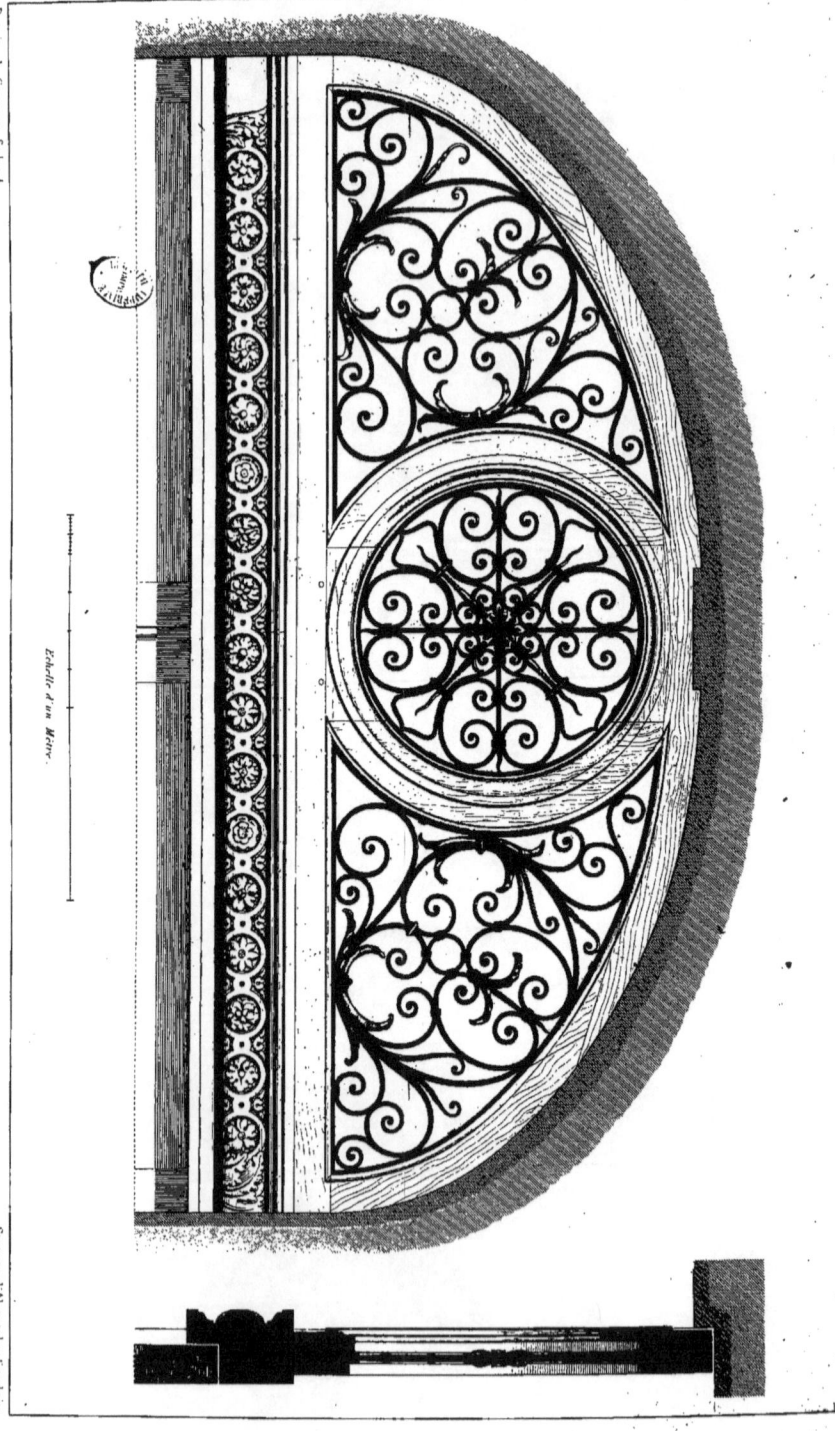

IMPOSTE DE LA PORTE D'UN HÔTEL, SITUÉ RUE ANTOINE DUBOIS, A PARIS.

Bois et Fer.

Dessin de Henri Sauvestre

L'UNE DES PETITES PORTES

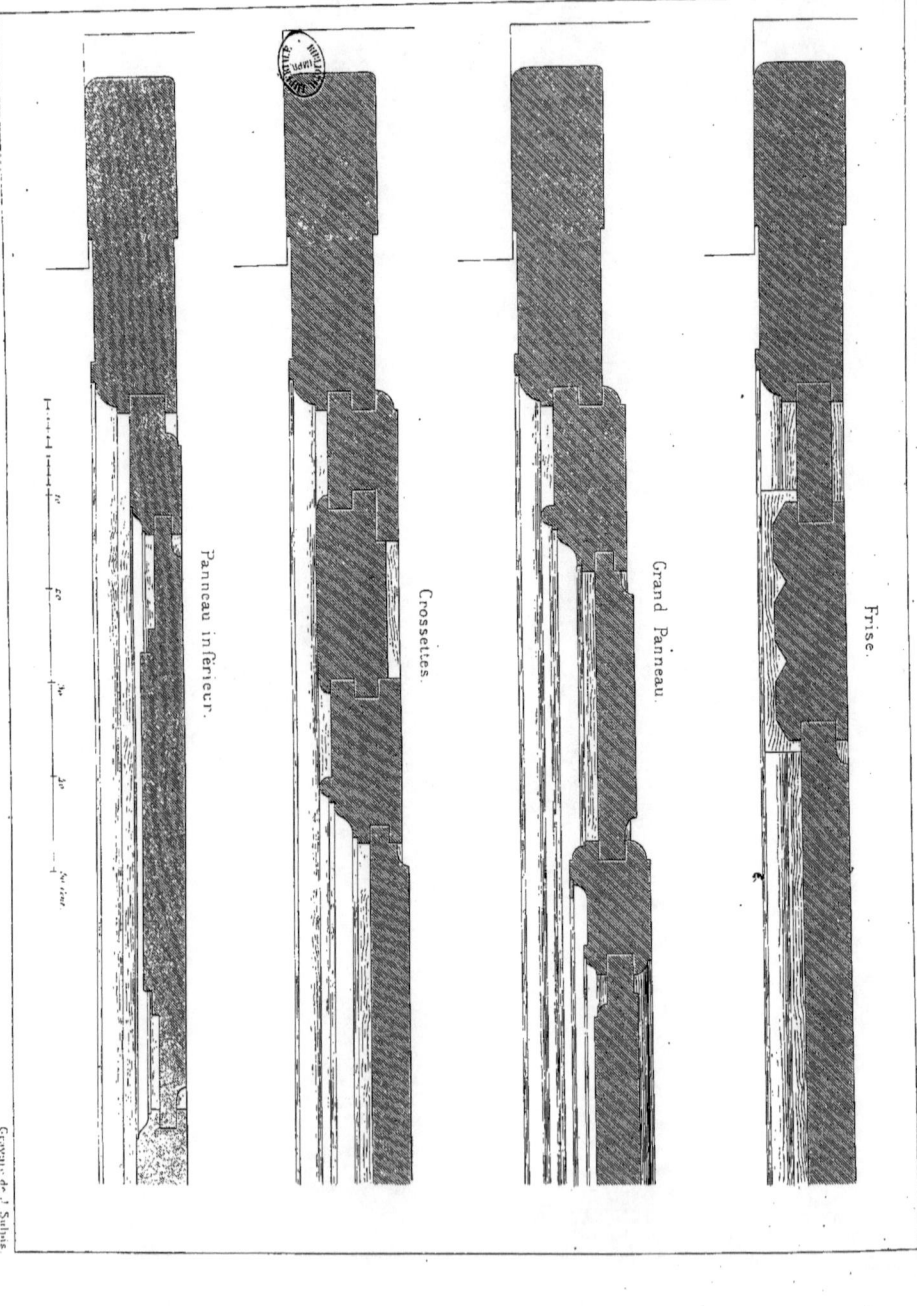

UNE DES PETITES PORTES DE LA FAÇADE DE L'ÉGLISE DE ST GERVAIS, A PARIS.
Assemblages.

Frise.
Grand Panneau.
Crossettes.
Panneau inférieur.

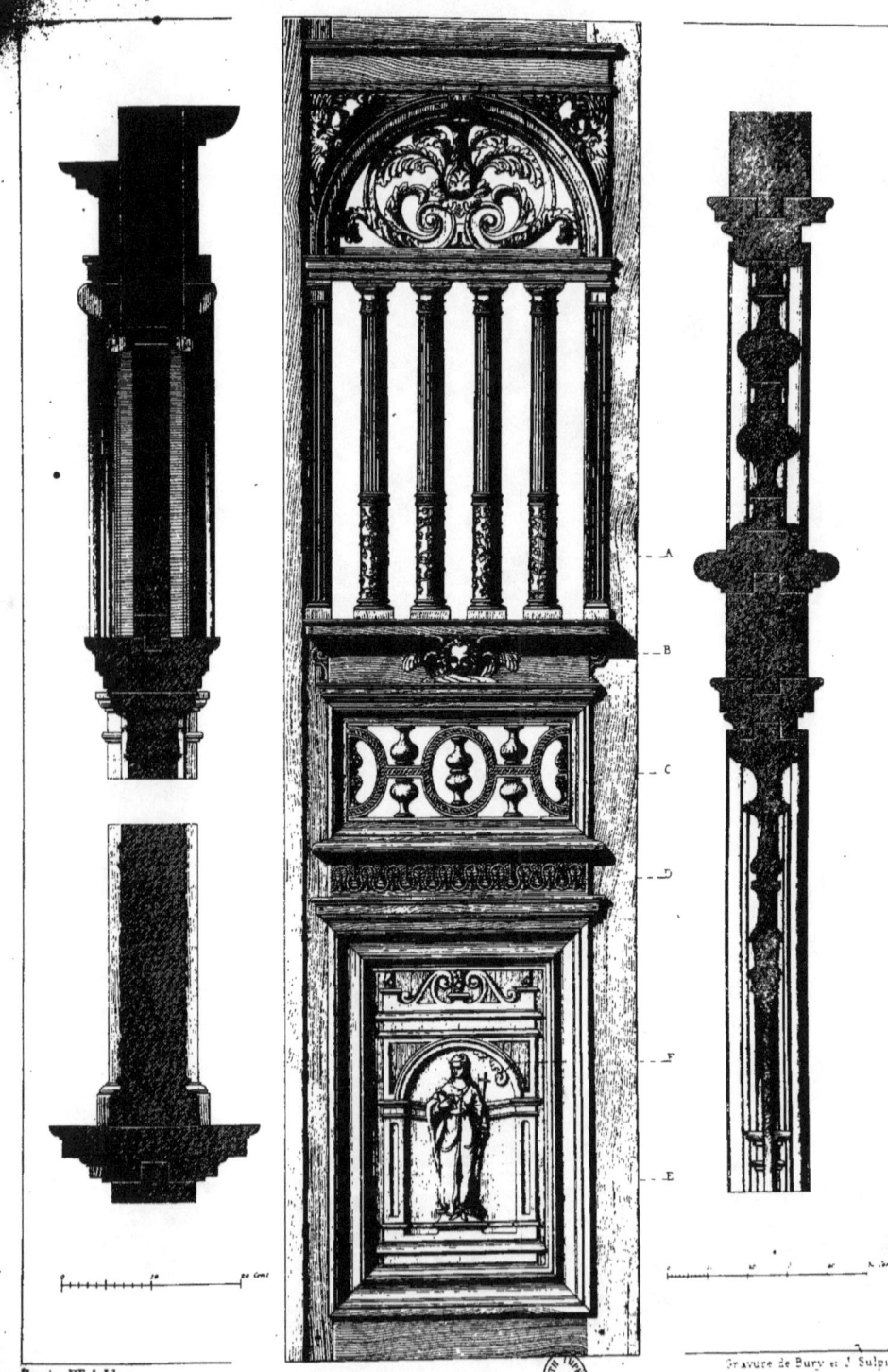

VANTAIL, EN BOIS, DE L'UNE DES PORTES DU POURTOUR DU CHŒUR, DANS L'ÉGLISE DE ST ETIENNE DU MONT, A PARIS

Elévation et Coupe

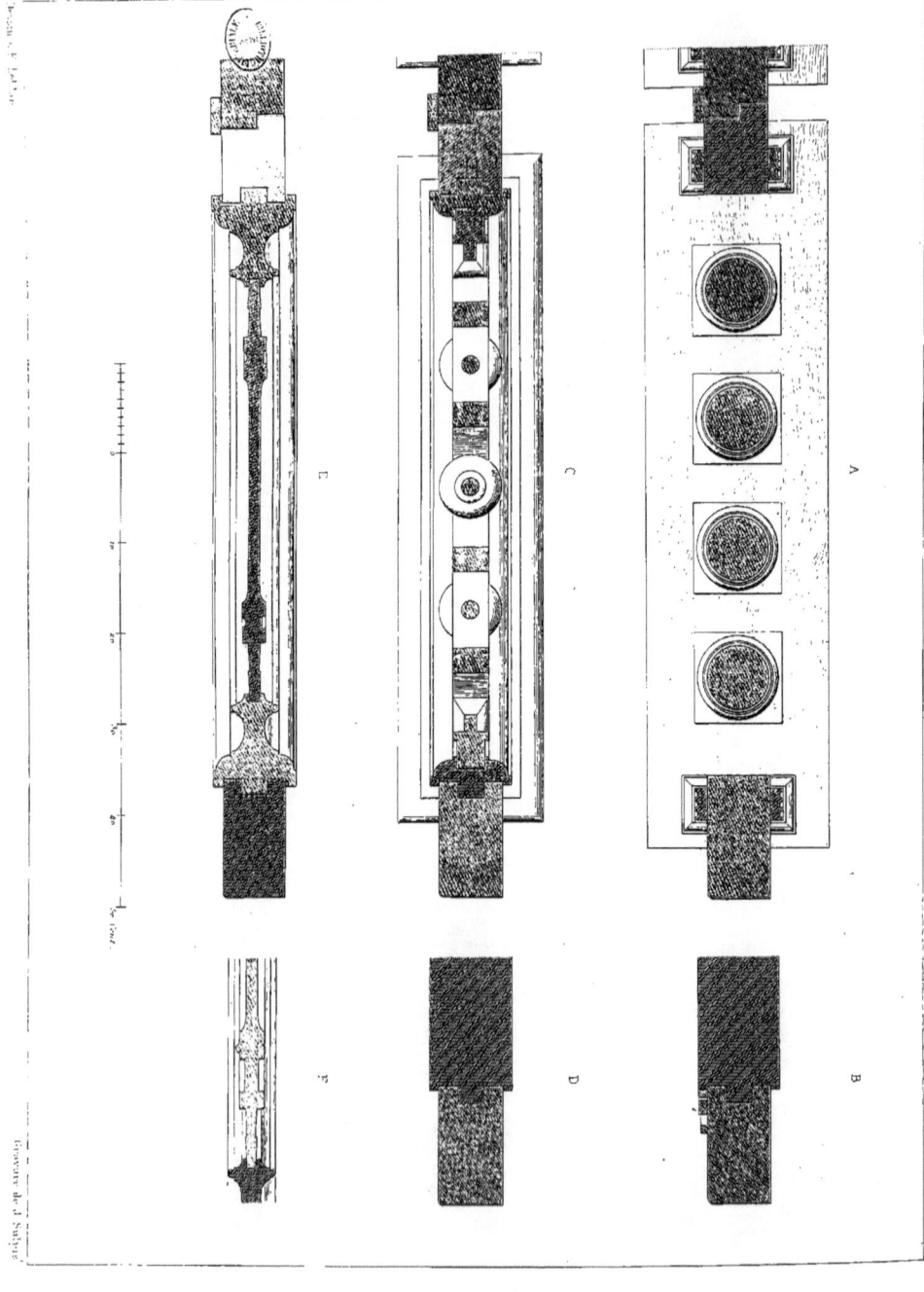

VANTAUX EN BOIS DE L'UNE DES PORTES DU POURTOUR DU CHŒUR, DANS L'ÉGLISE DE ST ÉTIENNE DU MONT A PARIS.

Coupes à diverses hauteurs, etc.

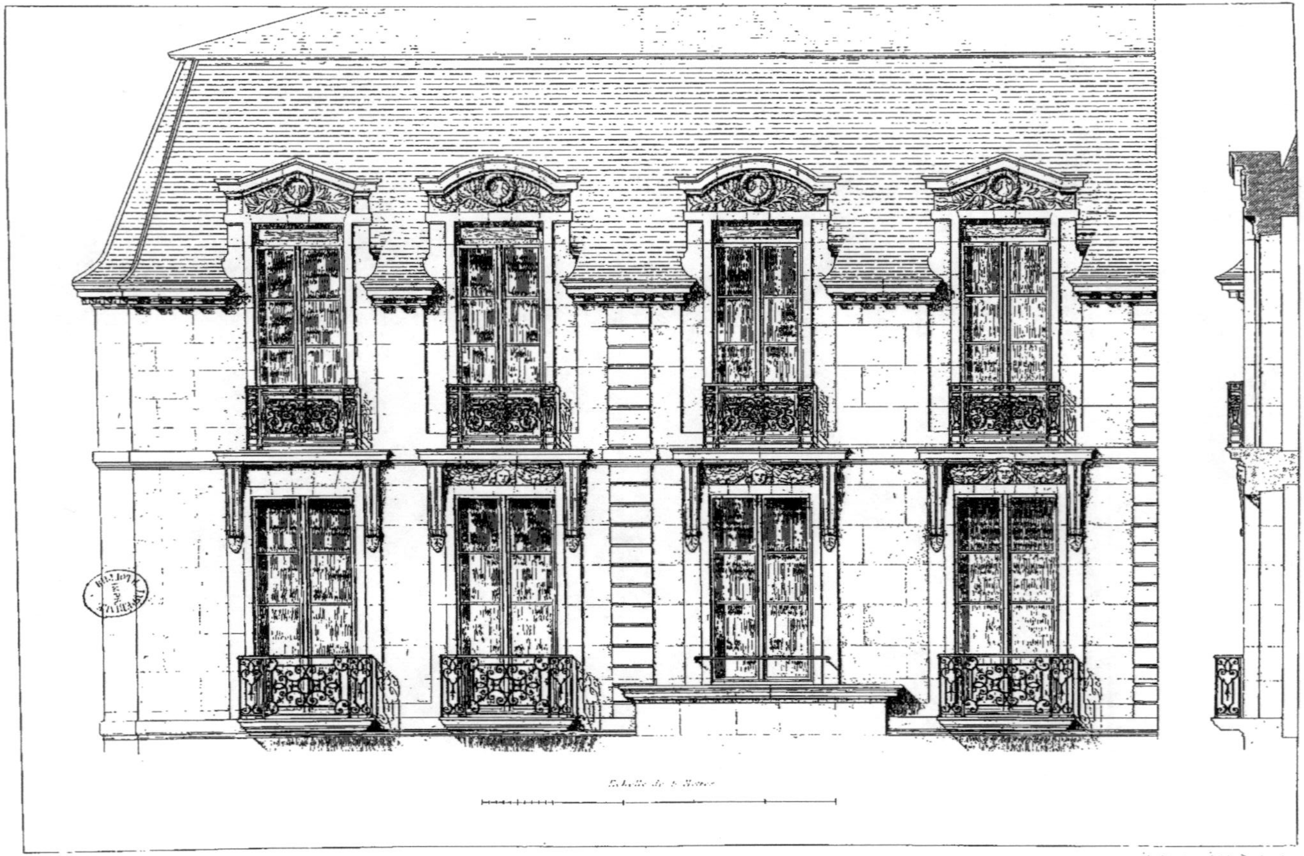

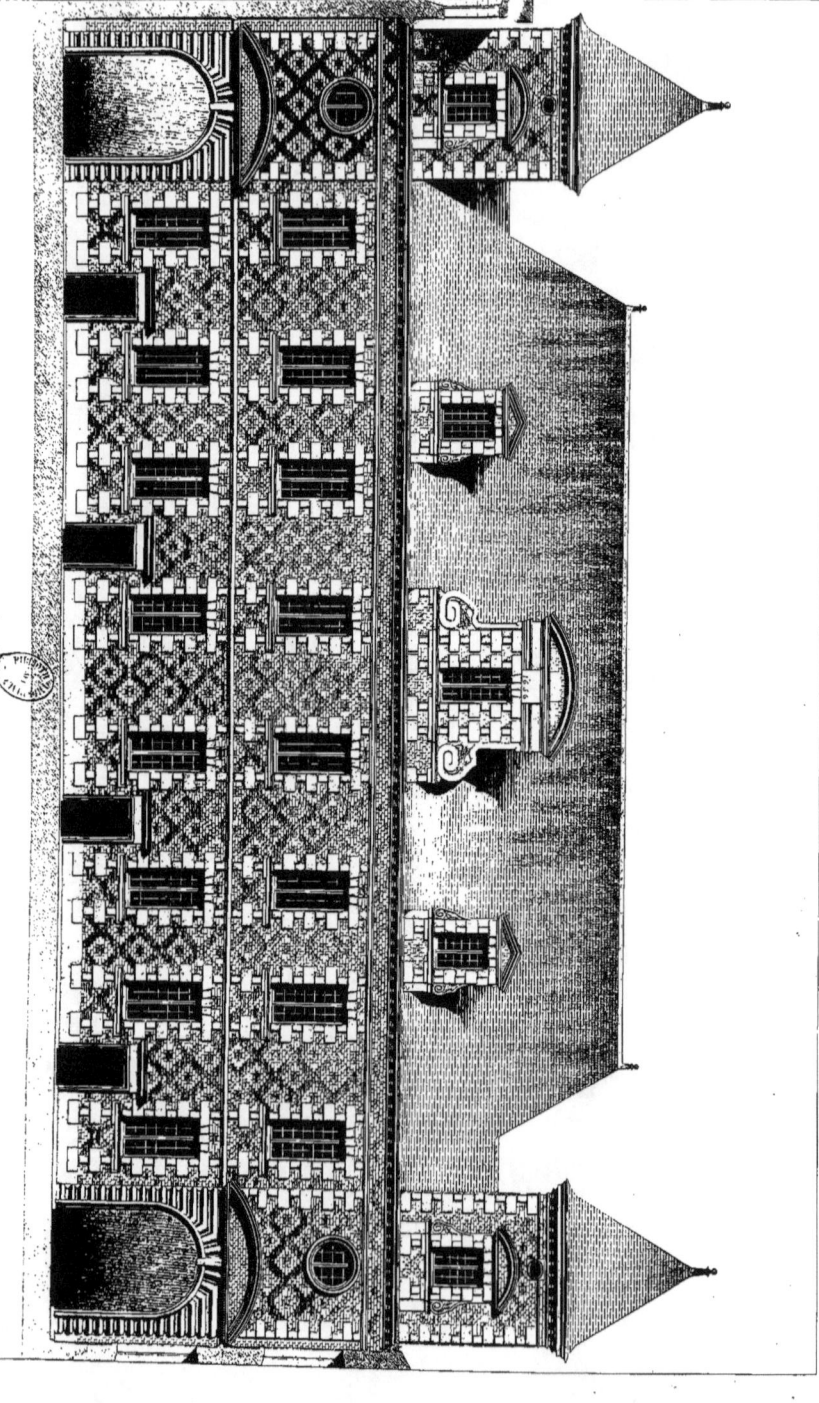

TOUR D'UN COLLÈGE A MOULINS.
Élévation de l'une des façades.

ANCIEN COLLÉGE DE LA VILLE A MOULINS
Détails.

CLÔTURE DE FOSSÉ EN FER BATTU, AU CHÂTEAU DE FONTAINEBLEAU.

Élévation Coupe Détails

VASE DÉCORATIF, SUR UNE CLÔTURE DE FOSSÉ, AU CHÂTEAU DE FONTAINEBLEAU

Élévation. Plans. Coupes.

PORTE ET VANTAUX D'UN HÔTEL, SITUÉ DANS L'IMPASSE DES BOURBONNAIS A PARIS

Élévation, Coupe et Plan

IMPOSTE ET VANTAUX EN BOIS DE LA PORTE D'UNE MAISON

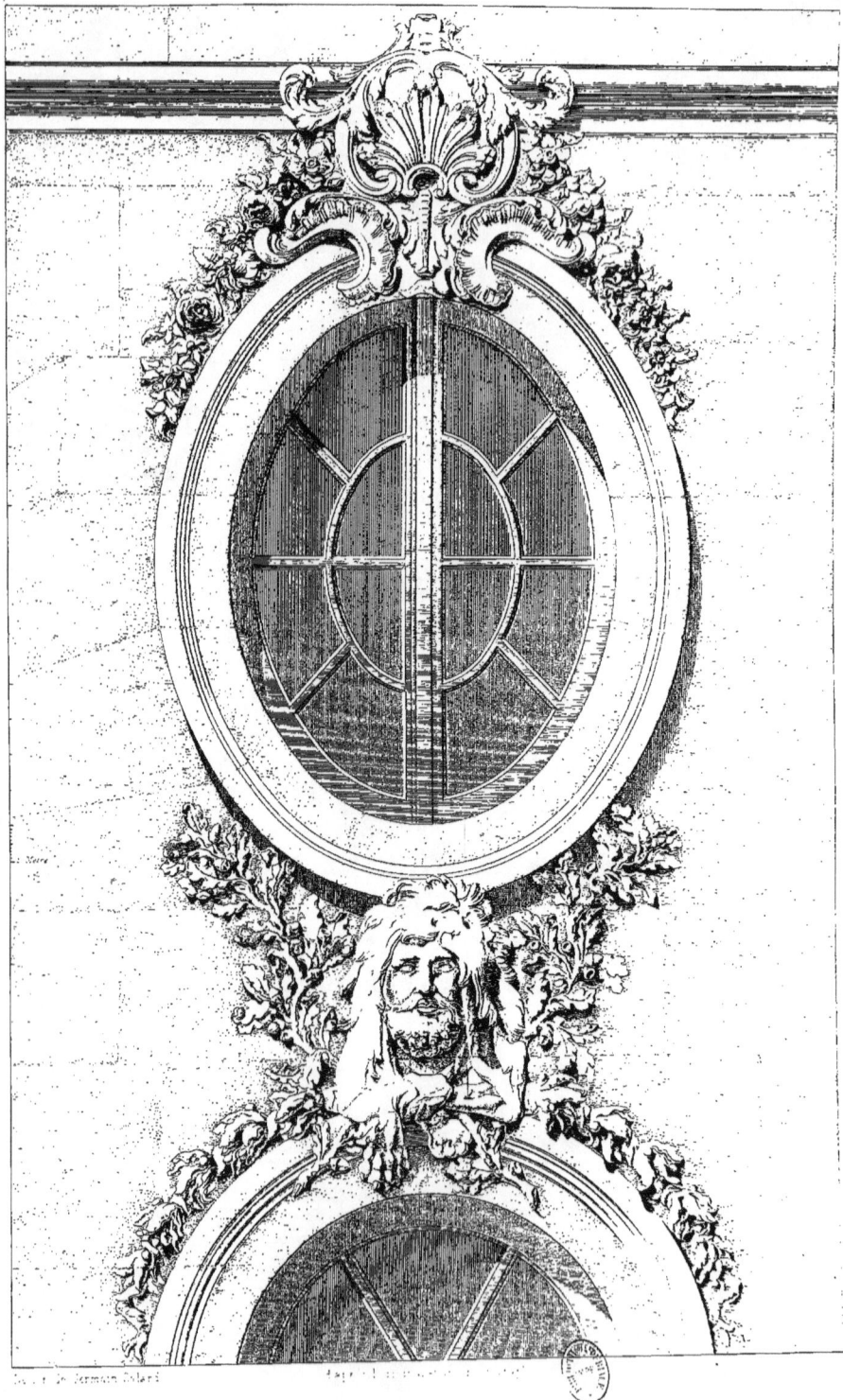

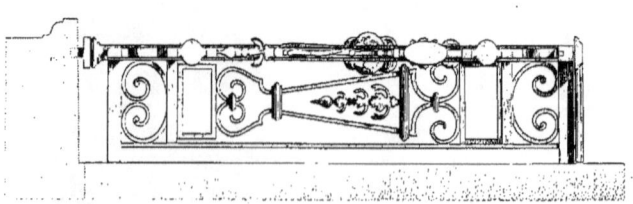

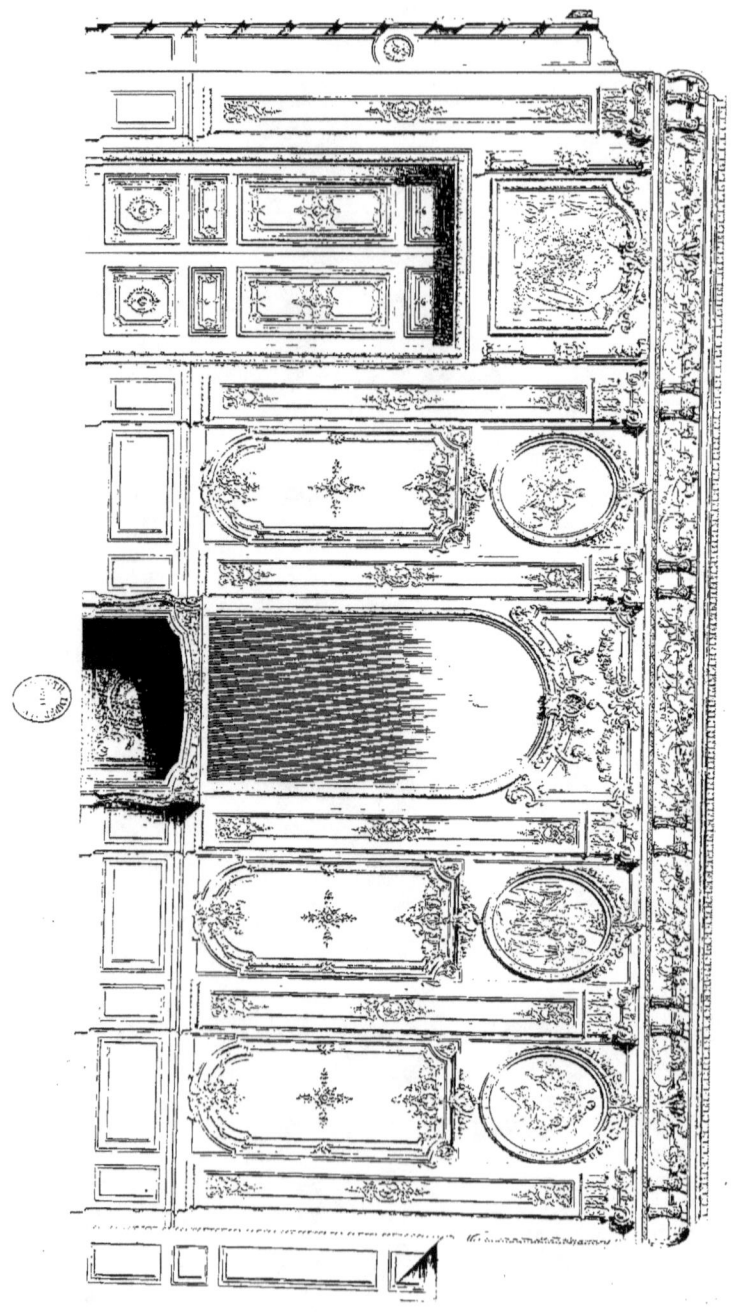

CHATEAU A BERCY. SALON DIT GRAND CABINET A REZ DE CHAUSSÉE.
Coupe transversale.

Dessin de Germain Salard.

Gravure d'Alexandre Soudain.

Échelle de cinq mètres.

CHATEAU A BERCY. — SALON, DIT : GRAND CABINET, A REZ DE CHAUSSÉE.

Grands Panneaux. Bordure de cadre, en bois sculpté et doré.

Dessin de Germain Salard.

d'après des moulages et des photographies.

Echelle de 5o Centimètres.

A moitié de l'exécution.

Gravure d'Alexandre Sandain.

CHÂTEAU, A BERCY. — SALON, DIT: GRAND CABINET, A REZ-DE-CHAUSSÉE.
Grands Panneaux. — Partie supérieure.

CHÂTEAU A BERCY. — SALON DIT: GRAND CABINET A REZ-DE-CHAUSSÉE.
Grands Panneaux. — Partie intermédiaire et Profils.

CHÂTEAU A BERCY. — SALON DIT GRAND CABINET, A REZ-DE-CHAUSSÉE.
Panneaux. — Partie inférieure.

CHAMBRE A COUCHER — ALCOVE — FAC-SIMILE D'UN DESSIN AU CRAYON DU XVIIIe SIÈCLE

Collection de M. Ch. Errard, architecte à Paris

Dessin de Germain Bazard

www.ingramcontent.com/pod-product-compliance
Lightning Source LLC
Chambersburg PA
CBHW070526170426
43200CB00011B/2341